Helmut Neuhold

Der Dreißigjährige Krieg

Helmut Neuhold

Der Dreißigjährige Krieg

marixverlag

FSC
www.fsc.org
MIX
Papier aus verantwortungsvollen Quellen
FSC® C014496

Bibliografische Information der Deutschen Nationalbibliothek
Die Deutsche Nationalbibliothek verzeichnet diese Publikation in der Deutschen Nationalbibliografie; detaillierte bibliografische Daten sind im Internet über
http://dnb.d-nb.de abrufbar.

Projektbetreuung: Verlagsagentur Mag. Michael Hlatky,
A – 8071 Vasoldsberg
Covergestaltung: Nicole Ehlers, marixverlag GmbH
nach der Gestaltung von Thomas Jarzina, Köln
Bildnachweis: akg-Images GmbH, Berlin
Lektorat: Dr. Thomas Bryant, Berlin
Satz und Bearbeitung: Medienservice Feiß, Burgwitz
Der Titel wurde in der Palatino gesetzt.
Gesamtherstellung: GGP Media GmbH, Pößneck

Printed in Germany

ISBN: 978-3-86539-960-1

www.marixverlag.de

Inhalt

Einleitung

Die Schrecken eines endlosen Krieges

„Das ist der Tag des Verderbs und das unabwendbare Schicksal Magdeburgs! Troier waren wir, Ilion war und der Elbestadt strahlender Ruhm!" Diesen abgewandelten Vers des römischen Dichters Vergil zitierte der Prediger des Magdeburger Doms Reinhard Bake, als er sich dem kaiserlichen Feldherrn Tilly vor die Füße warf. Hinter ihm standen einige Tausend zutiefst verängstigte Bürger der ehemals blühenden Stadt Magdeburg. Sie hatten vorerst ihr Leben gerettet, indem sie sich in den gewaltigen gotischen Dom der Stadt flüchteten. Doch nun war das Tor aufgebrochen worden und der siegreiche Führer der Belagerungsarmee stand wie ein Engel der Apokalypse vor ihnen. Draußen war die Stadt nur noch ein rauchendes Trümmermeer, in dem mehr als 20.000 Leichen lagen. Die letzte Stunde der Geflüchteten schien gekommen. Doch der kaiserliche Feldherr, dessen Armee gerade das grauenvolle Massaker in einem an Schrecknissen nicht zu überbietenden Krieg begangen hatte, schenkte ihnen das Leben. Nach und nach wagten sich einige der Menschen aus dem Dom hinaus in das, was einmal ihre Stadt gewesen war. Magdeburg war eine einzige Ruine, erfüllt vom Gestank verbrannter Gebäude und Menschen. Es sollte zwei Jahrhunderte dauern, bis sich die Stadt von dieser Katastrophe erholte. Die Eroberung und Vernichtung der Stadt Magdeburg und ihrer Bevölkerung war einer der traurigen Höhepunkte eines Krieges, der ein Ausmaß angenommen hatte, das Europa bis dahin nicht kannte.

Im Jahr 1618 brach eine Tragödie über das Heilige Römische Reich Deutscher Nation und weite Teile Europas herein, deren Größenordnung und Folgen sich niemand zuvor hätte vorstellen können. Der später so genannte „Dreißigjährige Krieg" war ein militärischer Konflikt, der nach und nach große Gebiete des Heiligen Römischen Reiches verwüstete, ausländische Mächte auf den Plan rief, die politisch und militärisch intervenierten, große Bevölkerungsverluste durch Seuchen, Hunger, Massaker und Kriegshandlungen mit sich brachte und letztlich ein entvölkertes, wirtschaftlich destabilisiertes und politisch relativ machtloses Reich hinterließ.

Dieser lange und folgenschwere militärische Konflikt wurde verschiedentlich als Kampf um die Vorherrschaft in Deutschland bzw. in Europa, als religiöse oder auch als soziale Auseinandersetzung interpretiert. Es war aber wohl der Einfluss all dieser Faktoren, der zu einer so lange andauernden europäischen Misere führte. Zumindest zu Beginn des Krieges dominierte jedoch der religiöse Aspekt. Ohne den Erfolg Martin Luthers und der im Zuge seiner Lehren einsetzenden Gegenreformation hätte es auch den Dreißigjährigen Krieg nicht in dieser Form gegeben. Vieles von dem, was in jener Auseinandersetzung passiert ist, resultiert allein aus dem unerbittlichen Hass, mit dem sich die Konfessionen begegneten. So folgte auf die Verheißungen von Renaissance und Humanismus die Barbarei eines bisher nicht gekannten totalen Krieges. Dieser Begriff scheint für die Dimension des Dreißigjährigen Krieges angemessen, auch wenn er im heutigen Sprachgebrauch in erster Linie für die beiden Weltkriege verwendet wird.

Einige der Akteure des Dreißigjährigen Krieges sind noch heute präsent. Die Erinnerung an Persönlichkeiten wie Wallenstein, Gustav Adolf oder Tilly gehörte bis vor kurzem noch zum allgemeinen Bildungsgut. Die Ursachen, der Verlauf und die Folgen dieses Krieges hingegen sind den Meisten weniger bekannt, wenn man von der Vorstellung blutiger Schlachten, plündernder Landsknechte und drangsalierter Bauern und Städter absieht. Die großen Persönlichkeiten waren es auch, die den Verlauf dieses Krieges weitgehend, teils als Treibende, teils als Getriebene, bestimmten, bis er in seiner Endphase allen entglitt und eine Eigendynamik entwickelte. Aus diesem Grund geht die vorliegende Arbeit neben der Ereignisgeschichte auch besonders auf herausragende Gestalten dieser Epoche, ihre Persönlichkeit, Motive und ihr Schicksal ein.

Bewusst wurde in der Gliederung der Darstellung auf die „klassische" Unterteilung dieses großen europäischen Konflikts, der auch „Teutscher Krieg" genannt wurde, in vier „Kriege" verzichtet. Der „Böhmisch-pfälzische Krieg" (1618 – 1623), der „Dänisch-niedersächsische Krieg" (1623 – 1629), der „Schwedische Krieg" (1630 – 1635) und der „Schwedisch-Französische Krieg" (1635 – 1648) bedingten einander und gingen ineinander über. Manche Autoren sprechen sogar von bis zu 13 Kriegen und 10 Friedensschlüssen, weshalb man zuweilen auch die Bezeichnung „Dreißigjähriger Krieg" in Frage stellte. Mit dem gleichen Argument könnte man auch den Zweiten Weltkrieg in verschiedene kriegerische Konflikte, wie z. B. den „Deutsch-Polnischen Krieg", den „Deutsch-Französischen Krieg" bis hin zum „Deutsch-Sowjetischen Krieg" unterteilen. Der Dreißigjährige Krieg wurde jedoch bereits von Zeitgenossen als „Einheit" wahrgenommen, da er eine in sich geschlossene Abfolge von Kriegshandlungen darstellte, bei denen zwar neue Konfliktparteien hinzukamen, sich aber an der Grundsituation zweier verfeindeter Lager innerhalb des Heiligen Römischen Reiches nichts änderte. Das ist auch der Grund, weshalb der Westfälische Friede schließlich als Beendigung dieses drei Jahrzehnte währenden Ringens betrachtet wurde.

Als der Dreißigjährige Krieg zu Ende war, hatte sich zwar die konfessionelle Landkarte Mitteleuropas kaum verändert, die politischen, sozialen und wirtschaftlichen Verhältnisse waren indessen einem radikalen Wandel unterzogen worden. Einige Nationen, darunter Frankreich und Schweden, hatten einen massiven Machtzuwachs erfahren, während anderen erst eine eigenständige Entwicklung ermöglicht wurde, so etwa der Schweiz und den Niederlanden. All dies ging zu Ungunsten der Deutschen, die neben massiven Bevölkerungsverlusten die nun festgeschriebene Einbuße der Zentralgewalt und einen wirtschaftlichen Niedergang hinnehmen mussten. Das Heilige Römische Reich als übergeordnete politische Einheit wurde zur Fassade und die Macht des Kaisers auf seine Erblande beschränkt. Ohne diese „Urkatastrophe" Deutschlands und Mitteleuropas wären die weiteren historischen Entwicklungen in großem Maße anders verlaufen.

Es wurde versucht, für die vorliegende Arbeit eine möglichst große Anzahl von Quellen heranzuziehen, wobei der Fokus besonders auf persönlichen Berichten, Briefen und Tagebuchaufzeichnungen von Zeitzeugen lag. Die eingefügten Zitate, Berichte, Gedichte und Liedtexte sollen das geschilderte Zeitbild und die beschriebenen Ereignisse dieses in seiner Art einmaligen Krieges dokumentieren und abrunden.

Das Präludium einer europäischen Tragödie

Wenn es um die Vorgeschichte des Dreißigjährigen Krieges geht, so wird zumeist auf den „Augsburger Religionsfrieden“ von 1555 Bezug genommen. Er schien die Basis für eine friedliche Koexistenz für Protestanten und Katholiken im Heiligen Römischen Reich zu gewährleisten. Während in Frankreich Bürgerkriege zwischen den beiden verfeindeten Konfessionen das Land innerlich zerrissen, hatte es den Anschein, als herrsche im Reichsterritorium weitgehend religiöser Friede. Die Landesherren bestimmten in jenen Tagen die Konfession ihrer Untertanen („cuius regio eius religio“!) und wer nicht gehorchen wollte, musste auswandern. Alles machte einen geregelten Eindruck, doch dieser Friede erwies sich als trügerisch.

Vor Ausbruch des Dreißigjährigen Krieges bestand das Reich aus etwa 300 Fürstentümern, Grafschaften und Reichsstädten; hinzu kamen die Niederlande, die Schweizer Eidgenossenschaft und das Königreich Böhmen. Betrachtet man eine Karte von damals, so ist es nicht möglich, in dem wirren Fleckenteppich großer und kleiner Herrschaftsgebiete den tiefen Graben zu erkennen, der Katholiken und Protestanten voneinander trennte. Dennoch war er vorhanden und wurde im Laufe der langen Jahre relativen Friedens vor 1618 immer tiefer.

Ein venezianischer Reisender schätzte 1570, dass etwa 80 Prozent der Reichsbevölkerung protestantisch waren. (Milger 1998, S. 14) Trotz aller Bekämpfungsmaßnahmen und der aufkommenden Gegenreformation übte die Lehre Luthers auch in den Territorien der katholischen Landesherren eine große Anziehungskraft aus. Selbst in den Erblanden des erzkatholischen habsburgischen Kaiserhauses waren die Protestanten in vielen Gebieten in der Überzahl. Dadurch konnten sie in vielen Bereichen gewisse Freiheiten durchsetzen, die ihnen nach dem Verdikt des Augsburger Religionsfriedens gar nicht zugekommen wären. Die habsburgischen Herrscher des Heiligen Römischen Reiches begegneten der protestantischen Unterwanderung ihrer Territorien entweder mit einer gewissen Toleranz – wie etwa Kaiser Maximilian II. – oder aber mit brutalen gegenreformatorischen Durchsetzungsversuchen wie sie sich zeitweise in dem desorganisierten Herrschaftsgebaren von Rudolf II. zeigten.

Da sich die Reformation trotz allem gegen Ende des 16. Jahrhunderts weiter ausbreitete und der Katholizismus im Zuge der Gegenreformation gleichzeitig wieder erstarkte, schwand die Kompromissbereitschaft zunehmend. Eine neue Generation von katholischen und evangelischen Fürsten war bereit, mit Gewalt die eigene Position auf Kosten der Gegenseite zu verbessern und verloren gegangene Gebiete zurückzuerobern. Zudem trachteten auch die bisher völlig an den Rand gedrängten Calvinisten danach, ihre Konfession im Reichsrecht zu verankern. Hinzu kamen noch wirtschaftliche Krisen und dynastische Konflikte, die neben konfessionellen Gegensätzen für zusätzlichen Sprengstoff sorgten.

Die andere Hälfte der Familie Habsburg, die in Spanien regierte, duldete in ihrem Kernland keinerlei Ketzertum und ließ „Irrgläubige“ den Feuertod sterben. Doch in den Nordprovinzen der Spanischen Niederlande – etwa dem heutigen Holland – konnten sie ihre religiösen Vorstellungen gegenüber den starken Ständen der calvinistischen Adeligen und wohlhabenden Bürger nicht durchsetzen.

Infolge der spanischen Unterdrückungsversuche kam es zu einem Befreiungskampf der Niederländer, der letztlich 80 Jahre dauern und in seiner Spätphase in einer intensiven Wechselwirkung mit dem Dreißigjährigen Krieg stehen sollte.

Der den Großteil seiner Regierungszeit in Prag residierende Kaiser Rudolf II. agierte wie die Karikatur eines habsburgischen Herrschers. Von schrullig-abergläubischer Gesinnung, mangelte es ihm entschieden an Entschlossenheit und Tatkraft. Da er außer Stande war, sich gegen die Grillen seiner obskuren Ratgeber und die Machtansprüche seiner Kammerdiener zur Wehr zu setzen, fehlte es dem Reich unter seiner Regentschaft an einer klaren Linie. Anstatt sich um die Gefahren zu kümmern, die von Innen durch die Feindschaft der beiden Konfessionen und von Außen durch die Osmanen drohten, galt das einzige Interesse des Kaisers seinen depressiven Verstimmungen, der Astrologie und der Mystik. Solchermaßen mit seinem Innenleben und erdentrückten Dingen beschäftigt, gingen die heraufziehenden Konflikte in seinem Reich gänzlich an ihm vorbei. Das Ende der „Herrschaft" dieses seltsam melancholischen und weltfremden Kaisers war letztlich von Chaos und Gewalt bestimmt.

Frankreich hatte nach einer Phase innerer Wirren und Religionskriege unter Heinrich IV. eine gewisse Stabilität erlangt. Kardinal Richelieu, der den eher schwachen König Ludwig XIII. dominierte, sollte später massiv in den Dreißigjährigen Krieg eingreifen, um Frankreichs Position in Europa auf Kosten des Heiligen Römischen Reichs und Spaniens zu verbessern. Sein Nachfolger Kardinal Mazarin setzte diese Entwicklung fort und war am Ende der eigentliche Gewinner des schrecklichen Krieges. Dadurch wurde Frankreichs Hegemonie in Europa für längere Zeit erfolgreich festgeschrieben.

Der am 17. April 1573 geborene Herzog Maximilian I. von Bayern wurde zu einer der wichtigsten Figuren des Dreißigjährigen Krieges. Der Herzog, der 1598 an die Regierung Bayerns gelangte und diese Herrschaft mehr als 50 Jahre lang ausübte, war in vielerlei Hinsicht ein absoluter Fürst, der sein Land nach damals modernen Lehren umgestaltete. Aber er war auch ein katholischer Eiferer und ein unerbittlicher Gegner des Protestantismus. Von Jesuiten erzogen, wurde er ein führender Vertreter der Gegenreformation. Als Reaktion auf sein brutales Vorgehen gegen die protestantische Stadt Donauwörth im Jahr 1607 formierte sich die Protestantische Union als ein Bündnis protestantischer Fürsten, dem sich 1609 die Katholische Liga gegenüber stellte. Maximilian I. übernahm die Führung dieser Vereinigung katholischer Fürsten, zu der sich 1610 auch der spätere Kaiser Erzherzog Ferdinand gesellte. Damit waren die Fronten für künftige Konflikte klar gezogen und Maximilian scheute auch nicht davor zurück, Öl ins Feuer zu gießen. Er unterstützte seinen Freund und Studienkollegen Ferdinand bei dessen Wahl zum Kaiser und wurde sein wichtigster Bundesgenosse. Aus den engen Freuden wurden allerdings erbitterte Feinde, als Ferdinand II. sich einige Zeit später als absoluter Kaiser einsetzte und aus diesem Grund führte Maximilian I. einen heftigen Kampf gegen den überragenden kaiserlichen Feldherrn Wallenstein.

So war denn auch Ferdinand II. in hohem Grad verantwortlich für den Ausbruch und die Fortführung des Dreißigjährigen Krieges und ohne ihn hätte dieser Konflikt wohl niemals ein derartiges Ausmaß erreicht. Ferdinand war der zweite Sohn von Erzherzog Karl II. von Innerösterreich und Maria von Bayern. Er wurde am 9. September 1578 in Graz geboren und von frühester Kindheit an streng katholisch erzogen. Ab 1590 nahmen sich die Jesuiten der Universität Ingolstadt seiner an und er wurde einer ihrer eifrigsten Schüler. Ferdinand vertrat für den Rest seines Lebens deren Standpunkt und wurde in gewisser Weise ein „päpstlicher Krieger". Niemand sollte später größeren Einfluss auf ihn haben als seine jesuitischen Beichtväter. Nach dem frühen Tod seines Vaters war der junge Ferdinand zunächst durch eine eingesetzte Vormundschaftsregierung gebunden und konnte erst nach seiner Erbhuldigung im Jahr 1596 eigenmächtig handeln. Er weigerte sich aber, bei seinem Huldigungseid die religiösen Zugeständnisse seiner Vorgänger an die Protestanten zu bestätigen. Gelenkt von seinen jesuitischen Ratgebern verkündete er, dass diese Zugeständnisse lediglich ein persönliches Entgegenkommen dargestellt hätten und mit dem Tod seines Vaters erloschen seien.

Nach einer Italienreise trat er schließlich den Kampf gegen die Protestanten an. Ferdinand, den seine Anhänger später einen „zweiten König David und Cattolichissimo" und seine Gegner einen „mordkatholischen Fürsten" (Kronen-Zeitung, Wien, 19. 12. 2010) nannten, zeigte nun, wozu er fähig war. Der Erzherzog hatte unter anderem auch deshalb leichtes Spiel, weil sich die Protestanten zu jener Zeit durch politische und religiöse Flügelkämpfe selbst in großem Maß schwächten. Vom Erzherzog ins Leben gerufene „Reformationskommissionen" setzten alle Nichtkatholiken unter Druck und ließen ihnen nur zwei Möglichkeiten: Bekehrung zum „rechten Glauben" oder Auswanderung, was zu einem ausgeprägtem Bevölkerungsschwund führen sollte. Schon bald waren die Steiermark, Kärnten und Krain wieder fest in katholischer Hand. Hier hatte Ferdinand gesiegt, während er im Kampf gegen die Türken keine sehr gute Figur machte, da er wie die meisten Habsburger über wenig militärisches Talent verfügte.

Gegenüber dem „Bruderzwist im Hause Habsburg" zwischen Kaiser Rudolf II. und dem ihm geistig unterlegenen Bruder Erzherzog Matthias nahm Ferdinand eine eher vermittelnde Rolle ein, wobei er allerdings die tolerante Haltung von Matthias gegenüber den Protestanten sehr missbilligte. Der Tod des Kaisers in Prag und die Kinderlosigkeit seines Nachfolgers Matthias werteten die Stellung Ferdinands als wahrscheinlichem Nachfolger erheblich auf. Er sicherte sich diesbezüglich durch einen Vertrag mit der spanischen Verwandtschaft ab, die gegen kleinere Gebietsabtretungen auf ihre potentiellen Erbansprüche verzichtete. Ferdinand konnte 1617 seine Wahl zum König von Böhmen überraschend leicht durchsetzen und ein Jahr später nach zähen Verhandlungen auch die ungarische Königswürde erlangen. Die Stände dürften ihn und seine Konfliktbereitschaft weit unterschätzt haben.

Ferdinand hatte bei seiner Designierung durch die böhmischen Stände zugesagt, sich an den Majestätsbrief zu halten. Einige Angehörige der Stände glaubten allen Ernstes, dass Ferdinand dieses Dokument respektieren würde. Die Urkunde war von Kaiser Rudolf II. am 9. Juli 1609 unterschrieben worden, als er sich in die Enge getrieben sah. Sie garantierte eine fast ständische Verfassung, das Recht der Stände auf die Königswahl und vor allem die Freiheit der Konfession. Auch Rudolfs Nachfolger Matthias hatte seinerzeit dem Majestätsbrief zugestimmt. Es ist zu vermuten, dass führende Vertreter der böhmischen Stände ohnehin damit rechneten, dass Ferdinand sich nicht an seine Verpflichtung halten würde und somit ein Grund gegeben war, ihn abzusetzen und durch einen gewählten tschechischen Adeligen zu ersetzen.

Ferdinand tat auch bald das, was man von ihm erwartet hatte, und die „Braunauer Händel“ zeigten dem Beobachter sehr schnell, in welche Richtung die Entwicklung ging. Den Hintergrund dafür bildete der Beschluss, eine protestantische Kirche abzureißen, die angeblich auf einem Klostergrundstück errichtet worden war. In der im Nordosten Böhmens gelegenen Stadt verhärteten sich nun die Fronten und die Stände setzten so genannte „Defensoren" ein, die ihre Rechte vertreten sollten. Diese beriefen einen Landtag ein, der Beschwerde beim Kaiser einreichte. Die Antwort von Matthias war äußerst undiplomatisch. Der Abriss der Kirche verletze den Majestätsbrief nicht und außerdem seien weitere Sitzungen des Landtags verboten; bei Zuwiderhandlung drohe Strafe. Durch das Versammlungsverbot wurde der Majestätsbrief nun erst recht außer Kraft gesetzt. Der Landtag fand jetzt dennoch statt und die Erbitterung der Ständevertreter war groß. Man war der Auffassung, dass die Aufhebung des Majestätsbriefes vor allem durch die Statthalter der Habsburger in Böhmen betrieben wurde. Deshalb begaben sich viele der Ständevertreter am 23. Mai 1618 bewaffnet zur Prager Burg, um diese Beamten zur Rechenschaft zu ziehen. Sie hatten bereits eine Anklageschrift aufgesetzt und vorsorglich auch schon ein Urteil.

Der Aufstand des böhmischen Adels

Der Fenstersturz

von Rainer Maria Rilke

„Naht Verrat mit leisem Schritte,
ungerächt, bei der Madonna,
bleibt er nicht! Nach alter Sitte
zu den Fenstern“ schrie Colonna.

„Schont den Popel! Doch die andern,
jeder eine feige Natter,
aus den Fenstern lasst sie wandern!
Mitleid? – Werft ihn mit, den Platter!“

Bange hangt am Fensterstocke
Martinitz noch – Da Geröchel:
Turn schwingt seine Degenglocke
und zerschmettert ihm den Knöchel.

Um zum nächsten: „Sag, wie heißt er,
Böhmens Herr? du sollst mirs deuten!“
„Graf von Turn!“ – „Der Bürgermeister
lasse alle Glocken läuten!“

(Rainer Maria Rilke: Erste Gedichte. Leipzig 1913, S. 49 f)

Was Rainer Maria Rilke hier poetisch verewigt hat, entspringt nicht der Dichterphantasie, sondern basiert auf realen geschichtlichen Ereignissen. An dem Tag, der als „Der Prager Fenstersturz" in die Geschichtsbücher einging, waren in der Hofkanzlei zwei königliche Statthalter anwesend: der im Gedicht namentlich erwähnte Jaroslav Borsita Graf von Martinitz und Wilhelm Slavata. Diese schienen durch das Auftauchen der insgesamt 200 erbosten Ständevertreter ziemlich überrascht gewesen zu sein, da sie nicht den mindesten Versuch unternahmen, sich zu wehren. Die Eindringlinge veranstalteten eine improvisierte Gerichtsverhandlung, deren Ergebnis allerdings bereits fest stand. Danach wurden die beiden „Schuldigen" und ein anwesender Sekretär namens Philipp Fabrizius aus dem Fenster der Kanzlei geworfen.

Die erbosten Adeligen griffen hierbei zu einer in Böhmen beinahe traditionellen Form des Protestes. Der Prager Fenstersturz vom 23. Mai 1618 war nicht der erste seiner Art, aber der wohl folgenschwerste. Nach offizieller Zählung gab es drei Fensterstürze. Leitete der erste sehr blutige Prager Fenstersturz vom 30. Juli 1419 die Hussitenkriege ein, so war der zweite von 1618 zwar unblutig, führte aber zum schlimmsten kriegerischen Ereignis der europäischen Geschichte vor den beiden Weltkriegen. Der dritte Prager Fenstersturz vom 10. März 1948 schließlich bedeutete die endgültige Machtübernahme durch die Kommunisten in der Tschechoslowakei.

Die drei von den Ständevertretern aus dem Fenster geworfenen Männer fielen immerhin etwa 17 Meter tief, überlebten aber alle ohne ernsthafte Verletzungen. Später wurde behauptet, sie wären auf einen Misthaufen gefallen, ein Gerücht, das von heutigen Prager Fremdenführern eifrig immer aufs Neue in Umlauf gebracht wird. Doch die Drei hatten einfach großes Glück, da die abgeschrägte Wand den

Fall bremste und sie dicke Kleidung trugen. Als die Ständevertreter sahen, dass ihre Opfer die Bestrafung überlebt hatten, zielten sie noch mit einigen Schüssen auf sie, die sie allerdings verfehlten. Die beiden schockierten Statthalter konnten entkommen und fanden Unterschlupf bei einer katholischen Adeligen. Der ebenfalls entkommene Sekretär Fabrizius machte sich gleich auf den Weg nach Wien, um dem Kaiser von dem Aufstand zu berichten.

Ferdinand sah nun den ersehnten Zeitpunkt gekommen, um gegen die rebellischen Stände und die protestantischen „Ketzer" vorzugehen. Er wollte den Krieg und er sollte ihn haben. Für die Finanzierung legte er Kaiser Matthias folgende Strategie vor: „Die eingezogenen Güter der Rebellen werden die Unkosten für den Krieg reichlich kompensieren, und der Schrecken der Hinrichtungen wird die Stände zum Gehorsam bringen." (Zitiert nach Milger 1998, S. 41), Um die Kontroverse jedoch nicht noch weiter zu schüren, richtete Matthias einen versöhnlichen Brief an die Rebellen. Der für die Spanier tätige Graf Bucquoy am 1. Juni nach Wien geholt, um eine Stelle als kaiserlicher Feldmarschall anzutreten. Es wurden nun auch einige Regimenter aufgestellt und Kriegspläne besprochen. Auch wenn sich der Kaiser dagegen sträubte, schien der Konflikt nicht mehr aufzuhalten zu sein, da die Aufständischen nicht bereit waren, nachzugeben.

Nach dem Prager Fenstersturz wurde von den böhmischen Ständen eine Verwaltung ins Leben gerufen, die aus insgesamt 30 Direktoren aus ihren Reihen bestand. Ein kompletter Bruch mit dem Kaiser war zunächst nicht beabsichtigt. Doch schon bald gewannen jene Kräfte die Oberhand, die die vollständige Anerkennung der „Confessio Bohemica" und die Wiederherstellung der Ständefreiheiten forderten. Außerdem wurde letztlich auch noch die Wiedereinführung des alten böhmischen Wahlkönigtums verlangt. Die böhmischen Stände ersuchten die niederländischen Generalstaaten, den

Herzog von Savoyen, die protestantische Union und den Kurfürsten der Pfalz um Unterstützung, die ihnen allerdings nicht in dem von ihnen erwünschten Ausmaß zuteilwurde, da vor allem die Niederländer mit dem Konflikt mit Spanien beschäftigt waren. Doch finanzierte schließlich der Herzog von Savoyen eine Söldnerarmee unter Peter Ernst II. von Mansfeld zur Unterstützung Böhmens.

Heinrich Matthias Graf Thurn war der Anführer der Aufständischen und spielte in dieser Funktion eine bedeutende Rolle. Der am 24. Februar 1567 geborene Thurn hatte protestantische Eltern, war jedoch nach dem Tod seines Vaters massiven katholischen Umerziehungsversuchen ausgesetzt gewesen. Doch der junge Adelige stand fest zu seinem protestantischen Glauben. Thurn hatte im Laufe seiner Karriere verschiedene Ämter inne. So war er beispielsweise Teil der kaiserlichen Gesandtschaft, die Istanbul besuchte. Er unternahm weite Reisen, die ihn unter anderem in den Orient führten, focht gegen die Türken in Ungarn und verließ die Armee als Oberst und Kriegsrat. Durch seine Vermählung mit Susanna Elisabeth, der Tochter des Freiherrn Otto von Teuffenbach, erwarb er ein großes Vermögen und wurde Mitglied der böhmischen Stände. Obwohl er niemals Tschechisch erlernte, fand er in Böhmen seine Heimat. Von Kaiser Rudolf II. zum Burggrafen von Karlstein erhoben und dann wegen seiner protestantischen Gesinnung von diesem Posten wieder abgesetzt, war er von großem Hass gegen die Habsburger erfüllt. Thurn hatte in der Steiermark auch die Brutalität der Gegenreformation im Stil Erzherzog Ferdinands erlebt. So kam es, dass er der Hauptverfasser der von den böhmischen Ständen aufgesetzten Apologie war, mit der Erstere ihr Verhalten zu rechtfertigen versuchten. Obgleich er militärisch unvermögend war, wurde er schließlich auch zum militärischen Führer des ständischen Heeres ernannt.

Im August 1618 fiel der kaiserliche Oberst Dampierre mit einer Söldnertruppe in Böhmen ein. Die Bauern und Bürger des aufständischen Landes bekamen als erste die Gräuel des beginnenden Krieges zu spüren. In Böhmen nahmen Raub, Mord und Brandschatzungen ihren Anfang und sollten Mitteleuropa für die nächsten 30 Jahre in Angst und Schrecken versetzen. Dampierres Kommando über die kaiserlichen Regimenter wurde bald vom niederländischen Grafen Bucquoy übernommen, der als erprobter Kriegsmann galt. Der neue Kommandeur stieß auch bis Caslau vor, das nur acht Meilen von Prag entfernt ist. Dort konnte er sich jedoch nicht lange halten, da die nachrückenden Kriegstruppen des kaiserlichen Regiments nur unzulänglich ausgebildet waren, ein Manko, das zugleich einen bitteren Vorgeschmack auf den weiteren Verlauf des langen schrecklichen Krieges darstellte. Bucquoy zog sich mit seinen Truppen nach Budweis zurück und der militärisch unfähige Thurn konnte seine Offensive nach Niederösterreich in die Wege leiten, wobei er vorerst die Stadt Zwettl verwüstete. Die Sache Ferdinands schien nun eher schlecht zu stehen und man erwartete einen Angriff auf Wien.

Immer häufiger tauchte in den Berichten vom Kriegsschauplatz das Wort „Plünderung“ auf. So berichtete eine zeitgenössische Quelle:

> „Im Februar 1619 hat das Kriegsvolk der Böhmen die kaiserlichen Heerestruppen in Budweis und Krumau belagert. Trotzdem haben sie sich herausgewagt und etliche Streifzüge in die Herrschaft Schwanberg getan, etliche Flecken und Dörfer geplündert, zum Teil gar abgebrannt. Bisweilen sind sie von den Böhmen ereilt und tapfer gezwackt worden.“
>
> („Theatrum Europaeum“, zitiert nach Milger 1998, S. 48)

Eine Anzahl bedeutender Ereignisse der Weltgeschichte wurde mit dem Erscheinen von Kometen in einen Deutungszusammenhang gebracht. So auch der Ausbruch des Dreißigjährigen Krieges. Ein mitteldeutscher Chronist (Volkmar Happe) berichtete:

> „Den 3. November 1618 ist ein schrecklicher Comet am Himmel erschienen, der etliche Monat und gar bis in das folgende Jahr gesehen war, denn darauf in aller Welt Krieg, Aufruhr, Blutvergießen, Pestilenz und theure Zeit und unaussprechlich Unglück erfolget. Kein schrecklichen Comet man spürt, der nicht groß Unglück mit sich führt. In diesem Jahre ist der Böhmische Krieg angegangen und stark continuiret worden."

(Chronikon Tuhringiae. Thüringer Universitäts- und Landesbibliothek Jena)

Ferdinand gelang es nun mit spanischer Rückendeckung, den eher um Ausgleich bemühten Kardinal Klesl als Kanzler des schwachen Kaisers Matthias auszuschalten. Der Kardinal wurde von der Kriegspartei unter fadenscheinigen Anschuldigungen verhaftet und in der Folge nach Rom gebracht, wo er jahrelang als Gefangener festgesetzt wurde. Der Kaiser wurde durch diese Maßnahme vollkommen überrumpelt, was letztlich zu seiner Entmachtung beitrug. Er starb bereits am 20. März 1619 und machte damit endgültig dem erzkatholischen Ferdinand Platz, wodurch eine folgenschwere Wende eingeleitet wurde.

Matthias von Thurn eroberte mit seinen böhmischen Truppen am 26. Mai 1619 die Stadt Laa an der Thaya. Diese im nordöstlichen Niederösterreich gelegene Stadt war eine der ersten, die im Dreißigjährigen Krieg zu Schaden kam – unzählige weitere Städte im Heiligen Römischen Reich sollten folgen. Die böhmischen Truppen hielten Laa monatelang besetzt und trieben es wirtschaftlich in den Ruin.

Das umfangreiche Stadtarchiv mit allen alten Urkunden und Protokollen ging verloren. Als die Böhmen schließlich abzogen, war die ehemals blühende Stadt schwer geschädigt und sollte nie mehr ihre alte Bedeutung erlangen. Wie für die meisten Städte im Reich blieb es nicht bei dieser Heimsuchung, denn 1645 kamen die Schweden in die Stadt. Als sie abzogen, waren die meisten Häuser verwahrlost und die Bevölkerungszahl stark zurückgegangen. Laa hat sich vom Dreißigjährigen Krieg letztlich nie wieder richtig erholt – ein Schicksal, dass die Stadt mit zahlreichen anderen Städte in Mitteleuropa teilte.

Der 5. Juni 1619 brachte die so genannte „Sturmpetition" der protestantischen Stände Niederösterreichs zu Ferdinand II. in die Wiener Hofburg. Die etwa 50 Adeligen kamen unter der Führung von Paul Jakob von Starhemberg, eines Angehörigen eines der bedeutendsten österreichischen Adelsgeschlechter, der zum Sprecher des protestantischen Adels bestimmt worden war, zu einer offiziellen Aussprache in den kaiserlichen Palast. Sie forderten religiöse Freiheit und Frieden mit Böhmen. Ein entsprechendes Schriftstück war bereits aufgesetzt und es wurde lange Zeit hitzig verhandelt. Die Situation war bedrohlich und Tätlichkeiten waren zum Greifen nahe. Später kam das Gerücht auf, dass Andreas von Thonradel, der Herr von Ebergassing, den geschockten Ferdinand beim Wams genommen habe, um ihn zur Unterschrift zu zwingen. Es ist nicht auszuschließen, dass sich Ferdinand dabei bereits als ein weiteres Opfer eines Fenstersturzes sah. Als die Spannung schier unerträglich schien, ritten plötzlich einige Kornette (Kompanien) des Regiments Dampierre unter der Führung von Gilbert de Saint Hilaire in die Hofburg ein. Die Adeligen glaubten daraufhin, die Reiter seien zu ihrer Verhaftung angerückt, mäßigten ihren Zorn und sahen von ihren Handgreiflichkeiten ab. Allein dem Eintreffen von Dampierres Regiment ist es zu verdanken, dass Ferdinand es wagte, die Forderungen der Protestanten abzulehnen, und so blieb die Sturmpetition am Ende ohne Wirkung. Es spricht für Ferdinands Bigotterie, dass er seine Errettung dem Gebet vor einem noch heute existierenden Kruzifix zuschrieb. Dieses Ereignis wurde später zu einem der „Wunder des Hauses Habsburg" stilisiert und in Gemälden und Druckwerken wirkmächtig in Szene gesetzt. Das Kürassierregiment von Dampierre erhielt für seine Dienste eine Auszeichnung und seinem Kommandanten wurde bis 1918 das Privileg zuteil, unangemeldet beim Kaiser vorzusprechen.

Thurn stand mit seinem ständischen Heer am 6. Juni 1619 vor den Toren von Wien. Hier blieb ihm jeder militärische Erfolg versagt, da er weder über ein passendes Belagerungsgerät, noch über die nötige Artillerie verfügte. Überhaupt erwies sich der politisch eloquente Graf nicht gerade als militärisches Genie und dies stellte er auch im weiteren Verlauf des Dreißigjährigen Krieges auf tragische Weise immer wieder unter Beweis. Bezeichnend ist hierbei, dass der böhmische Vorkämpfer Thurn sich niemals die Mühe machte, die böhmische Sprache zu erlernen.

Am 10. Juni 1619 kam es bei Záblat zwischen Bucquoy und dem Grafen von Mansfeld zur Schlacht. Letzterer galt später als der Prototyp eines Söldnerführers und Condottiere (italienische Bezeichnung für einen Söldnerführer und Kriegsunternehmer) des Dreißigjährigen Krieges. Seine militärischen Leistungen entsprachen aber trotz seines persönlichen Heldentums selten den in ihn gesetzten Erwartungen. Berüchtigt wurde er durch sein brutales Vorgehen gegen die Zivilbevölkerung, flächendeckende Plünderungen und Brandschatzungen. Ein Kuriosum ist, dass er später als einer der unermüdlichsten Vorkämpfer des Protestantismus galt, obwohl er sehr wahrscheinlich. Zeit seines Lebens Katholik geblieben ist (Deschner 2008, Bd. 9, S. 334). Die böhmischen

Stände hatten sich seiner Dienste versichert, weil gute Söldnerführer schwer zu bekommen waren und Mansfeld immerhin dem Herzog von Savoyen nicht ganz ohne Erfolg gedient hatte. Er konnte auch am 21. November 1618 das belagerte Pilsen unter seine Kontrolle bringen. Als sich jedoch die Kriegslage in Böhmen kritisch zu gestalten begann, trug Mansfeld dem Herzog von Savoyen erneut seine Dienste an – dieses Mal jedoch erfolglos. Schließlich blieb ihm nichts anderes übrig, als sich in Böhmen der Schlacht zu stellen.

Das gegnerische Aufeinandertreffen bei Záblat stellte die erste wirklich bedeutende Schlacht des Dreißigjährigen Krieges dar. Das Dorf Záblat befindet sich in der Nähe von Budweis und ist damit nicht allzu weit von der österreichischen Grenze entfernt. Mansfeld wollte nach Budweis marschieren und wurde von Bucquoy zur Schlacht genötigt. Obwohl der Kampf nicht lange andauerte, verlor Mansfeld etwa 1.500 Mann und seinen gesamten Tross. Die Truppen der böhmischen Stände waren in der Folge gezwungen, die Belagerung von Budweis abzubrechen und der Graf musste sich vorerst von seinem Schock erholen und blieb einige Zeit militärisch inaktiv. Als Reaktion auf die verlorene Schlacht soll er seine Dienste sogar dem Kaiser angetragen haben.

Die böhmischen Stände brachen nach der Niederlage von Záblat ihren ohnehin wenig aussichtsreichen Versuch einer Belagerung Wiens ab. Die Truppen waren schlecht ausgerüstet und verfügten nicht über fähige Befehlshaber. Dennoch waren die böhmischen Standesherren weiterhin siegesgewiss und setzten ihren Kurs konsequent fort. Am 19. August 1619 wurde Ferdinand II. als böhmischer König durch die Stände für abgesetzt erklärt. Am darauffolgenden Tag schlossen die Stände eine Angriffsallianz mit Gábor Bethlen, dem Fürsten Siebenbürgens. Dieser wurde am 25. August durch den Landtag von Neusohl (Banská Bystrica) zum König von Ungarn gewählt. Dieser umstrittenen Königswahl folgten jedoch einige weitere nach, denen noch eine weitaus größere Bedeutung zukam.

Man schrieb den 27. August 1619, als um die Mittagszeit in Prag das Donnern der Kanonen widerhallte. Die Stände hatten dem Land einen neuen König gegeben – es war Friedrich V. von der Pfalz. Bereits einen Tag später wählten in Frankfurt die Kurfürsten einen neuen Kaiser für das Heilige Römische Reich Deutscher Nation – Ferdinand II. Der neue böhmische König Friedrich V. traf erst am 31. Oktober 1619 mit großem Gefolge aus seiner pfälzischen Heimat in Prag ein. Seine offizielle Krönung zum König fand am 4. November im St. Veits-Dom statt. Die Kathedrale wurde nur wenige Wochen später von den Calvinisten aufs Schlimmste verwüstet, wobei eine große Anzahl bedeutender sakraler Kunstwerke vernichtet wurde. Der neue König hatte große Probleme mit der europäischen Anerkennung seiner Herrschaft, denn viele Fürsten nahmen eine abwartende Haltung ein oder gingen gar auf Distanz zu ihm.

Die Krönungszeremonie für Kaiser Ferdinand II. wurde knapp zwei Wochen nach der Wahl, am 9. September 1619, in hochherrschaftlicher Weise in Frankfurt vollzogen. In der Titulatur des deutschen Kaisers findet sich der Passus vom so genannten „immer Mehrer des Reiches“. Diese Apostrophierung ist aus dem lateinischen *semper Augustus* abgeleitet und basiert auf der fälschlichen Ableitung von Augustus von dem lateinischen Verb *augere*, das »vermehren«, »vergrößern« bedeutet. Der „immer Mehrer“ hatte entsprechend der lateinischen Etymologie die Pflicht, die Rechte des Reiches nach außen hin zu schützen, etwa, indem er Gebietsverluste verhinderte. Ferdinand II. und sein Sohn wurden dieser Pflicht in keiner Weise gerecht, denn wie kaum ein Herrscher vor ihnen trugen sie durch ihre Politik zur Verkleinerung und Entmachtung des Reiches bei.

Am 8. Oktober 1619 schlossen Kaiser Ferdinand II. und Herzog Maximilian I. den so genannten „Münchener Vertrag", in dem Herzog Maximilian von Bayern versprach, den Kaiser gegen die rebellischen Böhmen und ihren neuen König zu unterstützen. Ferdinand II. sagte daraufhin im Geheimen die Übertragung der Kurwürde der Pfalz an Bayern zu. Unterstützung hatte der Kaiser auch dringend nötig, denn am 14. Oktober kam es zur Schlacht bei Preßburg. Gábor Bethlen konnte den kaiserlichen Truppen unter Rudolf von Tiefenbach eine schwere Niederlage bereiten und die Stadt einnehmen. Der Siebenbürge stellte jetzt auch eine durchaus ernst zu nehmende Bedrohung für die Kaiserstadt Wien dar.

Als Thurn mit seinem böhmischen Ständeheer erneut gegen Wien vorrückte, entfachten sich zwischen ihm und den Truppen von Karl von Bucquoy erbitterte Kämpfe, die vom 24. bis zum 26. Oktober andauerten und derer sich Karl von Bucquoys Truppen schließlich erwehren konnten. Thurn blieb jedoch trotz aller militärischen Misserfolge weiterhin hartnäckig. Immerhin konnte er auf ein Bündnis mit den protestantischen Ständen Niederösterreichs zählen. Am 26. November 1619 versuchte er erneut, die Stadt Wien zu belagern, hatte jedoch abermals keinen Erfolg. Die protestantischen Soldaten konnten bei ihren Kämpfen mit kaiserlichen und katholischen Truppen ihrerseits bisher nur wenige Triumphe verbuchen und mussten sich nun auf einen massiven Gegenschlag einstellen.

Am so genannten „Liga-Tag" in Würzburg im Dezember 1619 beschlossen die Teilnehmer unter dem Kommando von Tilly 21.000 Mann Infanterie und 4.000 Reiter gegen Böhmen aufzustellen. Der Plan war, König Friedrich aus drei Richtungen gleichzeitig anzugreifen. Der Kurfürst von Sachsen sollte in Schlesien, der Ober- und der Niederlausitz einfallen, während der spanische Statthalter gegen die Niederlande und Erzherzog Albert gegen die Pfalz vorgehen sollte. Die vereinten Truppen der Liga und des Kaisers sollten den Hauptstoß in das böhmische Kernland ausführen. Am 6. Juni 1620 wurde Herzog Maximilian I. von Bayern vom Kaiser offiziell mit dem militärischen Eingreifen in Böhmen beauftragt. Durch Verhandlungen konnte auch erreicht werden, dass die protestantische „Union" (ein 1608 ins Leben gerufener Zusammenschluss von acht protestantischen Fürsten und 17 protestantischen Städten im Heiligen Römischen Reich) mit den Katholiken am 3. Juli 1620 in Ulm einen Nichtangriffspakt schloss, wodurch Friedrich von der Pfalz weiter isoliert werden sollte.

Der unermüdlich aber erfolglos kämpfende Graf Thurn wurde am 12. Juli 1620 in der Nähe von Wien erneut von den kaiserlichen Truppen unter Bucquoy geschlagen. Am 24. Juli 1620 marschierten die ersten Truppen der Katholischen Liga (1609 in München gegründeter Zusammenschluss katholischer Reichsstände) in Oberösterreich ein und eröffneten damit jenen Feldzug, der den so genannten „Böhmischen Krieg" letztlich in der Schlacht am Weißen Berg zugunsten des Kaisers entscheiden sollte. Im August griff eine 22.000 Mann starke spanische Armee von den Niederlanden aus die Pfalz an. Wenig später rückten auch die vereinigten Truppen der Liga und des Kaisers in Böhmen ein. Das böhmische Heer musste vor dem überlegenen Gegner rasch zurückweichen.

Ermöglicht wurde der erfolgreiche Vorstoß der katholischen Truppen auch durch die Passivität von Mansfeld, der mit seinen Truppen während der entscheidenden Zeit untätig im Raum Pilsen verweilte. Dieses Verhalten erklärt sich dadurch, dass der Söldnerführer zwar den geforderten Titel eines Feldmarschalls erhalten hatte, die ebenfalls verlangten Geldzahlungen und die Befehlsgewalt über die böhmischen Truppen ihm aber verwehrt blieben. Aus diesem Grund führte Mansfeld einen fast privaten Kleinkrieg um Budweis und Tabor und konzentrierte die Mehrzahl seiner Truppen um die Stadt Pilsen herum.

Der Hofprediger Herzog Maximilians, Jeremias Drexel, schrieb zu jener Zeit über die Leiden der Zivilbevölkerung:

> „Viele Bauernfamilien hatten sich in allen möglichen Schlupfwinkeln versteckt. Ich wage zu sagen, dass ich in meinem Leben niemals bleichere Gesichter gesehen habe. Durch Hunger und Trauer waren die Bauern und anderes Volk hier und anderswo elend und ausgezehrt. Überall sahen wir Gräber und Kadaver. Der Krieg ist das wunderschöne Antlitz aller Bedrängnisse und Mühsal."
>
> (Zitiert nach Milger 1998, S. 81)

Auch in der Oberpfalz hatten die Katholiken große Erfolge zu verzeichnen. So eroberten die Truppen von Herzog Maximilian I. am 23. September 1620 die Stadt Cham. Sächsische Truppen besetzten nun auch die Lausitz. Der protestantische sächsische Kurfürst spekulierte darauf, durch Ausnutzung der Situation neue Gebiete dazu zu gewinnen. Alle in den Machtbereich von König Friedrich eindringenden Truppen waren im Wesentlichen erfolgreich. Die Schlinge um den Hals der böhmischen Stände und ihres pfälzischen Königs begann sich zuzuziehen. Am besten organisiert schien die Armee des bayerischen Herzogs, die dank der gefüllten Kriegskasse von Maximilian regelmäßig entlohnt wurde und über ausreichend Nachschub verfügte, während andere Truppenkontingente rasch wegen unregelmäßiger Soldzahlungen zum hemmungslosen Plündern übergingen.

Friedrich von der Pfalz und die böhmischen Stände wussten, dass es irgendwann zu einer großen Entscheidungsschlacht kommen würde. Deshalb engagierte man einen neuen Oberbefehlshaber, der den ungeeigneten Thurn ersetzen sollte. Dieser neue Oberbefehlshaber war Fürst Christian von Anhalt, der sich zur Unterstützung seinen Sohn an die Seite stellte, in den er große Hoffnungen setzte. Nur allzu bald sollte sich jedoch herausstellen, dass die optimistischen Erwartungen, die man an die beiden Heerführer richtete, von diesen nicht erfüllt werden konnten. Christian von Anhalt-Bernburg war ein wenig bedeutender deutscher Kleinfürst, der zwar über einige militärische Erfahrung verfügte, jedoch keine großen Erfolge vorweisen konnte. Er war streng antihabsburgisch eingestellt und einer der wichtigsten Männer und Gründungsmitglied der protestantischen Union. Stets auf den Konflikt mit den Katholiken aus, erstreckte sich seine feindliche Haltung nun auch auf das militärische Gebiet, auf dem er jedoch kläglich scheiterte.

Die Spanier waren unter Ambrosio Spinola, der von einigen Militärhistorikern als bester spanischer Befehlshaber jener Zeit angesehen wird, aus Flandern kommend in die linksrheinische Pfalz eingefallen und brachten sie zum größten Teil rasch unter ihre Kontrolle. Spinolas 23.000 Mann starker, schlagkräftiger Armee fielen schnell alle wichtigen Städte und festen Plätze in die Hände. Die Bevölkerung wurde in verheerendem Ausmaß in Mitleidenschaft gezogen und für die Pfalz begann nun ein langer Leidensweg, der schlussendlich dazu führte, dass das Land niemals wieder seine alte Bedeutung zurückerlangte.

Der Aufenthalt der spanischen Armee in der Pfalz wurde durch ein bedeutendes Ereignis schon bald wieder beendet: Nach einem zwölfjährigen Waffenstillstand war der spanisch-niederländische Konflikt um die Unabhängigkeit der Vereinigten Niederlande wieder aufgeflammt. Die Spanier rückten aus der Pfalz ab und ihre Truppen zogen nach Norden, um die niederländischen „Ketzer" erneut zu bekriegen. In Teilen der Pfalz ließen sie jedoch spanische Besatzungen zurück, was weitere Kämpfe nach sich zog.

Die Schlacht am Weißen Berg und die Folgen

„Das Kriegsvolk vergaß wegen Nicht-Bezahlung allen Gehorsam und Respekt und geriet in Verzweiflung. Sie waren von dem Grafen Buquoy gewohnt, dass er nicht nachrückt, sondern einen Kanonenschuss entfernt anhält und sich dann separiert. Die plötzliche Entschiedenheit war ihnen fremd und überraschte sie." (Auszug aus der Verteidigungsschrift von Christian von Anhalt, dem Oberbefehlshaber der Truppen der böhmischen Stände. Zitiert nach Milger 1998, S. 100)

Der 8. November 1620 ging als ein besonderer Tag in die Geschichtsbücher ein, an dem nicht nur die Weichen für die Zukunft Böhmens gestellt wurden. Die Schlacht am Weißen Berg wird oft als der bedeutendste bewaffnete Konflikt in der tschechischen Geschichte angesehen und hatte zugleich großen Einfluss auf den Verlauf der gesamteuropäischen Entwicklung. Dabei war sie alles andere als eine der großen Landschlachten der Kriegsgeschichte, sondern vielmehr ein größeres Gefecht, das weniger als zwei Stunden dauerte. Ihre Auswirkungen waren dennoch gewaltiger Natur.

Der vorangegangene Feldzug hatte die Position der böhmischen Truppen sukzessive verschlechtert. Nach dem vorläufigen Ausscheiden sowohl von Mansfeld, als auch von der Vereinigung der kaiserlichen Truppen unter Feldmarschall Buquoy mit der Liga unter dem Kommando von Tilly war auch die quantitative Überlegenheit der Katholiken immer mehr zum Tragen gekommen. Da spätestens ab dem 5. November den Führern der böhmischen Armee klar war, dass ihre Gegner nach Prag marschieren würden, zogen sie in einem anstrengenden dreitägigen Gewaltmarsch ebenfalls in Richtung Hauptstadt. Sie erreichten sie am Abend des 7. November, bevor ihre Gegner vor der Stadt Stellung beziehen konnten. Da das Wetter bereits sehr winterlich war und es in beiden Armeen viele Kranke gab, hätte man eigentlich nach einer damals allgemein üblichen Gepflogenheit den Krieg auf das nächste Frühjahr vertagen müssen, was der kaiserliche Heerführer Buquoy auch vorschlug. Doch so kurz vor der Entscheidung dachte der bayerische Herzog gar nicht daran, das Unternehmen abzubrechen. Vielleicht wusste er auch, in welch schlechtem Zustand sich die Truppen der Böhmen befanden, die seit Monaten unter Verpflegungsmangel, ausständigen Soldzahlungen, Seuchen und allgemeiner Erschöpfung litten. Auch war die Anzahl der Fahnenflüchtigen sehr groß.

Die Angaben über die Stärke der einander gegenüberstehenden Armeen sind je nach Quelle verschieden. Allerdings waren die vereinigten Truppen der Katholiken eindeutig in der Überzahl. Unter dem Kommando des Grafen von Buquoy standen etwa 39.000 Mann. Die Stärke der Armee König Friedrichs betrug nach Schätzungen nicht mehr als 13.000 Mann. Sie stand unter dem Kommando von Christian von Anhalt und hatte eine strategisch äußerst günstige Stellung inne, denn die Protestanten hielten den Rücken des Weißen Berges – Bílá Hora – besetzt und schienen so gut aufgestellt, dass jeder Angriff als großes Risiko erscheinen musste. Selbst Johann t'Serclaes von Tilly, der bei dieser Schlacht lediglich als Unterbefehlshaber fungierte, war sehr skeptisch und teilte die Meinung, dass die Stellung eigentlich uneinnehmbar sei.

Dennoch entschieden sich die Führer des ligistischen Heeres zum Angriff, wobei besonders Herzog Maximilian die treibende Figur war. Wie es den Truppen der Katholischen Liga trotz ihrer strategisch weit schlechteren Position dennoch gelang, die Schlacht gegen die böhmischen Stände für sich zu entscheiden, davon legt die folgende Anekdote Zeugnis ab: So wird in einigen zeitgenössischen Quellen behauptet, dass ein Karmelitermönch namens Domenico sich im kaiserlichen Lager aufgehalten habe, der ein Bildnis der Heiligen Familie aus dem einige Zeit zuvor ausgeplünderten und niedergebrannten Schloss Strakonice bei sich trug. Bei diesem Bild hätten die Protestanten allen Figuren die Augen ausgestochen und allein das Jesuskind verschont. Der Mönch habe nun das geschändete Bild für alle sichtbar in die Höhe gehalten, während er eine bewegend-agitatorische Ansprache hielt, in der er vehement forderte, dass die katholischen Soldaten diesen Frevel rächen müssten. Die rhetorisch ausgefeilten Worte des Domenico verfehlten ihre Wirkung nicht, denn man erzählt sich, dass die Erbitterung der Soldaten derart groß gewesen sein soll, dass sie den Weißen Berg mit dem Schlachtruf „Santa Maria!" beinahe mühelos erstürmten. Die Truppen von Friedrich V., dem „Winterkönig", seien durch diesen unerwartet heftigen Angriff völlig überrascht worden, so dass sich ihre Gefechtsformation auflöste und sie die Flucht ergreifen mussten. Das Bildnis, dem sich der unerwartete Sieg der Katholischen Liga mutmaßlich verdankte, wurde nach Rom gebracht und bis zu einer Brandkatastrophe im Jahre 1853 in einer römischen Kirche – der St. Pauls-Kirche der „Unbeschuhten Karmeliter" – verehrt.

Unabhängig davon, wie hoch der Wahrheitsgehalt dieser Anekdote einzuschätzen ist, erscheint immerhin als gesichert, dass vor der Schlacht gesungen und gebetet wurde, was das Gefecht in Richtung eines Kreuzzuges oder Heiligen Krieges rückte. Die Soldaten wurden mit dem Versprechen, dass jeder, der sein Leben im Kampf für die richtige Religion opfere, seinen sicheren Platz im Paradies habe, willfährig gemacht. Obwohl natürlich auch andere Motive bei den Söldnern beider Konfessionen mit im Spiel waren – denn neben der himmlischen Belohnung winkten reichlich Sold und Beute –, gab der religiöse Fanatismus dieser Schlacht letztlich das dynamische Element. Die Katholiken waren ihrem Gegner hierbei eindeutig überlegen, denn innerhalb einer Stunde gelang es dem Heer der Liga, die stark angeschlagenen Soldaten des böhmischen Ständeheeres, die auf ihre vorteilhafte Stellung vertraut hatten, vollständig in die Knie zu zwingen. Zwar gab es versuchte Gegenattacken und die katholischen Angreifer hatten ihrerseits auch einige Verluste zu beklagen, doch schließlich brach bei den Truppen des „Winterkönigs" alle Ordnung und Disziplin in sich zusammen und alles wandte sich zur wilden Flucht.

Auf katholischer Seite nahmen an der Schlacht am Weißen Berg bereits einige jener Männer teil, die im weiteren Kriegsverlauf als bedeutende Militärs Geschichte schreiben sollten. Einer von ihnen war Gottfried zu Pappenheim (Kurzbiographie siehe Kapitel „Herausragende Heerführer"), der wegen seines vernarbten Gesichtes als der „Schrammenhans" in die Geschichtsbücher einging. Um ein Haar wäre das Gefecht am Weißen Berg sein letztes gewesen, denn da er schwer verwundet auf dem Schlachtfeld liegen blieb, wurde er für tot gehalten. Als Plünderer nach dem Ende des Kriegsgefechts den Kampfplatz nach Beute absuchten, wollten sie den Schwerverwundeten töten, doch es gelang ihm, sein Leben durch das Versprechen einer hohen Belohnung zu retten. Auch Octavio Piccolomini (1599 – 1656, stammte aus einem bedeutenden italienischen Geschlecht, das unter anderem auch einen Papst vorweisen konnte), der von Kriegsanfang bis Kriegsende an zahlreichen Gefechten teilnahm und eine teilweise sehr fragwürdige militärische Karriere durchlaufen sollte, war in die Schlacht am Weißen Berg involviert, überstand sie aber unverletzt.

Während draußen vor den Toren der Stadt die blutige Schlacht tobte, gab der „Winterkönig“ Friedrich V. von dem Kriegstreiben um ihn herum gänzlich unbehelligt in seinem Palast ein kleines Fest. Dieses von dem politischen Weltgeschehen völlig entrückte Gebaren stellt ihn auf eine Stufe mit dem bereits beschriebenen wirklichkeitsfremden Verhalten von Kaiser Rudolf II. angesichts von Religionskrieg und Bedrohung durch die Osmanen. Friedrich V. sollte schließlich auch einer der wenigen Herrscher sein, die unter ihrem Spottnamen in die Geschichte eingingen. Der König galt nach einer schweren Erkrankung als 18-Jähriger, die er nur knapp überlebt hatte, allgemein als kraftlos, schläfrig und melancholisch, manchmal schien er auch schwer depressiv. Abhängig von einigen engen Beratern und der tschechischen Sprache mit keinem Wort mächtig, hatte er schon zu Beginn seiner Regierungszeit keinen guten Eindruck hinterlassen und trug sich in der Erwartung, dass diese nicht lange währte, den Spottnamen „Winterkönig“ ein. Am Tag vor der Schlacht hatte Friedrich die Front seiner Truppen abgeritten und die Soldaten beschworen, weder ihn noch die böhmische Sache in Stich zu lassen. Daraufhin zog er sich in die Stadt zurück, die weit mehr Komfort bot als das der Novemberkälte ausgesetzte Feldlager. Einige der höheren Offiziere seines Heeres taten es ihm gleich und schmälerten dadurch die Moral der Truppe, um die es ohnehin schlecht bestand, nachhaltig. Der König machte sich den Stadtaufenthalt aber immerhin zu Nutze, um bei den böhmischen Ständen mehr Geld für seine Truppen einzufordern und den Abgesandten des englischen Königs, von dem er sich Unterstützung erwartete, zu treffen. Während er den Diplomaten und dessen Anhang festlich bewirtete, entwickelte sich am Weißen Berg die militärische Katastrophe. Als der „Winterkönig“ schließlich aufbrach, um sich wieder zur Armee zu begeben, kamen ihm schon beim Stadttor die ersten flüchtenden Soldaten entgegen. Der erfolglose Christian von Anhalt informierte ihn rasch über die fatale Lage. Friedrich sah nur noch die Flucht als Ausweg. Zunächst floh er über die Moldau in die Prager Altstadt. Am Morgen des 9. November machte er sich allein in Begleitung seiner Gemahlin und einiger Anhänger auf den Weg nach Breslau, wobei er nicht vergaß, die Kronjuwelen mitzunehmen. Er floh gerade noch rechtzeitig, da sich große Teile der Prager Bevölkerung bereits zusammenschlossen, um den König an die Führer der siegreichen Truppen auszuliefern. Bereits zuvor hatte man die Stadttore geschlossen und viele flüchtende Überlebende der königlichen Armee ihrem Schicksal überlassen. Nach der Flucht des Königs ergab sich die Stadt sogleich den kaiserlichen Truppen. Herzog Maximilian von Bayern ließ sich in Vertretung des Kaisers von katholischen und utraquistischen Adeligen huldigen. Die Utraquisten waren aus dem gemäßigten Flügel der Hussiten hervorgegangen und verfügten über eine beträchtliche Anhängerschaft. König Friedrichs Flucht verlief über Breslau nach Berlin, Wolfenbüttel und Hamburg bis nach Den Haag.

Ein böser Reim dichtete über den flüchtenden König:

> „Sein Reich war nit von dieser Welt. Darumb er bald zu Boden felt. Wo felt er hin? Ins tieffe Möhr. Verlassen von seim gantzen Heer."
>
> (Aus einer anonymen Spottschrift auf den „Winterkönig" 1621.)

Dabei war dieser nur mäßig ehrgeizige Mann von harmloser Gesinnung, der so sehr von seiner schönen Frau und seinen Räten abhängig war, lediglich von Anfang an der Falsche für die Position des Herrschers eines so schwierigen Landes wie Böhmen gewesen. Von Bündnispolitik und Diplomatie verstand er wenig, kümmerte sich aber auch nicht darum. Sein Interesse galt stattdessen opulenten Festen, der Musik, dem Tanz und dem stattlichen Residieren. Als sein Reich wie ein Kartenhaus in sich zusammenfiel, war er einer derjenigen, die darüber am meisten verwundert waren. Wenig später saß er in Den Haag und musste sein Haus als Hauptquartier für die Sache der deutschen Protestanten zur Verfügung stellen, um die es vorerst jedoch nicht allzu gut stand.

Der erfolglose Heerführer Christian von Anhalt setzte sich nach der militärischen Katastrophe ebenfalls rasch ab und tauchte schließlich in Schweden auf. Hier suchte er nach Verbündeten, wurde aber als gescheiterter Feldherr kaum noch akzeptiert. Sein Sohn war in der Schlacht den kaiserlichen Truppen in die Hände gefallen und versuchte nun, am dortigen Hof Ferdinand II. gegenüber seinem Vater milde zu stimmen. Es kam letztlich zu der absurden Situation, dass der einstige „Katholikenfresser" Christian von Anhalt 1624 einen Kniefall vor Ferdinand II. machte und später sogar auf Betreiben von Wallenstein (zu dieser vielleicht interessantesten Persönlichkeit des Dreißigjährigen Krieges siehe die Kurzbiographie im Kapitel „Herausragende Heerführer") eine Kammerherrenstelle beim Kaiser erhielt, da sein kleines Fürstentum Bernburg durch den Krieg gänzlich verwüstet wurde. Einst hatte der Fürst die große militärische Auseinandersetzung mit den Katholiken gesucht, nun musste er sein Leben als Höfling des Kaisers fristen.

Der geflüchtete „Winterkönig" wurde am 22. Januar 1621 mit der Reichsacht belegt. Zu diesem Zeitpunkt befand er sich bereits in den Vereinigten Niederlanden. Er hielt jedoch auch noch in den Jahren des Exils Hof und gab bedenkenlos Geld aus. Während er mit wenig Geschick auf unfähige Verbündete wie etwa Mansfeld setzte und das politische Tagesgeschäft seinen Ratgebern und Administratoren überließ, galt seine Aufmerksamkeit in erster Linie der englischen und niederländischen Regierung, seinem Hofstaat, den zahlreichen Festen und dem Bau von prächtigen Schlössern. Nach dem Tod seines Sohnes und Thronfolgers und dem endgültigen Scheitern der demütigenden Vermittlungsversuche mit dem Kaiser, war Friedrich von der Pfalz ein gebrochener Mann.

Am 25. Februar 1623 übertrug Kaiser Ferdinand II. die pfälzische Kurwürde schließlich dem Herzog von Bayern ad personam, während die bereits 1622 erfolgte Übertragung der Würde an die bayerische Wittelsbacher-Linie noch geheim gehalten wurde. Die Übertragung von Friedrichs Kurwürde und der Herrschaft über die Oberpfalz an den Bayernherzog wurde von den Reichsfürsten als Verfassungsbruch betrachtet und löste eine Vielzahl von Protesten aus, von denen Kaiser Ferdinand II. sich indes nicht im Mindesten beeindrucken ließ. Die schwer angeschlagene Protestantische Union sandte eine Protestnote an den Kaiser, der daraufhin nur entgegnete, die Union solle abrüsten. Zur gleichen Zeit wurden von den spanischen Truppen unter General Spinola Einschüchterungsmanöver gegen die Versammlung der Union in Heilbronn durchgeführt. Diese erwiesen sich als so wirkungsvoll, dass die Delegierten der Union nach dem von Spinola gegebenen Neutralitätsversprechen mit der Auflösung ihres Heeres einverstanden waren – ein Versprechen, das sich kurze Zeit später als leer herausstellte. Es kam zu einem Abkommen, dem Mainzer Akkord, nach dem sich die Versammlung der Unions-Delegierten auflöste, um dann niemals wieder zusammenzukommen.

Der große Sieg am Weißen Berg, der bereits als das Ende des Krieges betrachtet wurde, bedeutete für einige der siegreichen Führer der kaiserlichen Truppen einen vorläufigen Höhepunkt ihrer Karriere. Als großer Gewinner stand in erster Linie der Herzog von Bayern da, der nun als der mächtigste deutsche Fürst nach dem Kaiser agieren konnte und als Retter der katholischen Sache dastand. Zudem hatte er auch noch Oberösterreich vom Kaiser als Pfand erhalten. Auch Johann t'Serclaes Graf von Tilly hatte als Heerführer der Katholischen Liga seinen Ruf als erfolgreicher militärischer Führer weiter gefestigt und schien ein Garant für zukünftige kriegerische Erfolge. Der instinktsichere Aufsteiger Wallenstein hatte sich ebenfalls bewährt und erhielt den militärischen Befehl in der Stadt.

Als Sofortmaßnahme gegen die Rebellen wurden die geflüchteten Direktoren geächtet und ihre Güter eingezogen. Es sollte jedoch noch viel schlimmer kommen: Kaiser Ferdinand wollte eine radikale Abrechnung mit den Aufrührern vornehmen. Viele Gegner des Hauses Habsburg waren nicht geflohen, weil sie sich das Ausmaß des Strafgerichtes nicht vorstellen konnten. Sie wurden nun Opfer von Verfolgung, Folter, Gefängnis und Hinrichtung.

Wer heute den Altstädter Ring in Prag besucht, kommt mit großer Wahrscheinlichkeit auch an jener Stelle in der Nähe des Rathauses vorbei, an der sich am 21. Juni 1621 das so genannte „Prager Blutgericht" zutrug. Kaiser Ferdinand dachte damals nicht daran, Milde gegen die Aufrührer walten zu lassen. Zusätzlich zu den gnadenlosen Rekatholisierungsmaßnahmen des Landes sollte ein blutiges Strafgericht gegen alle Rädelsführer, derer man habhaft werden konnte, ein Exempel statuieren und auf grausame Weise demonstrieren, was Gegnern der habsburgischen Herrschaft blühte. 3 Hochadelige, 7 Ritter und 17 Bürgerliche wurden auf äußerst grausame Weise hingerichtet, 18 weitere Angeklagte zu Gefängnis und körperlicher Züchtigung verurteilt.

Ursprünglich waren 40 Personen, darunter fast alle Direktoren der Ständeregierung, zum Tode verurteilt worden. Die Anklage lautete auf Rebellion, Landfriedensbruch und Beleidigung der kaiserlichen Majestät. Letztlich wurde das Urteil an 27 Männern vollstreckt. Kaiser Ferdinand hatte die Gnadengesuche abgelehnt, betete jedoch während der

Hinrichtungen für das Seelenheil der „armen Sünder". Wie so viele Habsburger verbrachte er einen beträchtlichen Teil des Tages mit solchen Gebeten oder Messebesuchen.

Das grausame Schauspiel selbst begann am 21. Juni um 5 Uhr früh, als Kanonendonner den Beginn der Exekutionen verkündete. Man hatte vor dem Altstädter Rathaus eine große, schwarzverhangene Bühne aus Holz errichtet. Es regnete, als die Wagen mit den Verurteilten eintrafen. Die Verurteilten waren zumeist in keinem guten Zustand und einige von ihnen mussten geführt werden. Die Soldaten Wallensteins sicherten den Exekutionsplatz und patroulierten in der Stadt, um Unruhen im Keim zu ersticken. Wallenstein selbst wohnte den Hinrichtungen aufmerksam bei. Als erster wurde Graf Joachim Andreas Schlick hingerichtet, der vom sächsischen Kurfürsten, auf dessen Gebiet er sich geflüchtet hatte, ausgeliefert worden war. Diese Denunziation war das grausame „Geschenk" des Kurfürsten an den Kaiser als Dank für die an ihn versprochene Lausitz. Der Graf wirkte sehr gefasst und betete inbrünstig auf lutherische Art, bis ihm der Kopf abgeschlagen wurde. Als Nächster wurde Wenzel von Budowa hingerichtet, der vor seinem Ende noch die diensteifrigen Jesuiten, die ihn bis zuletzt bekehren wollten, beleidigte. So, wie alle adeligen Herren, wurde auch er mit dem Schwert hingerichtet, was sich verglichen mit der Behandlung, die man den bürgerlichen Delinquenten angedeihen ließ, als ein gnädiger Tod erwies. Für Letztere hatte sich die katholische Gerichtsbarkeit weit grausamere Prozeduren ausgedacht. So wurde dem ehemaligen Rektor der Prager Universität Jesenius vor der Enthauptung die Zunge herausgerissen und die Leiche anschließend gevierteilt. Bevor er den Gelehrten der grauenvollen Prozedur unterzog, bot der Scharfrichter ihm einen betäubenden Trank an, was Jesenius allerdings ablehnte. So, wie die meisten der Todgeweihten, wusste er würdevoll zu sterben.

Bei Personen einfachen Standes, wie dem Diener des Altstädter Bürgermeisters Nikolaus Diebis, sah die katholische Gerichtsbarkeit eine noch grausamere Prozedur vor: Sollte er ursprünglich denselben Tod sterben wie der Gelehrte Jesenius, entschied das Gericht, ihn eine Stunde lang mit seiner Zunge an den Galgen zu nageln, eine martialische Tat, die die unvorstellbaren Leiden von Diebis um einen ganzen Tag verlängerten. Nach den Hinrichtungen zerlegte man den Körper von Jesenius und präsentierte die Körperteile in mehreren Stadtteilen als Warnung. Die Köpfe und Hände von zwölf weiteren Delinquenten wurden auf dem Altstädter Brückenturm auf Eisenstangen gesteckt zur Schau gestellt.

Das Prager Blutgericht bildete zugleich den Auftakt zu einer folgenreichen Umverteilung des adeligen Grundbesitzes im Königreich Böhmen. Fürst Karl von Liechtenstein, der rechtzeitig auf die richtige Seite gewechselt hatte, wurde mit der Landesverwaltung betraut und stand einer Kommission vor, die die Konfiskationen der Güter der Rebellen durchführte. In Mähren wurde eine ähnliche Kommission von Franz von Dietrichstein geleitet. Hunderte Personen und 50 Städte wurden mit hohen Vermögensverlusten bestraft und 166 Adlige verloren allein in Böhmen ihre gesamte Habe. Letztlich gingen durch all diese Maßnahmen fast zwei Drittel des Bodens an neue Besitzer über. Hauptnutznießer dieser Umverteilung waren vor allem die Herren Liechtenstein, Wallenstein und Ulrich von Eggenberg. Aber auch viele Günstlinge des Kaisers und höhere Offiziere zählten zu den Begünstigten und in der Folge etablierten sich Familien wie die Thuns, Trauttmansdorffs, Metternichs und Clarys in Böhmen. Die Umverteilung des adeligen Grundbesitzes sah auch vor, dass die Kirche ihre alten Besitzungen zurückerhielt. Die Jesuiten waren von nun an die Herren der Prager Universität und gestalteten sie in ihrem Sinne völlig um.

Später wurde selbst von habsburgerfreundlichen Historikern bemängelt, dass man die beschlagnahmten Güter an die neuen Herren viel zu billig verkauft und damit den Fiskus geschädigt habe. Manche Heerführer hatten Güter geschenkt bekommen, so zum Beispiel Bucqoy, Huerta und Baltazar de Marrades. Der finanzielle Gewinn hielt sich für den Kaiser so sehr in Grenzen, dass er damit nicht einmal seine Schulden und den ausständigen Sold der Soldaten bezahlen konnte. Hierdurch kündigte sich bereits ein Problem an, das die habsburgischen Herrscher während des gesamten Dreißigjährigen Krieges verfolgen sollte: Aufgrund des permanenten Geldmangels, der nicht zuletzt einem völlig ineffizienten Steuersystems geschuldet war, waren die militärischen Möglichkeiten stets eingeschränkt und die kaiserlichen Söldner wegen mangelnder Soldzahlungen oft genug am Rande der Meuterei.

Der schwache ökonomische Instinkt der Habsburger fand seinen Niederschlag auch in einem zu Beginn des Jahres 1622 geschlossenen Vertrag zwischen der Hofkammer und einer aus 15 Interessenten bestehenden Gruppe, der vorsah, dass dem Konsortium für die Dauer eines Jahres für den Betrag von 6 Millionen Gulden die Münzprägung in allen Münzstätten in Böhmen und Mähren verpachtet wurde. Diese Entscheidung sollte sich als fatal erweisen. Unter den Mitgliedern des Konsortiums befanden sich die Kriegsgewinnler Liechtenstein und Wallenstein, aber auch niederländische Bankiers und das Oberhaupt der Prager Judenschaft. Es wurden nun zwecks Soldzahlungen für die Truppen viele Millionen neuer Taler auf den Markt geworfen, die jedoch einen um 25 % verminderten Silbergehalt aufwiesen, was sie mehr oder weniger entwertete und ihren Wechselkurs stark reduzierte. Das hatte eine bis dahin beispiellose Geldentwertung zur Folge und brachte den Mitgliedern des Konsortiums enorme Gewinne. Sie konnten nun wie Wallenstein riesige Ländereien erwerben. So genannte „Kipper und Wipper“ beschnitten und manipulierten auch die Münzen und setzten damit der Wirtschaft und dem Handel im Reich schwer zu, weshalb Kaiser Ferdinand II. zu Weihnachten 1623 eine Abwertung der Währung vornehmen ließ. Skrupellose Männer wie Wallenstein, der wohl den meisten Profit aus dieser für die Allgemeinheit sehr negativen Entwicklung zog, hatten aber bereits sagenhafte Gewinne gemacht. Wallenstein besaß letztlich mehr als 50 Güter und kontrollierte damit ein Viertel von Böhmen. Diese Position brachte ihm 1625 folgerichtig die Ernennung zum Herzog von Friedland ein.

Später folgten noch weitere situationsverschärfende Maßnahmen von Ferdinand II., als er 1624 durch Patente für Böhmen und Mähren die katholische Religion zur alleinig anerkannten erklärte. All diejenigen, die nicht zum Konfessionswechsel bereit waren, mussten auswandern. Als erstes wurden die Wiedertäufer, dann die Brüdergemeinden vertrieben. Zuletzt erfolgte die Massenauswanderung der nicht konvertierten Protestanten. Mindestens 30.000 Familien und damit etwa 120.000 Menschen verließen das Land. Da es sich dabei in erster Linie um Angehörige der Elite und der gebildeten Stände handelte, war der Schaden für das Land sehr groß. Mit der so genannten „Verneuerten Landesordnung“ setzte Ferdinand II. dem Ganzen die Spitze auf. Zuvor hatte er eigenhändig den Majestätsbrief von Kaiser Rudolf II. vernichtet, der dem böhmischen Adel viele Rechte gewährt hatte. Die Länder der böhmischen Krone wurden Teile der habsburgischen Erbmonarchie. Das Mitwirkungsrecht der Stände an der Ämterbesetzung wurde aufgehoben und die Städte verloren ihre Rechte. Tschechisch und Deutsch galten von nun an offiziell als gleichberechtigte Landessprachen, wobei allerdings die deutsche Sprache eine eindeutige Bevorzugung erfuhr, da der der Großteil der Kriegsgewinner des Tschechischen nicht mächtig war. Die Sprache der Herrschenden war von nun an nahezu ausschließlich Deutsch. Die sich hieran anschließende Zeit wurde später von tschechischen Schriftstellern als „Temno“, die Zeit der Finsternis bezeichnet. Vielen mögen vor allem die Jahre nach der Schlacht am Weißen Berg als sehr finstere Epoche erschienen sein. Auch zahlreiche andere Menschen, die nicht enteignet oder vertrieben wurden, litten unter der radikalen ökonomischen, sozialen und kulturellen Umwälzung, die es einer kleinen Gruppe von Personen ermöglichte, eine geradezu absolutistische Herrschaft auszuüben und sich an den Gütern und Habseligkeiten der ihnen Unterstellten zu bereichern. Böhmen hatte sich zu einer „politischen Ruine“ entwickelt.

Eine besondere Auswirkung hatte die Schlacht am Weißen Berg für die tschechische Sprache, weil in der Folge die gebildeten Tschechen statt ihrer Muttersprache die deutsche Sprache pflegten. Das Tschechische entwickelte sich dadurch immer mehr zu einer Sprache, die nur noch von der einfachen, insbesondere in ländlichen Gebieten ansässigen Bevölkerungsschicht verwendet wurde, wodurch es den Charakter der Schriftlichkeit zunehmend einbüßte. Erst Ende des 18. Jahrhunderts wurde die tschechische Sprache revitalisiert, eine Maßnahme, die bis in die heutige Zeit gewisse Auswirkungen hat, da ihre akademischen „Wiedererwecker“ sie mit einer komplizierten Grammatik ausstatteten.

Nach der Schlacht am Weißen Berg kam es auf böhmisch-mährischem Gebiet noch zu mehreren Kämpfen, da sich in einigen Städten protestantische Garnisonen länger hielten und erst mühsam belagert werden mussten, wobei auch spanische Truppen unter Marradas, die der spanische König für den Kampf gegen die „Ketzer“ zur Verfügung gestellt hatte, eingesetzt wurden. Tilly konnte am 26. März 1621 die mansfeldische Garnison in Pilsen gegen eine Zahlung von 140.000 Gulden zur Übergabe bewegen. Die ehemalige Hussitenstadt Tabor erwies sich als besonders hartnäckig und konnte 7 Sturmangriffe abweisen, bevor man im November 1621 eine ehrenvolle Übergabe vereinbarte. In einigen kleineren Städten hielt sich der Widerstand sogar bis Oktober 1622, bis auch dort eine solche Übergabe vereinbart wurde und die Garnisonen unbesiegt abziehen konnten.

Der kaiserliche Feldherr Comte de Buquoy hatte bereits seit dem Treffen von Rakonitz mit den Folgen einer üblen Verwundung zu kämpfen, die ihn auch bei der Schlacht am Weißen Berg extrem beeinträchtigt hatte. So kam es auch, dass er seine berühmteste Schlacht aus einem Wagen kommandieren musste. Dennoch eroberte er kurz danach die wichtigste Burg Böhmens – Karlstein – und zwang die mährischen Stände zur Huldigung des Kaisers. Als er zu Beginn 1621 um seine Entlassung aus dem Dienst bat, schenkte ihm der Kaiser einige große Besitzungen, um ihn weiter im Dienst zu behalten – mit Erfolg, denn Buquoy zog im Februar 1621 erneut gegen Gábor Bethlen zu Felde. Nach der Eroberung von Pressburg begann der kaiserliche Feldmarschall mit der Belagerung der wichtigen Festung Neuhäusl. Hier ereilte ihn sein tödliches Schicksal und Buquoy fiel am 10. Juli 1621 bei der Abwehr eines Ausfallversuches der Belagerten. Er hatte seinen Triumph bei Prag nicht lange überlebt.

Was Wallensteins weitere militärische Karriere betraf, so wurde er nach dem Schlachtentod von General Buquoy im Sommer 1621 faktisch zum Oberbefehlshaber der kaiserlichen Truppen in Mähren ernannt. Er konnte bis Oktober 1621 das kaiserliche Heer auf 18.000 Mann ausbauen. Mit ihm sollte er gegen das Heer von Gábor Bethlen kämpfen, das etwa 30.000 Mann umfasste. Der am 25. August 1620 mit Zustimmung der Türken zum ungarischen König gekrönte Fürst von Siebenbürgen hatte Truppen nach Böhmen geschickt, die allerdings erst nach der Schlacht am Weißen Berg ankamen. Gábor Bethlen befand sich nach dem habsburgischen Erfolg in Böhmen nun selbst in der Defensive und musste die von ihm eroberten Gebiete verteidigen. Diese umfassten immerhin nahezu das gesamte Gebiet der heutigen Slowakei, auch wenn Bethlen bereits einige westslowakische Städte verloren hatte. Er versuchte sie aber wieder zurückzuerobern, um bei etwaigen Friedensverhandlungen in einer privilegierteren Position zu sein.

Bei der Belagerung von Tyrnau, dem Zentrum der römisch-katholischen Kirche der Slowakei, sah sich der ungarische König von türkischen Gnaden nach dem Tod des kaiserlichen Befehlshabers Buquoy vorerst dem General Rudolf von Tiefenbach gegenüber. Dieser vermochte den Belagerungsring von Gábor Bethlen trotz verzweifelten Bemühens aber nicht aufzubrechen, da er es mit einem zahlenmäßig weit überlegenen Feind zu tun hatte. Tiefenbachs Truppe wurde nahezu vollständig vernichtet und nur eine Minderheit geriet lebend in Gefangenschaft. Der unvermögende habsburgische General, der noch dazu Protestant war, konnte nur mit knapper Not flüchten. Tiefenbach wurde später unter dem Oberkommando von Wallenstein Feldmarschall, blieb militärisch aber weiterhin inkompetent.

Der militärische Druck auf Gábor Bethlen, dessen Armee sich trotz ihrer zahlenmäßigen Größe hinsichtlich Ausrüstung und Struktur nicht mit den vergleichsweise „modernen" Heeren der Katholiken messen konnte, wurde zunehmend größer. Um eine totale Niederlage zu vermeiden, schloss der Siebenbürger letztlich am 31. Dezember 1621 den „Frieden von Nikolsburg" und erklärte sich bereit, auf die eroberten Gebiete im königlichen Ungarn und auf die ungarische Krone zu verzichten. Als minimaler Gewinn war es ihm lediglich erlaubt, sieben oberungarische Komitate (Grafschaften am Gebiet der heutigen Ostslowakei) und zwei schlesische Fürstentümer zu behalten, die seinem Fürstentum Siebenbürgen angegliedert wurden. Nur knapp zwei Jahre später brach Bethlen den Frieden von Nikolsburg jedoch wieder und unternahm einen zweiten Feldzug, bei dem er kurzfristig die gesamte heutige Slowakei erneut unter seine Kontrolle brachte. Doch scheiterte auch dieses Unternehmen und Bethlen musste am 8. Mai 1624 anlässlich des so genannten „Wiener Friedens" den Nikolsburger Vertrag erneut bestätigen und verlor zudem die beiden schlesischen Fürstentümer Oppeln und Ratibor.

Die Heere des Kaisers und der Liga wandten sich nach der Vertreibung des „Winterkönigs" und der Befriedung von Böhmen und Mähren vermehrt in die Gebiete am Rhein. Hier hatten die spanischen Truppen teilweise bereits große Verwüstungen angerichtet. Ernst von Mansfeld, der von der Union wenig unterstützt wurde, war über die Oberpfalz in Richtung der Kurpfalz gezogen. Nachdem die Siebenbürger den Frieden von Nikolsburg geschlossen hatten, konnten sich die kaiserlichen Heerführer mit vereinten Kräften gegen Mansfeld wenden. Dieser hatte inzwischen in dem Markgrafen Georg Friedrich von Baden-Durlach einen Bundesgenossen gefunden. Es gelang Mansfeld nun sogar, dem sonst als unbesiegbar geltenden Tilly eine schwere Schlappe beizubringen.

Die „Schlacht bei Mingolsheim" fand am 27. April 1622 zwischen der mit 12.000 Mann zahlenmäßig eindeutig unterlegenen Armee von Tilly und der 18.000 Mann starken Armee von Mansfeld statt, der nun den stolzen Titel eines „General-Feldmarschalls der böhmischen Krone" führte. Das Heer der Liga griff trotz seiner zahlenmäßigen Unterlegenheit die gut aufgestellten Truppen von Mansfeld an, wurde aber durch einen unerwarteten Gegenangriff des Gegners überrascht. Letztlich wurden Tillys Einheiten nach heftigem Kampf auf das brennende Dorf Mingolsheim zurückgeworfen und erlitten hohe Verluste. Tilly verlor dabei mutmaßlich mehr als 2.000 Mann und wurde selbst verwundet. Seine Armee wurde aber dadurch gerettet, dass Mansfeld trotz seiner viel geringeren Verluste von einer Verfolgung absah und sich zurückzog, weil er sich mit dem Heer von Baden-Durlach vereinigen wollte, das im Anzug war. Die Vereinigung der beiden Heere dauerte nur vier Tage, aber Tilly hatte nun Gelegenheit, sich einstweilen nach Wimpfen zurückzuziehen, wo er Verstärkung durch den spanischen General Córdoba erhielt.

Tilly konnte bereits am 6. Mai 1622 in der Schlacht bei Wimpfen blutige Rache für seine Niederlage nehmen. Sein Opfer wurde allerdings vorerst nicht Mansfeld, der mit seinen Truppen in die Nordpfalz gezogen war, sondern der Markgraf Georg Friedrich von Baden-Durlach, der dem zurückweichenden Liga-Heer allein gefolgt war. Der Markgraf hatte einige technische Neuerungen eingeführt, wodurch seine Armee mehr Schlagkraft erhalten sollte. So führte er mit Mörsern bestückte Fahrzeuge mit sich, speziell konstruierte Wagen für die Errichtung einer Wagenburg, eine zerlegbare Schiffsbrücke für rasche Flussübergänge und eine Vielzahl neuartiger Geschütze. Doch auch diese Spezialausrüstung sollte ihm nicht den Sieg bringen.

Bei Wimpfen kam es nun auf einer Frontlänge von zwei Kilometern zum erbitterten Kampf. Nachdem es bereits am Abend des 5. Mai erste Gefechte gegeben hatte, entbrannte am folgenden Morgen die große Schlacht. Als bis 11 Uhr keine eindeutige Entscheidung gefallen war, kehrte auf Tillys Vorschlag hin während der großen Mittagshitze eine Waffenruhe ein. Da die Truppen des Markgrafen bis zu diesem Zeitpunkt militärisch überlegen waren, erscheint dessen Zustimmung zu der mittäglichen Waffenruhe unbegreiflich. Während dieser Zeit gruppierte der Markgraf seine

Truppen um. Dies erwies sich als missglückter Schachzug, denn nach 14 Uhr unternahm Tilly, der zuvor reichlich Wein an seine Männer ausgegeben hatte, einen sehr heftigen Angriff auf den rechten Flügel der markgräflichen Armee, der zur Flucht eines Teiles der gegnerischen Kavallerie führte. Aber noch war die Schlacht nicht entschieden. Ein bayerischer Offizier berichtete, wie sich allzu menschliche Bedürfnisse positiv auf den Verlauf der Schlacht auswirkten:

> „Von dem Schießen war ein Rauch, dass man kaum einen Pistolenschuss weit sehen konnte. Zu unserem Glück hat einer von unserem Regiment, der austreten ging, weil er mal musste, etwas gesehen. Er kam angerannt, mit den Hosen in der Hand und schrie: Der Feind, der Feind. Sonst hätten wir viele Männer eingebüßt."

Als gegen 17.30 Uhr ein Geschoss das Pulverlager der Protestanten zur Explosion brachte und Viele getötet wurden, griff eine Panik um sich und weitere Einheiten schlugen sich in die Flucht. Baden-Durlach versuchte die Situation zu retten, indem er sich selbst an die Spitze seiner Truppen stellte und einen Gegenangriff unternahm. Aber als eine halbe Stunde später auch noch Herzog Magnus von Württemberg, der Reiterführer des Markgrafen, fiel und Tillys Truppen wenig später die gegnerische Wagenburg und die meisten Geschütze eroberten, war die Schlacht entschieden. Da der Markgraf in seiner Unzulänglichkeit nicht an einen Rückzug gedacht hatte, wurde seinen fliehenden Männern durch eine schmale Brücke, die über einen kleinen Fluss verlief, die Flucht abgeschnitten und Tausende von ihnen fielen Tillys Kavallerie zum Opfer. Allerdings weichen, wie so oft, die Angaben über die Verluste in der Literatur sehr voneinander ab. Einigkeit besteht indes darüber, dass den protestantischen Truppen des Markgrafen eine vernichtende

Niederlage beigebracht wurde und Wimpfen als eine der blutigsten Schlachten des gesamten Dreißigjährigen Krieges galt. Seinem bigotten Charakter entsprechend verbrachte Tilly einen Teil der Schlacht damit, in einer nahe gelegenen Kirche vor einem Marienbild andächtig zu beten. Später war er davon überzeugt, dass ein Engel das Pulvermagazin der Protestanten zur Explosion gebracht hätte.

Als Christian von Braunschweig, der Administrator von Halberstadt, der während dieser Schlacht in Westfalen katholische Gebiete verwüstet hatte, auf den Plan trat, schien sich das Blatt doch noch zu Gunsten der protestantischen Sache zu wenden. Er hatte neue Truppen rekrutiert und in vielen Gebieten Angst und Schrecken verbreitet. Der Braunschweiger Herzog, der die katholischen Gebiete mit einer erschreckend kühl kalkulierten Brutalität verwüstet hatte, erhielt von seinen Gegnern nicht ohne Grund das Attribut „toll": Er hinterließ eine blutige Spur erschlagener Bauern, ausgebrannter und geplünderter Dörfer und Gehöfte. Von den katholischen Städten forderte er nachhaltig Tribut, wobei er drohte, er würde alles abbrennen und – so wörtlich – „die Einwohner niederhauen und erschießen lassen, dass noch die Kindeskinder es beklagen sollten." (Siehe Kurzbiographie über Christian im Kapitel „Herausragende Heerführer")

Das Ausmaß dieser Brutalität wird in der drastischen Schilderung eines Zeitzeugen erahnbar:

> „Die Männer, die umkamen, wurden teils gehenkt, teils wegen des Gelds gemartert. Sie haben die Leute um die Köpfe mit Seilen geknebelt, dass ihnen das Blut aus den Ohren, Nasen und Mund gelaufen; ihnen wurden die Daumen und Finger geschraubt und um die Geschlechtsteile herum jämmerlich gebrannt. Sie haben ihnen die Musketen und Rohre an die Lippen geschraubt und daran bis zur schrecklichen Zerreißung hängen lassen, die Leute

mit Musketen wider die Brüste und an heimliche Orte gestoßen und etliche so gemartert, dass sie um die Sinne kamen." (Zitiert nach Milger 1998, S. 136 f)

Der martialische Halberstädter, der sich selbst für einen bedeutenden Feldherrn hielt, erwog, dem nun weit im Süden bei Würzburg stehenden Tilly die Pfalz doch noch zu entreißen. Doch wider Erwarten wurde nun auch ihm am 20. Juni 1622 bei Höchst eine schwere Niederlage bereitet. Vorerst konnten die Truppen des Braunschweigers das kurmainzische Höchst einnehmen und den Main überschreiten, während Tilly mit seiner Armee im Eiltempo auf sie zumarschierte. Die protestantische Armee setzte auf einer eigens gezimmerten Schiffsbrücke über den Main und formierte sich gegen das aufmarschierende Heer von Tilly und Cordoba. Dieses umfasste etwa 20.000 Mann Infanterie und 6.000 Reiter, während Christan von Braunschweig nur 12.000 Mann Infanterie und 5.000 Mann Kavallerie zur Verfügung hatte. Das Geschick Tillys sowie die zahlenmäßige und artilleristische Überlegenheit der katholischen Truppen gaben schließlich bei der sich nun entwickelnden Schlacht den Ausschlag. Es wurde insgesamt etwa sechs Stunden gekämpft und Braunschweigs Armee geriet trotz heftiger Gegenwehr immer mehr in Bedrängnis. Der Herzog gab schließlich den Befehl zum Rückzug über die Schiffsbrücke auf die andere Seite des Mains. Dies geschah allerdings unter heftigem Beschuss der Liga-Truppen und führte zu schweren Verlusten auf Seiten der Protestanten. Viele der Soldaten ertranken. Der schwer demoralisierte Braunschweig konnte sich unter Verlust seiner Artillerie und seines Trosses mit 3.000 Kavalleristen und 8.000 Infanteristen absetzen, wobei es ihm immerhin gelang, die Kriegskasse in Sicherheit zu bringen, wodurch er die finanzielle Versorgung der Söldner gewährleistete, an die gerade in Kriegszeiten gedacht werden musste.

Tillys Leute und die drangsalierten Bauern machten erbarmungslos Jagd auf versprengte braunschweigische Soldaten und setzten ihrem Leben, sobald sie ihrer habhaft wurden, oftmals ein Ende. Als die Katholiken Höchst wieder einnahmen, bat die Besatzung des Schlosses um Gnade, die Tilly vorerst auch gewährte. Als er jedoch erfuhr, dass die Protestanten einen alten Geistlichen kastriert hatten, ließ er sie augenblicklich alle umbringen. Wenn es um die katholische Kirche ging war mit einem Mann wie Tilly nicht zu reden.

In der Zwischenzeit bemühte sich der Habsburger Erzherzog Leopold erfolglos, den kaiserlichen Truppen im Elsass ein guter Befehlshaber zu sein und musste dem im Land plündernden Mansfeld immer wieder ausweichen. Dieser ging denn auch bei Hagenau zum Angriff über und bereitete dem völlig überforderten Habsburger eine schwere Niederlage, die seine Flucht nach Freiburg im Breisgau nach sich zog. Währenddessen wurde auf diplomatischer Ebene viel verhandelt: So überredete der englische König Jakob seinen Schwiegersohn Friedrich von der Pfalz, Mansfeld und Christian von Braunschweig zu entlassen, was dieser am 13. Juli dann auch offiziell tat. Die beiden protestantischen Feldherren dachten nun sogar an einen Frontwechsel zu den Habsburgern, die Kollaboration scheiterte indes an dem von ihnen geforderten Preis. Stattdessen schlugen sie sich auf die Seite der Niederländer und versetzten die von den Spaniern belagerte Stadt Bergen op Zoom in Angst und Schrecken. In der Schlacht von Fleurus am 29. August 1622 konnten der Braunschweiger und Mansfeld mit ihren vereinigten Truppen den Spaniern eine schwere Niederlage beibringen.

Im September 1622 wurde die ehrwürdige Stadt Heidelberg Opfer des Krieges. Friedrichs vormalige Residenzstadt wurde von Tilly gemeinsam mit den übrig gebliebenen Streitkräften aus den Truppen von Erzherzog Leopold angegriffen. Nach heftigen Kämpfen konnte die Stadt eingenommen werden und fiel den Plünderungen zum Opfer. Der protestantischen Besatzung, die sich im Inneren des Schlosses aufhielt, gelang es, einen freien Abzug auszuhandeln und unbehelligt abzuziehen. Die Sieger machten dem Papst die berühmte Bibliothek von Heidelberg mit dem Hintergedanken zum Geschenk, dass dieser sich für die Übertragung der pfälzischen Kurwürde an den bayerischen Herzog einsetzen möge. Nun näherte sich auch der Krieg um die Pfalz seinem Ende und das Land war derart ausgeplündert, dass es zu zunehmenden Versorgungsproblemen für die Armee von Tilly kam. Durch Massaker und Seuchen hatten die Bevölkerungsverluste ein gravierendes Ausmaß angenommen und ein Großteil der Orte war vollkommen verödet. Der „Winterkönig" Friedrich war nun auf tragische Weise zu einem König ohne Königreich und einem Landesherren ohne Land geworden.

Kaiser Ferdinand II. wollte durch einen Reichstag in Regensburg seine absolute kaiserliche Macht demonstrieren. Da er laut Verfassung des Heiligen Römischen Reiches jedoch nicht befugt war, den Reichstag eigenmächtig einzuberufen, trug die Versammlung, die am 10. Januar 1623 eröffnet wurde, offiziell nicht dieses Prädikat, sondern galt als allgemeine Kurfürstenversammlung. Während der nur sechs Wochen dauernden Tagung leisteten nahezu alle wichtigen Fürsten Widerstand gegen die Übertragung der pfälzischen Kurwürde an Herzog Maximilian. Doch Ferdinand blieb bei seiner Entscheidung, auch wenn er einige kleinere Zugeständnisse machen musste. Da die Protestanten nicht mit dem neuen Kurfürsten von Bayern zusammensitzen wollten, nahm der Fürstentag ein rasches Ende.

Unterdessen war im kaiserlichen Heer die Disziplin wegen unbeglichener Soldzahlungen gänzlich abhanden gekommen. Die Söldner plünderten nach Belieben in der

Oberpfalz, Städte und Dörfer wurden verwüstet. Da sie auch nicht davor zurückschreckten, in Spitäler und Pesthäuser einzudringen, verbreiteten diejenigen, die sich dabei infiziert hatten, die Seuche im ganzen Land. Große Bevölkerungsverluste waren die Folge und viele forderten eine Reform der kaiserlichen Truppen. Diese Aufgabe übernahm nun Wallenstein, dessen große Stunde gekommen war.

Im Sommer 1623 unternahm Christian von Braunschweig im niedersächsischen Reichskreis einen erneuten Versuch, gegen die Habsburger zu revoltieren, der jedoch abermals scheiterte. Als er daraufhin im Begriff war, sich mit seinem 15.000 Mann starken Heer ein weiteres Mal in die Niederlande abzusetzen, stellte sich Tilly ihm in den Weg und es kam am 6. August 1623 bei Stadtlohn unweit der niederländischen Grenze zu einer großen und sehr blutigen Schlacht. Obwohl die Armee von Braunschweig eine weitaus bessere strategische Position innehatte, ließen es seine Soldaten gegenüber Tillys auch zahlenmäßig überlegenem Heer an Kriegsgeist fehlen. Das Ergebnis des stundenlangen Gemetzels war, dass von den 15.000 Soldaten von Braunschweig zwei Drittel getötet oder gefangen genommen wurden. Die verbliebenen 5.000 Mann der protestantischen Armee konnten unter Zurücklassung aller Geschütze und ihres Trosses die niederländische Grenze überschreiten und sich in Sicherheit bringen. Nach dieser vernichtenden Niederlage war der militärische Ruf von Christian von Braunschweig nachhaltig ruiniert.

Die kaiserlichen Armeen hatten nun in weiten Teilen Deutschlands in der Überzahl. Es ist erstaunlich, dass es bereits in dieser frühen Phase des großen Krieges über sämtliche Kriegsgräuel und über die Verwüstung ganzer Landstriche zahlreiche Berichte gibt. Erschütternd ist hierbei auch, dass beide Konfessionen auch vor der Tyrannei von Mitgliedern der eigenen Konfession nicht Halt machten, so dass die Opfer nahezu ausschließlich Angehörige der Landbevölkerung waren. Ein Augenzeuge schrieb an das Amt in Amberg:

> „Es gab Rauben, Abbrennen, Raidlen [sic das Zusammenpressen des Schädels mit Schnüren und drehenden Hölzern], Daumenschrauben, Aufhängen der armen Leute auf Bäumen, Verwüstung, Wegtreiben des Viehs […].“ (Zitiert nach Milger 1998, S. 119)

Darüber hinaus steckten die Söldner die Bevölkerung vielfach mit Seuchen an und forderten auf diese Weise viele Opfer. Kleinere befestigte Orte und Burgen, die den Armeen im Weg waren, wurden oftmals im Sturm erobert und von Grund auf niedergemacht.

Unter den Landsknechten kursierten diverse makabre Lieder, die das traurige Los der Bauern veranschaulichten:

> „Sobald ein Soldat wird geboren, sind ihm drei Bauern auserkoren, der erste, der ihn ernährt, der zweite, der ihm ein schönes Weib beschert, der dritte, der für ihn zur Hölle fährt.“ (Aus Grimmelshausens „Simplicissimus“)

> „Ach Bauer, du hast verlornes Spiel, ich leer dir heut dein Haus. Willst du dich unnütz machen viel, so geht es übel aus. Wenn ich dir zünd dein Gütlein an, hernach bist du ein armer Mann. Traurig.“ (Gustav Freytag: Bilder aus der Deutschen Vergangenheit. 3. Bd., Kap. 31)

In Spanien war nach dem Regierungsantritt des willensschwachen Königs Philipp IV. im Jahr 1621 die Stunde eines neuen Günstlings gekommen. Der Graf von Olivares wollte die Macht und Größe der spanischen Monarchie wiederherstellen und begann eine Offensive gegen die niederländischen Generalstaaten. Ab Juli 1624 belagerte General Spinola die Stadt Breda nach allen Regeln der damaligen Kriegskunst. Entsatzversuche unter dem Prinzen von Oranien und unter Mansfeld scheiterten an der Unverträglichkeit der beiden Feldherren. Die Stadt fiel schließlich am 5. Juli 1625 in spanische Hände, wovon das berühmte Gemälde des barocken Hofmalers Diego Velázquez Zeugnis gibt. Mansfelds enttäuschte Söldner gingen daraufhin über den Rhein zurück, wo sie schon bald in neue militärische Auseinandersetzungen eingebunden wurden.

Die Kämpfe zwischen den Spaniern und den Niederländern wurden größtenteils zur See ausgetragen. Die Niederländer erwiesen sich dabei als die strategisch Überlegenen und brachten Spanien massive Verluste bei. Erfolgreiche Kaperfahrer wie der Holländer Piet Heyn setzten dem spanischen Überseehandel schwer zu, wobei der Höhepunkt dieser Entwicklung mit der Kaperung der gesamten spanischen Silberflotte erreicht war: Die für die spanische Kriegsführung äußerst wichtige Silberflotte wurde am 17. September 1628 vor der Küste Kubas durch Heyn und seine Freibeuter angegriffen und in Besitz gebracht. Neben dem schweren wirtschaftlichen Verlust erlitt Spanien dadurch auch einen psychologischen Schlag. In den folgenden Jahren zeichnete sich seine Niederlage in der Auseinandersetzung mit den Niederländern mehr und mehr ab und die Unterstützung der Spanier bei der kaiserlichen Kriegführung wurde zunehmend schwächer.

Durch die Besetzung der Pfalz und großer Teile des evangelischen Westens in Deutschland mit Hilfe der Truppen der Liga und spanischer Söldner schien der endgültige Sieg des Kaisers und der katholischen Sache in greifbare Nähe gerückt. Doch war Frankreich über diese Entwicklung, die es als große Bedrohung empfand, alles andere als glücklich. Noch hielt man sich auf französischer Seite offiziell aus dem Konflikt hinaus, doch wurde ein Bündnis zwischen England, den Niederlanden und Dänemark zur Unterstützung der deutschen Protestanten in die Wege geleitet. Diese Unterstützung sollte sowohl finanziell als auch militärisch erfolgen. Die Stunde des dänischen Königs Christian IV., der sich an der Spitze norddeutscher Fürsten dem Reichsheer entgegenstellen würde, war gekommen.

Von Dänemarks Intervention bis zum Restitutionsedikt

„Warum Dänemark – besser gesagt, der König von Dänemark, denn seine Berater waren dagegen – nun Krieg in Deutschland führen will? Aus Ehrgeiz und Vergrößerungssucht – sie hausen in aller Potentaten Seelen."

(Golo Mann 1971, S. 351)

Der dänische König Christian IV. (1577-1648) war ein sehr ehrgeiziger Herrscher, dessen machtpolitische Pläne so gar nicht zu seinem relativ kleinen Land zu passen schienen. Er gehörte in seiner Eigenschaft als Herzog von Holstein auch zu den Ständen des Heiligen Römischen Reiches. 1596 an die Regierung gelangt, ließ er sich 1625 zum Kreisoberen des Niedersächsischen Reichskreises wählen. Dann verbündete er sich offiziell zur Wahrung der reichsständischen Rechte und Freiheiten und wegen der Verletzung des Religionsfriedens mit England, den Generalstaaten und mehreren protestantischen Reichsfürsten. Durch dieses Bündnis trat Christian IV. offiziell in den Krieg ein und setzte jene Periode in Gang, die als die Phase des „Niedersächsisch-Dänischen Krieges" in die Geschichtsbücher einging und bis 1629 andauerte. Als Privatmann von äußerst haltlosem Charakter – er vertrieb sich seine Zeit mit Zechgelagen, Glücksspiel und Dirnen – wollte sich der König nun als großer Feldherr inszenieren, ein Unternehmen, bei dem er sowohl die eigenen Fähigkeiten als auch die Ressourcen seines Landes tragisch überschätzte.

So stellte Christian IV. zu Beginn ein 14.000 Mann starkes Heer auf und wollte die Kreisstände zur Finanzierung weiterer 14.000 Mann überreden. Die Stände knüpften an ihre Zusage indes die Bedingung, dass dieses Heer nur der Verteidigung des Kreises dienen sollte. Doch der Dänenkönig brach sein Wort, kaum, dass er es gegeben hatte und marschierte in niederrheinisch-westfälisches Gebiet ein, um die Städte Verden und Nienburg zu besetzen. Er hatte sich mit Ernst von Mansfeld verbündet und die beiden planten einen Kriegszug, der zuerst gegen Thüringen und später gegen Süddeutschland geführt werden sollte.

Am 4. November 1625 trafen die Dänen bei Hannover auf die kampferprobten Truppen von Tilly. Christian IV. erlitt eine schmähliche Niederlage und seine Truppen ergriffen die Flucht. Eine zeitgenössische Quelle vermerkt hierzu:

> „Dieses Treffen tat dem König großen Abbruch und war für ihn sehr hart zu verschmerzen. Es verursachte unter den Tillyschen [sic Streitkräfte] großen Mut, aber unter seinem Volk große Furcht und Schrecken."
>
> („Theatrum Europaeum", zitiert nach Milger 1998, S. 164)

Der militärische Schlagabtausch hatte für den dänischen König folglich einen ungünstigen Anfang genommen.

Im Dezember 1625 kamen England und die Generalstaaten darin überein, die Dänen finanziell zu unterstützen und die Armee von Mansfeld dem dänischen König zu unterstellen. Außerdem sollte Gábor Bethlen von Siebenbürgen gegen eine entsprechende Summe wieder gegen die Habsburger in den Krieg ziehen. Er sollte sich mit den Truppen Mansfelds vereinigen und für große Verwüstungen in den habsburgischen Territorien sorgen. Durch diese Strategie erhoffte man sich, die kaiserlichen Armeen in die Defensive zu treiben, sie scheiterte jedoch am militärischen Talent von Wallenstein und Tilly.

Darüber hinaus blieb die von Christian IV. ersehnte direkte militärische Unterstützung durch andere protestantische Mächte weitgehend aus. Nun sahen sich der Däne und sein Verbündeter im Jahre 1626 plötzlich zwei starken katholischen Heeren gegenüber. Tilly hatte Unterstützung von Wallenstein erhalten und beide Feldherren bewiesen, dass sie doch miteinander kooperieren konnten.

Am 25. April 1626 kam es zur Schlacht an der Dessauer Elbebrücke, bei der Ernst von Mansfeld auf Wallenstein traf. Wallenstein hatte die strategisch wichtige Brücke im vorhergegangenen Winter besetzt und am rechten Ufer eine Festung errichten lassen. Auch das linke Ufer ließ er durch zur Schanzarbeit gezwungene Bauern befestigen. Mansfeld erschien Anfang April mit etwa 20.000 Mann von Brandenburg kommend bei der Brücke, ordnete seinerseits den Bau von Schanzen sowie das Ausheben von Laufgräben an. Es verlangte ihn hier und jetzt nach einer militärischen Entscheidung, denn er hätte auch an anderer Stelle die Elbe überschreiten können. Einer von Wallensteins fähigsten Unterführern, Johann von Aldringen, befehligte den Brückenkopf und verfügte über immerhin 86 Kanonen. Mansfeld unterschätzte die Stärke der feindlichen Bastionen und unternahm einen waghalsigen Sturmangriff, der auch prompt scheiterte. Aldringen hielt seine Stellung danach noch zwei Wochen und schickte immer wieder Nachrichten an Wallenstein, in denen er um Hilfe ersuchte. Der Feldherr wollte ursprünglich dem dänischen König bei Aschersleben eine Schlacht anbieten, doch schließlich entschloss er sich dazu, zur Elbebrücke zu marschieren, die er am 14. April erreichte.

Mansfeld war vom Eintreffen Wallensteins anscheinend überrascht und hielt sich mit weiteren Manövern vorerst zurück. Doch am Morgen des 25. April blies er zum Sturmangriff. Die darauf folgende Schlacht dauerte sechs Stunden und wurde sehr blutig. Alle Angriffe der Protestanten wurden abgewiesen und schließlich brachen Wallensteins Truppen unter massivem Artilleriefeuer aus dem Brückenkopf hervor und gingen zum Gegenangriff über. Mansfeld ordnete rasch den Rückzug an, doch seine Flanke wurde von kaiserlichen Kürassieren, die Wallenstein zuvor unbemerkt postiert hatte, heftig angegriffen, was dazu führte, dass bei den protestantischen Truppen Panik ausbrach. Alles wandte sich zur Flucht, wobei nun auch noch ein Pulverwagen explodierte, was das Chaos nur noch verschlimmerte. Als die letzten Überlebenden von Mansfelds Truppen vom Schlachtfeld geflohen waren, bedeckten fast 4.000 seiner Leute den Kriegsschauplatz. 1.500 Soldaten von Mansfeld waren gefangen genommen worden, viele waren desertiert. Der schmählich gescheiterte protestantische Feldherr zog sich mit etwa 5.000 Mann unter Verlust seines gesamten Fuhrparks nach Zerbst zurück. Wallenstein verfolgte ihn nur kurze Zeit und wandte sich dann wieder dem Dänenkönig zu. Später warf man ihm vor, er hätte Mansfeld weiter verfolgen und endgültig vernichten sollen, denn dieser konnte seine Verluste innerhalb von nur sechs Wochen wieder wettmachen. Willige Söldner, die bereit waren, ihr Leben für Geld und Beute einzusetzen, gab es zu jener Zeit noch genug.

Am 27. August 1626 kam es schließlich zwischen den Dänen und der Armee von Tilly zur Schlacht bei Lutter am Barenberge. Dieser hatte sich zuvor vor dem zahlenmäßig überlegenen dänischen Heer nach Nörten-Hardenberg zurückgezogen, um auf Verstärkung durch Wallenstein zu warten. Christian IV. hatte zunächst Wallenstein schlagen wollen, verpasste aber eine ihm günstig scheinende Gelegenheit und zog sich nach Wolfenbüttel zurück. Dabei wurde er immer wieder heftig angegriffen. Als es am 25. August 1626 bei Stauffenburg zu einem Gefecht zwischen Tillys Vorhut und Christians Nachhut kam, verloren die Dänen 600 Mann und einige Geschütze, was ihren Kampfgeist stark demoralisierte.

Zwei Tage später musste sich Christian IV. schließlich bei Lutter zu einer offenen Feldschlacht stellen. Um 10 Uhr morgens leitete der Angriff von kaiserlichen Kavallerieregimentern die Schlacht ein. Weitere Angriffe von Tillys Truppen folgten, wurden aber abgewehrt. Ein dänischer Gegenangriff auf die Batterien der Katholiken war danach allerdings erfolgreich. Tilly verhinderte ein Desaster, indem er seine zurückweichenden Männer persönlich aufhielt und gegen den Gegner führte. Außerdem setzte er nun seine Reserven ein. Die Kavallerie von Tilly vermochte sich gegen die dänische Reiterei durchzusetzen und zwei dänische Generäle fielen. Daraufhin wandten sich bereits große Teile von Christians rechtem Flügel zur Flucht. Am linken Flügel ließ es der dänische König an taktischem Geschick vermissen, indem er Truppen abzog, um sich im Rücken gegen einen kolportierten Angriff von Wallenstein abzusichern. Dies führte jedoch dazu, dass mehrere Regimenter von Tilly auch diesen geschwächten Flügel der Dänen angriffen und dem Gegner so den Todesstoß gaben. Christians Heer löste sich in wilder Flucht auf. Ein großer Teil der Infanterie floh in die Burg Lutter und wollte sich dort verteidigen. Doch Tillys Truppen belagerten sie und nahmen sie unter Beschuss, woraufhin die eingeschlossenen Dänen kapitulierten und gefangen genommen wurden. Der Rest von Christians Armee wurde von Tillys Reitern gnadenlos verfolgt und ein Großteil der Männer wurde getötet. Die Katholiken hatten zudem nahezu den gesamten Tross und 20 Kanonen der Dänen erbeutet. Christian IV. hatte in der Endphase der Schlacht etwa 300 adelige Reiter um sich geschart, mit denen er die Flucht antreten wollte. Letztlich gelang ihm dies mit etwa 50 von ihnen und er ritt an seinen Hof in Stade zurück. Die Angaben über die dänischen und kaiserlichen Verluste differieren in der Literatur stark, aber die Dänen dürften mindestens 4.000 Todesopfer und etwa 2.500 Gefangene zu beklagen gehabt haben.

Tilly hatte bei Lutter seinen 18. Sieg errungen und man bereitete ihm zu Ehren ein Freudenfest, bei dem Papst Urban dem Feldherren mit den Worten gratulierte:

> „Heil und apostolischer Segen dir. Wer auf diese Weise den Krieg geschickt zu führen weiß, gelangt zu solchen Siegen, wie du sie über die Treulosigkeit der Ketzer gewöhnlich erringest. Auf denn geliebter Sohn, zur Vertilgung der Ketzer […]!"

König Christian verlor durch diese katastrophale Niederlage alle Verbündeten unter den norddeutschen Fürsten bis auf die Mecklenburger, die dafür im späteren Verlauf allerdings schwer büßen mussten.

Im Jahr 1626 kam es auch zu einem großen Bauernaufstand in Oberösterreich. Bereits Jahrzehnte zuvor war es in Oberösterreich zu solchen Aufständen gekommen, die hauptsächlich sozialrevolutionäre Ziele hatten. Doch nun ging es in erster Linie um den Widerstand gegen die Gegenreformation und die Besatzung durch bayerische Truppen. Als Auslöser für das blutige Geschehen gilt das brutale Vorgehen des Statthalters Adam Graf von Herberstorff, der aufrührerische Bauern beim so genannten „Frankenburger Würfelspiel" um ihr Leben würfeln ließ. Nun erhoben sich nicht nur die Bauern, sondern auch Angehörige der städtischen Intelligenz, Handwerker, Ackerbürger und viele Bürger aus den ländlichen Unterschichten. Der von Stefan Fadinger und einigen Mitverschwörern akribisch geplante Aufstand brach wegen eines Übergriffs bayerischer Soldaten frühzeitig aus und der Statthalter Herberstorff konnte am 21. Mai 1626 eine Bauerntruppe unter Christoph Zeller vernichtend schlagen. Doch Fadinger eroberte in der Zwischenzeit Eferding und Wels, auf die bald auch Kremsmünster und Steyr folgten. Daraufhin forderte der bis dato erfolgreiche Bauernführer die Übergabe von Linz. Im ebenfalls belagerten Freistadt kam es zu dramatischen Szenen, als sich die Besatzung zur Wehr setzte und in der Stadt eine Revolte ausbrach. Auch Freistadt fiel schließlich in die Hände der Aufständischen.

Ab 24. Juni 1626 trug sich die Belagerung von Linz zu, bei der Fadinger jedoch bereits am ersten Tag durch einen Scharfschützen so schwer verwundet wurde, dass er zwei Wochen später starb. Aus Bayern traf Truppenverstärkung ein, die auch zu Schiff die Donau entlang transportiert wurde. General Pappenheim wurde vom Kurfürsten Maximilian mit der Rückeroberung von Oberösterreich beauftragt. Auch habsburgische Truppen, die sich mit den Bayern verbündet hatten, stießen dazu. Weil inzwischen auch Christoph Zeller gefallen war, hatte die Bauernbewegung ihre beiden wichtigsten Führer verloren. Freistadt war bald wieder in der Hand der Bayern und Ende September 1626 folgten Steyr und Wels. Die Bauern konnten im Hausruck- und im Mühlviertel noch einige Erfolge erzielen; bayerische Kontingente wurden besiegt, Burgen und Schlösser erobert und das verhasste Kloster in Schlägl niedergebrannt. Die Bauern erlitten in der Folgezeit jedoch eine Niederlage bei Haslach. Als der Winter ins Land zog, brach der Aufstand zusammen, 12.000 bayerische Soldaten hielten das Land nun besetzt und einige Rädelsführer des Aufstandes wurden hingerichtet. Die Anhänger der Gegenreformation griffen jetzt umso brutaler durch, um die Bewohner des Landes zum, wie sie es nannten, „wahren Glauben“ zurückzuführen.

Nach den Siegen Wallensteins und Tillys wurde auch mit Feinden des Kaisers im Reich abgerechnet. So wurde Landgraf Moritz, der Gelehrte von Hessen-Kassel, der lange eine bedeutende Stellung in der Union gehabt hatte, zum Abdanken gezwungen und sein Sohn Wilhelm nahm seine Position ein. Innerhalb des Bündnisses von Ferdinand II. mit den Fürsten der Liga kam es zu heftigen Auseinandersetzungen und Intrigen, da viele Wallensteins Macht fürchteten und seine Stellung unterminieren wollten. Dieser Angst lag aber eigentlich die Sorge vor einer Vergrößerung der kaiserlichen Macht zu Grunde, die Wallenstein dem Kaiser verschaffen könnte.

Der für den Dänenkönig kämpfende Schotte Monro schrieb über seine Kriegserfahrungen in Holstein:

> „Die Fruchtbarkeit ist nicht geringer als sonstwo in Deutschland. Es gab Korn im Überfluss, auch Weizen und Gerste, und die Milch ist nicht schlechter als in Holland. Die Gegend ist auch reich an Süß- und Salzwasserfischen. Die Bürger leben wie Adelige, und die Landbewohner wie Gentlemen." (Zitiert nach Milger 1998, S. 175)

Liest sich diese Beschreibung noch wie eine Lobeshymne auf Holstein, so schlagen die folgenden Zeilen gänzlich andere Töne an:

> „In sechs Monaten wurde das Land runiert, nachdem wir zur Weser aufgebrochen waren. Und wehe, wenn sich die Drangsalierten zur Wehr setzten. Hauptmann Bothwell [...] wurde von einer Anzahl schurkischer Boores [sic Bauern] getötet. Sie sind seit jeher die Feinde des Soldaten. [...] Da die Boores geflohen waren, wurde ihr Dorpe [sic Dorf] niedergebrannt." (Zitiert nach Milger 1998, S. 175)

König Christian IV. hatte im Winter 1626/27 aufgerüstet, war jedoch in der Kampagne des Jahres 1627 sehr vorsichtig und vermied große Feldschlachten. Deshalb wurde er bald aus dem Niedersächsischen Kreis hinausgedrängt und Wallenstein marschierte im Spätsommer nach Jütland ein. Der Dänenkönig zog sich notgedrungen nach Seeland zurück und verlor beim Rückzug viele Soldaten durch Gefangenschaft. Da die katholischen Heerführer keine Flotte zur Verfügung hatten, war Christian IV. auf den dänischen Inseln relativ sicher. Wallenstein eroberte jetzt allerdings Mecklenburg und Teile Pommerns, deren Fürsten mit den Dänen verbündet waren. Die Herzöge Friedrich I. und Johann Albrecht II. wurden mit Reichsacht gestraft und mussten fliehen.

Als Wallenstein die Ostsee erreichte, wurde seine Phantasie zu trügerischen Höhenflügen verleitet, die sich nur wenig später als äußerst verhängnisvoll herausstellen sollten, denn nur schwerlich lässt sich erklären, was ihn zu den folgenden, irrigen Ansichten trieb: Dem Feldherrn kam nämlich die Idee, man könne eine Flotte bauen und die Hanse wieder aufleben lassen, da jetzt nahezu die gesamte deutsche Nordküste und große Teile Dänemarks dem Kaiser unterstanden. Dadurch ließe sich möglicherweise im Bund mit dem katholischen Polen die kaiserliche Herrschaft über die Nordsee und die Ostsee fest etablieren. Die Kontrolle des Sunds würde so die niederländischen und britischen Holztransporte aus dem Baltikum verhindern und den Flottenbau dieser Mächte schwer beeinträchtigen. Da durch die kaiserliche Kontrolle über die Pfalz der Rhein blockiert war, könnte man, so dachte Wallenstein weiter, die Holländer nun auch auf dem Seeweg einkreisen und damit nach und nach ihren Widerstand brechen. König Gustav Adolf von Schweden würde auf diese Weise auch kaum in der Lage sein, in Deutschland einzugreifen. Soweit die realitätsfremden Gedankenspiele, in denen der katholische Feldherr schwelgte. Doch nur allzu schnell stellte sich heraus, dass alles ganz anders kommen sollte.

Die deutschen Fürsten – sowohl die protestantischen als auch die katholischen – waren über die Macht von Wallenstein, der Tilly in der allgemeinen Wahrnehmung bei weitem überflügelt hatte, nicht glücklich. Sie befürchteten, dem Kaiser zu viel Macht zu geben und in einem mächtigen Zentralstaat aufzugehen, wozu Wallenstein dem Kaiser die Möglichkeit zu eröffnen schien. Aus diesem Grund kamen die Kurfürsten im Winter 1627/28 in Mühlhausen zusammen und taten ihre Befürchtungen kund. Das Beispiel Mecklenburg gab Anlass zu der Vermutung, der Kaiser setzte zukünftig nach Belieben Herzöge ab. Dies wollten die Fürsten in keinem Fall mit sich machen lassen, wenngleich ihre Machtmittel auch eingeschränkt waren. In einer Sache war ihre Machtposition jedoch nicht zu unterschätzen, denn Ferdinand II. gedachte seinem Sohn die Nachfolge zu sichern und benötigte hierzu die Zustimmung der Fürsten.

Im Frühjahr 1628 war Wallenstein für einige Zeit in Wien, wo er das Herzogtum Mecklenburg als Reichslehen erhielt und seine Feinde am Kaiserhof zu bekämpfen trachtete. Nach seiner Ernennung zum General des Ozeanischen und Baltischen Meeres war er am Höhepunkt seiner Macht angelangt. Erst Mitte des Jahres kehrte Wallenstein zu seinen Truppen zurück, um die Belagerung der wichtigen pommerschen Hafenstadt Stralsund, die bisher erfolglos verlaufen war, selbst in die Hand zu nehmen. Die rebellische Stadt, die durch ihre außergewöhnliche Lage sehr gut geschützt war, wehrte sich erfolgreich gegen eine Übergabe an ihre Widersacher und Wallenstein versuchte sein ganzes Geschick einzusetzen, um sie einzunehmen. Dabei war ihm das Glück erstmals jedoch nicht hold, denn die Stralsunder hielten nicht nur erbittert an ihrem Widerstand fest, sie wandten sich zudem an den dänischen König und an Gustav Adolf von Schweden um Hilfe – eine Geste, die schon bald fatale Auswirkungen haben sollte. Der Schwedenkönig suchte nämlich schon seit geraumer Zeit einen Grund, um in den deutschen Krieg einzugreifen.

Zu seinem Ärger erfuhr Wallenstein bei seiner Ankunft vor Stralsund, dass sich bereits dänische und schwedische

Kontingente in der Stadt befanden. Er befahl eine Reihe von heftigen Angriffen, die drei Tage lang anhielten und die Gegenwehr der Stralsunder wider Erwarten bröckeln ließen, da sie sich zu neuen Verhandlungen bereit erklärten. Es kam schließlich unter Beteiligung des pommerschen Herzogs Bogislav zu einem für Stralsund sehr günstigen Übereinkommen, in dem Wallenstein auf die Stationierung von Truppen in der Stadt verzichtete. Doch der tödlich verwundete schwedische Oberst Rosladin überredete die Bürgerschaft im letzten Moment, den Vertrag nicht anzuerkennen. Wallenstein war daraufhin außer sich vor Wut und ließ erneut heftig angreifen, was zu schweren Verlusten auf beiden Seiten, aber nicht zum Fall der Stadt führte.

Aus Sicht der Belagerten wusste der Söldnerführer Monro Folgendes zu berichten:

> „Am 26. Juni 1628 kam Wallenstein, […] um die Belagerung der Stadt Stralsund zu besichtigen. Er war verärgert, dass Feldmarschall Arnim noch nicht in die Stadt eingedrungen war. Wallenstein erkannte, dass unsere Stellung schlecht befestigt war und beschloss, sie anzugreifen. Er schwor, er werde die Stadt in drei Nächten einnehmen, selbst wenn sie mit eisernen Ketten zwischen Himmel und Erde hinge. Zwischen 10 und 11 Uhr nachts gaben unsere Wachposten Feuer und riefen uns zu den Waffen. Wir sprangen auf und sahen, wie der Feind mit einer Stärke von über 1.000 Mann […] heranstürmte. Der Kampf entbrannte an allen Ecken. So ging es etwa eineinhalb Stunden lang heiß her und mehrere von uns wurden getötet, wobei auf einen Toten von uns drei tote Feinde kamen. Unser tapferer Widerstand veranlasste den Feind, weitere 1.000 Mann frischer Truppen nach vorn zu werfen, die noch ungestümer gegen uns anrannten."
>
> (Zitiert nach Milger 1998, S. 182)

Wallenstein erfuhr schließlich, dass eine hundert Schiffe starke dänische Flotte bei Rügen gesichtet worden war. Dies bedeutete, dass Christian IV. erneut Kriegshandlungen anvisierte und eine Landung plante. Der kaiserliche Feldherr hatte damit einen guten Vorwand, um die Einnahme der widerspenstigen Hansestadt fahren zu lassen.

Nachdem Wallenstein seine erfolglosen Bemühungen zur Inbesitznahme von Stralsund aufgegeben und seine Truppen zurückgezogen hatte, landete der dänische König an der Küste von Vorpommern, wo er zunächst ein tagelanges Zechgelage veranstaltete. Wallenstein wartete vorerst ab und versprach seinen Männern: „Kriecht er heraus aus den wässerigen Örtern, so ist er gewiss unser." Ganz wie erwartet tat ihm König Christian schließlich den Gefallen und machte sich zum Einfall in Mecklenburg auf. Wallenstein ergriff dann am 2. September 1628 bei der Stadt Wolgast die Gelegenheit zur Schlacht. Christian IV. hatte ein geeignet erscheinendes Schlachtfeld ausgesucht und es gelang ihm, den ersten Angriff von Wallensteins Truppen verlustreich zurückzuschlagen. Doch schon beim zweiten Angriff geriet seine Infanterie ins Wanken und wich zurück. Nur ein massiver Einsatz von Christians Kavallerie konnte schließlich auch diesen Angriff abwehren. Beim dritten Angriff gerieten die Dänen derart in Bedrängnis, dass sie sich hinter die Stadtmauern von Wolgast zurückziehen mussten. Sie hatten etwa tausend Mann an Toten und Verwundeten und etwa ebenso viele Gefangene verloren. Als sich die dänische Armee aus Wolgast absetzte, hielt Wallenstein einen triumphalen Einzug in der Stadt. Auf diese Weise hatte er die Schlappe von Stralsund wieder wettgemacht. Geschockt durch diese Niederlage zog sich der dänische König mit den Resten seiner Truppen auf seine Flotte zurück. Einige Zeit später wurden nach einem erneut gescheiterten dänischen Landeversuch bei Neustadt auch noch die letzten Besitzungen von Christian IV. in Holstein erobert. Damit verlor der dänische König alle Hoffnungen, das Blatt doch noch zu seinen Gunsten zu wenden und es wurden Verhandlungen eingeleitet, die zum „Frieden von Lübeck" führen sollten.

Im nördlichen Deutschland verblieben nun lediglich die beiden großen protestantischen Staaten Brandenburg und Sachsen als politische Territorien, deren wetterwendische Kurfürsten eigentlich nichts sehnlicher wünschten, als in Ruhe gelassen zu werden. Kurfürst Johann Georg von Sachsen galt Vielen mehr als Objekt denn als Träger der geschichtlichen Umwälzungen. Primär an der Jagd und am geselligen Trinken interessiert, ließ er sich von einigen wenigen Ratgebern leiten, zu deren bedeutendsten sein Feldherr Hans Georg von Arnim sowie sein Hofprediger österreichischer Herkunft zählten. Nach der Ablehnung der böhmischen Krone noch ein treuer Verbündeter des Kaisers, wurde er später gegen seinen Willen ins Lager der Schweden gezwungen. Trotz vieler durch die hochmütige Behandlung seitens des Wiener Hofes hervorgerufener Enttäuschungen bemühte sich Johann Georg dennoch immer wieder, die Gunst des Kaisers zu erlangen, auch wenn er dadurch gegen die Interessen der anderen protestantischen Fürsten handeln musste.

Der militärisch erfolglose Kurfürst Georg Wilhelm von Brandenburg sollte eher als der Vater eines bedeutenden Sohnes – des Großen Kurfürsten nämlich – in die Geschichte eingehen. Vollkommen abhängig von der beratenden Unterstützung seines Freundes Adam von Schwarzenberg, der zudem noch Katholik war, versuchte er nahezu ständig, eine neutrale Position zu wahren. „Wer sich wie ein Schaf benimmt, den frisst der Wolf", soll ihn sein schwedischer Schwager Gustav Adolf über seine Zaghaftigkeit erbost gemahnt haben. Der Kurfürst, der sich zuweilen eher als Fuchs denn als Schaf sah, glaubte seine politische Schwäche durch eine geschickte Heiratspolitik zu kompensieren und so verheiratete er seine Schwester mit dem Siebenbürger Fürsten Gábor Bethlen, der den Schutz von Brandenburg zu garantieren schien. Jedoch erwies sich dieser Eindruck als trügerisch, denn auch Brandenburg wurde schließlich Opfer von Durchzügen und Einquartierungen kaiserlicher Soldaten ebenso wie ihrer Gegner, was an dem Grad der Verheerungen indes nichts änderte. Da der spätere Militärstaat Brandenburg-Preußen keine nennenswerte Armee ins Feld schicken konnte, weil dies die Stände dem schwachen Kurfürsten nicht gestatteten, blieb das Land ein Spielball der militärisch stärkeren Mächte. Alle Versuche einer militärischen Neutralität waren ergebnislos und 1631 blieb Georg Wilhelm nichts anderes übrig, als dem Schwedenkönig seine Unterwerfung zu bekunden, nachdem ihm dieser die Plünderung von Berlin angedroht hatte. Damit verschaffte er sich und seinem Land eine Atempause, während derer die Schrecken des Krieges weitgehend woanders stattfanden.

Kaiser Ferdinand II. hatte inzwischen in seinen Erblanden hart durchgegriffen. Der allgemeine Sieg der katholischen Truppen verlieh ihm nun die Macht, endgültig mit den Protestanten in seinem unmittelbaren Machtbereich abzurechnen. Vorerst ging er in seiner Residenzstadt Wien unerbittlich gegen die „lutherische Ketzerei“ vor: Protestantische Literatur wurde in großem Ausmaß vernichtet, ein kaiserliches Dekret verbot katholischen Ärzten die Behandlung von Protestanten. Alle protestantischen Schulmeister und Geistlichen mussten das Land sofort verlassen. In Wien wurde eine pompöse Jesuitenkirche errichtet und ein ausgeprägter Marienkult hielt Einzug. Der seit 1627 wieder in Wien als Bischof amtierende Melchior Khlesl wurde zum Generalreformator ernannt.

1627 und 1628 dekretierte Ferdinand mehrere Patente für Österreich unter und ob der Enns sowie für Innerösterreich, mit denen er die protestantischen Stände bestrafte und in denen er ihnen nahezu alle Rechte und Freiheiten nahm. Viele protestantische Adelige, Kaufleute und Bürger verließen in der Folge das Land und siedelten sich in protestantischen Reichsterritorien an. Auch die Bauern mussten konvertieren oder auswandern. Wollten sie bleiben, mussten sie der Lehre von Luther in einem förmlichen Akt abschwören. Der Kaiser setzte nun in allen Bereichen Katholizität, Zentralismus und Absolutismus durch. Die Stände waren dadurch nahezu entmachtet. Zu jener Zeit war der Jesuit und Beichtvater von Ferdinand, Guillaume Lamormain, zugleich auch dessen wichtigster politischer Berater. Die Jesuitenorden betrieben religiöse und politische Propaganda, indem sie verkündeten, der Kaiser würde sich persönlich über jeden Konvertiten freuen. Zusätzlich proklamierten sie die so genannte „Pietas Austriaca", den Mythos einer weisen und von Gott erleuchteten Regierung durch einen weisen und frommen Kaiser.

Unter diesem Aspekt ist auch das von Ferdinand II. erlassene „Restitutionsedikt" zu betrachten, welches den Auftakt zur Ausschaltung des Protestantismus in ganz Deutschland bildete. Erlassen wurde es am 6. März 1629 und die Rigorosität, mit der dies geschah, löste im gesamten Reich einen gewaltigen Schock aus. Ohne das Einverständnis der evangelischen Reichsstände sollte das Restitutionsedikt nämlich den Status quo des geistlichen Besitzstandes wieder auf jenen von 1552 bringen. Dadurch wurde bezweckt, die katholische Interpretation des Augsburger Religionsfriedens von 1555 durchzusetzen. Dieser hatte den Reichsfürsten das Recht gegeben, die Konfession ihrer Untertanen zu bestimmen. Der damalige Wahlspruch lautete: „Cuius regio, eius religio", zu Deutsch „wessen Gebiet, dessen Religion". Während diejenigen Untertanen, die ihre Konfession nicht der Konfession ihres Herrschers anpassen wollten, auswandern mussten, existierte auch ein so genannter „Geistlicher Vorbehalt", demzufolge geistliche Gebiete von der Reformation ausgenommen waren, was auch die Einziehung von Kirchengütern verbot. Damit sollte der Besitzstand gesichert werden, über den die katholische Kirche 1552 verfügte. Dieser Klausel zum Trotz wurden auch nach dem Augsburger Religionsfrieden noch Kirchengüter säkularisiert – eine Zuwiderhandlung, die zwar zu langwierigen Prozessen vor den Reichsgerichten führen konnte, in den meisten Fällen aber dennoch erfolgreich praktiziert wurde. An besagtem Märztag im Jahr 1629 verfügte nun ein habsburgischer Kaiser erstmals in der Geschichte über die Macht, diesbezüglich seinen Rechtsstandpunkt durchzusetzen.

Es seien, verkündete der Kaiser, sämtliche Säkularisierungen nach dem Religionsfrieden ungültig und müssten rückgängig gemacht werden, was de facto einen massiven Machtverlust vieler Fürsten und eine schleichende Rekatholisierung bedeutete. Ferdinand ging aber in seinem Edikt noch weiter und drohte allen Calvinisten die Reichsacht an, da diese nicht in das Augsburger Schutzversprechen eingeschlossen seien. Der Kaiser ließ nun 500 Kopien des Edikts an die wichtigsten Fürsten und Kreisobersten schicken, die weitere Kopien anfertigen sollten. Hierauf wurde sogleich mit der Umsetzung der Forderungen begonnen. Es ging dabei unter anderem um die Rückgabe der Erzbistümer Magdeburg und Bremen, sieben weitere Bistümer und über 500 Klöster. Besonders betroffen davon waren Württemberg, Franken und Niedersachsen. Kaiserliche Kommissare inspizierten die Güter, ließen sie militärisch besetzen und an katholische Administratoren übergeben. Die Verluste für einige Reichsstädte und Fürstentümer waren gewaltig. So verlor beispielsweise der Herzog von Württemberg, in dessen Territorium 50 Klöster restituiert wurden, etwa die Hälfte seines Besitzes.

Die Protestanten, die zu Recht befürchteten, dass diese Maßnahme erst der Anfang für weitere Enteignungen und Restriktionen war, setzten dem Edikt heftigen Widerstand entgegen. Letzten Endes sah man keinen anderen Ausweg, als den schwedischen König zu Hilfe zu rufen. Auch die katholischen Reichsstände und die Kurfürsten hatten z.T. Vorbehalte gegenüber dem Restitutionsedikt, da dadurch die Macht des Kaisers weiter zunahm. Immerhin hatte Ferdinand II. ein Reichsgesetz erlassen, ohne die Kurfürsten in den Entscheidungsprozess einzubinden. Selbst Kurfürst Maximilian von Bayern, der die Kurfürstenwürde der Gunst von Ferdinand verdankte und als dessen engster Verbündeter galt, wurde ein erbitterter Gegner des neuen Reichsgesetzes. Er übernahm sogar die Führung der Kurfürsten beim Widerstand gegen das Restitutionsedikt.

Wallenstein hatte inzwischen Verhandlungen mit dem dänischen König in die Wege geleitet, die am 22. Mai 1629 mit dem „Frieden von Lübeck" ein erfolgreiches Ende nahmen. Christian IV. Jütland, wurde Schleswig und der königliche Teil Holsteins zurückerstattet. Der Däne brauchte dafür keinen Schadenersatz zu leisten, sondern nur einige deutsche Bistümer abzutreten. Wallenstein hatte hierbei einmal mehr sein taktisches Geschick unter Beweis gestellt, da er einerseits die Feindschaft mit dem Dänenkönig beenden und sich andererseits auf die von ihm erwartete Landung des Schwedenkönigs vorbereiten wollte. Ferdinand II. war zwar nicht allzu erbaut über die den Dänen entgegengebrachte Großzügigkeit, er stimmte aber letztlich zu, da sein Hauptinteresse dem Restitutionsedikt galt.

Im Gegensatz zu dem fanatisch gesinnten Tilly riefen bei Wallenstein das Restitutionsedikt und der Umstand, dieses mit seinen Soldaten durchsetzen zu müssen, heftige Ablehnung hervor. Er prophezeite erbittert: „Das ganze Reich wird gegen uns sein, der Schwed, der Türk und Bethlen auch." Wallenstein distanzierte sich so weit wie möglich von dieser Art von kaiserlicher Politik. Er sah wohl das Verhängnis bereits kommen und ahnte, dass die Gefahr durch den Schwedenkönig nur noch größer werden würde. Im Mai 1630 ersuchte Ferdinand II. den Feldherrn, er möge ihm 30.000 Mann für den Dienst in Italien zur Verfügung stellen. Hierauf protestierte Wallenstein heftig und wies auf die Gefahr eines Eingreifens der Schweden hin. Doch er konnte sich nicht durchsetzen und musste dem territorialen Aderlass zustimmen.

Auf dem Regensburger Kurfürstentag, der von Juli bis November 1630 stattfand, kam es zu starken Auseinandersetzungen, als Maximilian die Überprüfung des Edikts und die Entlassung des Oberbefehlshabers Wallenstein forderte. Erst während des Prager Friedens von 1635 war der Kaiser indes wirklich gezwungen, das Restitutionsedikt für 40 Jahre außer Kraft zu setzen. Vor Beginn des Westfälischen Friedens wurde das Edikt endgültig beseitigt und der Konfessionsstand von 1624 als unangreifbare Norm festgesetzt.

Der Kurfürstentag brachte eine bedeutende Schwächung von Kaiser Ferdinand II. mit sich. Da er auf die Gunst der Fürsten angewiesen war, wollte er doch immerhin die Wahl seines Sohnes Ferdinand zum römischen König sicherstellen und Unterstützung im Krieg gegen die Generalstaaten und den eben erst in Norddeutschland gelandeten Schwedenkönig erhalten. Überdies forderte er auch noch die Unterstützung für sein Eingreifen in den Erbfolgekrieg in Mantua. Es gelang dem Kaiser jedoch nicht, die Kurfürsten für seine Sache einzunehmen und er musste letztlich eine große Niederlage hinnehmen: Gegen seine Absichten war er gezwungen, das Heer zu verkleinern, in Mantua einen demütigenden Frieden zu schließen und Wallenstein zu entlassen.

„Der Löwe aus Mitternacht“ und der Schwedische Krieg

Eine Prophezeiung eines Zeitgenossen des Nostradamus aus dem Jahr 1549 besagte, dass die christliche Welt eine Reihe großer Katastrophen erleben werde, die erst dann endete, wenn ein goldener Löwe aus dem Norden den schwarzen Adler besiegt habe. Diese Prophezeiung war vielen bekannt und schien sich zu bestätigen, als der Dreißigjährige Krieg ausbrach. Das Emblem von Ferdinand II. war tatsächlich ein schwarzer Adler und der goldene Löwe aus dem Norden schien der schwedische König Gustav Adolf zu sein. Als er im Norden Deutschlands landete, wurde seine Ankunft Erzählungen zufolge von großem Getöse in den Wolken und von abscheulichen Missgeburten begleitet. Diese Sage belegt, dass die Menschen jener Zeit in einem Maß empfänglich für solche Zeichen waren, das wir heutzutage nur schwerlich nachvollziehen können. Nun war „der Löwe aus dem Norden“ auf deutschem Boden angelangt und griff in einen Krieg ein, der als beendet galt. Wallenstein war einmal mehr gut informiert und hatte den schwedischen Angriff bereits erwartet, während die meisten katholischen Machthaber von den Ereignissen überrumpelt wurden. Dabei wurde das Auftauchen der Schweden am Kriegsschauplatz durch die katholische Führung zunächst mit Hochmut aufgenommen: „Da haben wir halt noch ein kleines Feinderl mehr“, soll Kaiser Ferdinand II. gesagt haben, als er erfuhr, dass der Schwedenkönig am 5. Juli 1630 in Vorpommern gelandet war. Der Kaiser konnte diesen nordländischen „Schneekönig“ mit seinem 10.000 Mann starken Heer einfach nicht ernst nehmen, wusste er doch Feldherren wie Wallenstein und Tilly mit weit größeren, kampferprobten Truppen in seinem Rücken. Am Wiener Hof erwartete fast jeder, dass die Auseinandersetzung mit dem Schwedenkönig rasch ein ähnliches Ende nehmen würde, wie diejenige mit dem König der Dänen. „Als der König von Schweden am 4. Juli 1630 in Usedom landete, stolperte er auf der schmalen Laufplanke, die vom Schiff ans Ufer führte und verletzte sich dabei leicht am Knie.“

Da dies als böses Omen gedeutet wurde, erzählte man den Leuten, der nordische Held sei beim Betreten des Landes auf die Knie gefallen, um Gottes Segen für die gerechte Sache zu erbitten.

Während der Schwedenkönig seinen Siegeszug nach Süden in das Gebiet des Reiches antrat, musste der Kaiser sich in Regensburg mit den Reichsfürsten auseinandersetzen, was seinen ganzen Einsatz erforderte. Wegen des Restitutionsedikts waren nämlich einige protestantische Fürsten gar nicht erst persönlich erschienen und auch die anwesenden katholischen Fürsten waren überwiegend nicht auf seiner Seite. Überall regte sich Kritik an Wallenstein und dessen Macht, die ihn über alle Territorialherren des Reiches stellte und dem Kaiser die absolute Herrschaft zu garantieren schien. Diesen gefährlichen Mann wollte man von seiner Machtposition entbinden. Zudem forderten auch der französische Gesandte und der päpstliche Nuntius die Absetzung von Wallenstein sowie die Reduzierung der Stärke der Armee.

Der Generalissimus Wallenstein hatte nach Ansicht der Territorialherren das herrschende Elend herbeigeführt:

> „Die Kurfürsten gaben […] zu verstehen, dass an allen solchen trübseligen Zeiten, Schande und Lastern, greulichen und unerhörten Kriegspressuren, die täglich verlie-

fen, der neue Herzog aus Mecklenburg als General über die kaiserliche Armee einzig und allein die Ursache wäre, indem man demselben ohne der Stände Bewilligung eine solche Gewalt übertragen, die noch kein einziger vor ihm gehabt hätte. So wäre auch das unsägliche Kriegsvolk nirgends zu dienlich, als das allgemeine Vaterland zu verderben. Überdies hätte man diejenigen mit Kriegsmacht überzogen, wider welche doch solches niemals dekretiert und beschlossen worden wäre.“

(„Theatrum Europaeum“, zitiert nach Milger 1998, S. 195 f)

Über so viel Widerstand geschockt stimmte der Kaiser schließlich der Absetzung von Wallenstein zu. Niemand in der Regensburger Versammlung schien den ins Land eingedrungenen Schweden besondere Bedeutung beizumessen. Lediglich Tilly war skeptisch und warnte davor, den schwedischen König und seine Armee zu unterschätzen. Tilly wusste auch, dass nun die ganze Verantwortung auf ihm lasten würde. Wallenstein erhielt seine Absetzungsmitteilung im Kriegslager im Fuggerbau der Stadt Memmingen. In Voraussicht dieser Mittelung hatte der Feldherr bereits zuvor bekannt: „Ich habe mehr Krieg mit etlichen Ministern als mit all meinen Feinden.“ Für viele überraschend erklärte er sich nun bereit, zurückzutreten, wenn dies der Kaiser persönlich wünsche. Der Kaiser bestätigte dies und Wallenstein zog sich auf seine böhmischen Güter zurück, nachdem er den Boten mit der kaiserlichen Entscheidung reich beschenkt hatte. Kurfürst Maximilian begrüßte den Rücktritt von Wallenstein sehr. Der „böhmische Bauer“ – so hieß es – sei endlich mattgesetzt. Manche der Fürsten, die an Wallensteins Entlassung beteiligt waren, sollen sogar überzeugt gewesen sein, dass der Rücktritt des Oberbefehlshabers dazu führen würde, dass Gustav Adolf seine Expansionspläne aufgab.

Gustav Adolf blieb in den ersten Monaten nach seiner Landung in Pommern militärisch eher zurückhaltend, während sich immer mehr protestantische Fürsten wie der Landgraf von Hessen-Kassel auf seine Seite stellten. Darüber hinaus warben die Schweden in großem Stil für ihr Anliegen, die „reine Religion augsburgischer Konfession zu retten und zu erhalten" (Findeisen 1998, S. 195). Dies zeigte auch Wirkung und verbesserte ihre Position von Tag zu Tag. Auch in der seit Februar 1630 dem Kaiser abtrünnigen Stadt Magdeburg machten sich die Protestanten inzwischen große Hoffnungen, die der Schwedenkönig geschickt zu nähren verstand. Er schickte Oberst Dietrich von Falkenberg mit einigen Soldaten in die Stadt. Die Magdeburger betrachteten sich nun gewissermaßen als das Bollwerk des Protestantismus, von dem ein Aufstand in ganz Deutschland ausgehen würde. Doch die Anstrengungen der Stadt, eine eigene kampfkräftige Truppe aufzubauen, blieben im Keim stecken, was schon bald fatale Konsequenzen haben sollte.

Am 24. Dezember 1630 erreichte Gustav Adolf mit seiner Armee Greifenhagen und begann mit der Belagerung der Stadt. Diese fiel schnell und die kaiserliche Besatzung wurde überwältigt. Danach wurden die katholischen Regimenter unter dem Kommando des Grafen Schauenburg rasch zum Rückzug gezwungen, der sich jedoch zur Flucht entwickelte und mit der Vernichtung der kaiserlichen Truppen endete. Der Sieg über die Katholische Liga wurde von der protestantischen Propaganda frenetisch gefeiert und der Kaiser war gezwungen, seine Passivität aufzugeben und zu reagieren. Er beorderte Tilly zur „Resistenz der schwedischen Macht und Dämpfung der Magdeburgischen Unruhen" (Allgemeine Deutsche Biographie, Bd. 38, S. 350). Der alte Feldherr war zwar skeptisch, gehorchte aber dennoch.

Zu allem Unglück trat am 13. Januar 1631 nun auch noch Frankreich der kaiserfeindlichen Partei bei. Gustav Adolf erhielt dadurch eine außerordentliche finanzielle Unterstützung aus Paris. Der Schwedenkönig brach daraufhin zwei Wochen später zu einem weiteren Feldzug auf. In einer Art „Blitzkrieg“ eroberte er nun den Osten Mecklenburgs, Neubrandenburg, Treptow, Demmin und Tribsee. Dann erst war Tilly zur Stelle, um ihm Einhalt zu gebieten und es kam beinahe zum ersten direkten militärischen Schlagabtausch der beiden Feldherren. In den folgenden Monaten herrschte zwischen beiden allerdings vorerst lediglich eine kriegerische Stimmung, während das eigentliche Kriegsgefecht noch auf anderem Boden – dem Norden von Deutschland – ausgetragen wurde. Gustav Adolf ging dabei taktisch äußerst geschickt vor und konnte einige Städte in seinen Besitz bringen, während die kaiserlichen Truppen mehrere Rachefeldzüge unternahmen, wie zum Beispiel am 9. März 1631 gegen Neubrandenburg. Dabei ging es immer sehr gewalttätig zu, wobei die Schweden mindestens ebenso hart gegen die Truppen des Kaisers zu Felde zogen wie die Katholische Liga gegen die schwedischen Truppen, was die Schweden bei einem äußerst blutigen Angriff auf Frankfurt an der Oder unter Beweis stellten. Gustav Adolf war noch nicht zu einem großen Schlag bereit, da er noch immer auf Verstärkung und mehr Verbündete wartete.

Tilly litt während dieser Zeit unter massiven Versorgungsproblemen, weil er Wallensteins Unterstützung für die Versorgung seiner Truppen benötigt hätte und dieser ihm seine Hilfe verwehrte. So wurde Tillys Armee immer mehr ausgezehrt, es gab viele Todesfälle und auch die Zahl der Deserteure war sehr hoch. Der alte katholische Feldherr sah schließlich nur noch die Eroberung der reichen Stadt Magdeburg als Ausweg, um seine schrumpfende Streitmacht zu retten. Außerdem schien die rasche Eroberung der Stadt vor dem Eintreffen der Schweden auch strategisch sehr wichtig. Magdeburg wurde bereits seit einiger Zeit von katholischen

Truppen unter Pappenheim belagert, als Tilly Anfang April mit seinem Heer vor der Stadt eintraf.

In der Stadt kommandierte inzwischen in erster Linie der schwedische Offizier Dietrich von Falkenberg, der die strategisch wichtige Schlüsselfestung an der Elbe unbedingt halten wollte. Die Bürger Magdeburgs waren zu einem großen Teil nicht von großem Kampf- und Durchhaltewillen beseelt und mussten deshalb unter Kontrolle gebracht werden. Falkenberg konnte bis in den Monat Mai hinein den Glauben an einen unmittelbar bevorstehenden Entsatz durch das Heer von Gustav Adolf aufrecht erhalten. Ab dem 9. April kam es zu erbitterten Kämpfen um die äußeren Verteidigungslinien der Stadt. Den kaiserlichen Befehlshabern gelang es, diese Schanzen nach und nach zu erobern, was ihre Position bedeutend verbesserte. Die Schlinge um die Stadt zog sich langsam zu.

Mitte Mai standen Tilly etwa 27.000 Mann Belagerungstrupp zur Verfügung, was die Anzahl der Verteidiger weit überstieg. Der greise Feldherr wusste allerdings, dass ihm die Zeit davon lief, da seine Soldaten weiter schlecht versorgt waren und der schwedische König zudem immer näher rückte. Nach der Eroberung von Frankfurt an der Oder war der König jedoch damit beschäftigt, seine Verluste auszugleichen und Verstärkung abzuwarten. Der Magdeburger Rat diskutierte eine Kapitulation, was durch die schwedischen Offiziere allerdings verhindert wurde. Die Stadt wurde am 17. und 18. Mai heftig angegriffen, doch noch hielten die Verteidiger stand. Die Magdeburger Ratsherren wurden jedoch zunehmend unruhig, so dass Falkenberg ihnen letztlich nur noch einige Stunden bis zur endgültigen Kapitulation abverlangen konnte.

Dann kam der verhängnisvolle 20. Mai 1631, jener Tag, an dem Tilly zum endgültigen Angriff auf die Schweden übergehen wollte. Der voreilige Pappenheim gab jedoch schon vor dem endgültigen Angriffsbefehl von Tilly Weisung, die Stadt zu attackieren. Ab 7 Uhr früh tobte ein heftiges Geschützfeuer gegen die Befestigungen von Magdeburg und ab 9 Uhr brach der große Sturmangriff los. Rasch wurden die Verteidiger an den Wällen überwältigt und schon drangen immer mehr kaiserliche Söldner in die Stadt ein. Es kam zu gewaltigen Kämpfen in den Straßen, die zunehmend das Ausmaß eines entsetzlichen Massakers annahmen. Dietrich von Falkenberg fiel bereits zu Beginn des großen Blutbades und es herrschte bald keine koordinierte Verteidigung mehr. In kürzester Zeit gingen Tillys Söldner zum Plündern, Rauben und Vergewaltigen über und alle Magdeburger Bürger galten ihnen als vogelfrei. So kam es, dass nicht nur Erwachsene, sondern auch viele Kinder regelrecht abgeschlachtet wurden, während überall Brände zu lodern begannen, die sich mehr und mehr ausbreiteten.

Eine zeitgenössische Quelle beschreibt die unvorstellbaren Grausamkeiten, die sich an jenem 20. Mai 1631 zutrugen, erschreckend eindrücklich:

> „Dann gab es nichts anderes mehr als Mord und Brand, Plünderung, Folter und Tod. Jedermann aus dem Feindeslager war besonders darauf erpicht, sich viel Beute zu sichern […]. Durch Schläge und die Bedrohung, erschossen, erdolcht oder erhängt zu werden, wurde das arme Volk so erschreckt, dass alle, wenn sie noch etwas gehabt, es hervorgebracht hätten, und wenn es […] in tausend Burgen versteckt gewesen wäre. In dieser rasenden Wut wurde die große und herrliche Stadt, die wie eine schöne Prinzessin im Land gestanden hatte, jetzt […] den Flammen übergeben, und Tausende von unschuldigen Männern, Frauen und Kindern wurden unter dem grässlichen Getöse von herzzerreißendem Geschrei und Wehklagen in so grausamer und schänd-

licher Art gefoltert und hingerichtet, dass keine Worte hinreichen würden, es zu beschreiben, und keine Tränen, es zu beweinen.“ (Zitiert nach Durant 1978, S. 365)

Das Ausmaß an Brutalität muss so gewaltig gewesen sein, dass sogar einige von Tillys eigenen Offizieren versuchten, den Feldherrn dazu zu bewegen, dem Treiben Einhalt zu gebieten. Dieser hatte jedoch einen derart rohen Charakter, dass er dieser Forderung nur die Worte „Der Soldat muss etwas haben für seine Gefahr und Mühsal“ entgegenhielt. Immerhin verhinderte er schließlich, dass die vielen Menschen, die sich in den Dom geflüchtet hatten, auch noch massakriert wurden. Ab Mittag tobte fast in der ganzen Stadt ein heftiges Feuer, das sich immer mehr zu einem regelrechten Feuersturm ausweitete, wozu der heftige Wind sein übriges tat. Einige Stunden später war Magdeburg nur noch ein Meer von Schutt und Asche, das von dem weitgehend unbeschädigten Dom überragt wurde. Es sollen über zwei Wochen hinweg (Huf 2003, S. 156) Leichen aus der Stadt abtransportiert und in die Elbe geworfen worden sein. Die Zahl der Todesopfer wird auf 15.000 bis 30.000 geschätzt, wobei Pappenheim selbst von 20.000 Opfern sprach. Er schrieb auch: „Ich halt, es seyen über zwaintzig Tausent Seelen darüber gegangen. Es ist gewiß, seyd der Zerstörung Jerusalem, kein grewlicher Werck und Straff Gottes gesehen worden. All unser Soldaten seind reich geworden. Gott mit uns.“ (anonym: Eigentlicher und Warhaffter Bericht Von der überaus jämmerlichen und erbärmlichen Belager- und Zerstörung der weitberühmten Stadt Magdeburg 1631, ohne Ort und Verlag 1688) Einige wohlhabende Bürger hatten sich freikaufen können und erhielten freies Geleit, während Menschen aus ärmeren Schichten dieses Glück nicht vergönnt war.

Die Stadt sollte sich von dieser Katastrophe niemals wieder vollkommen erholen und ihre alte bedeutende Stellung erlangen. Im weiteren Verlauf des Krieges wurden ihre traurigen Überreste zudem Opfer weiterer kriegerischer Handlungen. Hatte die Stadt Anfang Mai 1631 noch etwa 35.000 Einwohner, so waren es 1639 nur noch 450. Erst im 19. Jahrhundert erreichte Magdeburg wieder die Einwohnerzahl, die es bis zum 20. Mai 1631 gehabt hatte. Einige Zeit nach dem furchtbaren Massaker begann sich der Begriff „magdeburgisieren“ mit der Bedeutung „völlig zerstören und auslöschen“ im Sprachgebrauch zu etablieren. Tilly hielt seinem fanatischen katholischen Glauben auch nach dem Massaker unverbrüchlich die Treue und ließ bereits am 25. Mai einen katholischen Gottesdienst im Dom abhalten. Papst Urban VII. verlieh seinerseits der Genugtuung über die Einnahme von Magdeburg Ausdruck, indem er ein ekstatisches Schreiben über die, wie er es nannte, „Vernichtung des Ketzernestes“ verfasste.

Eng verbunden mit dem Schicksal der Stadt Magdeburg war die Person Otto von Guerickes, der zu einem der historisch bedeutendsten Söhne der Stadt wurde. Guericke überlebte die Belagerung, Erstürmung und Zerstörung seiner Heimatstadt und hatte das Glück, mit seiner Familie fliehen zu können. Er trat in die Dienste der Schweden und kehrte mit diesen in seine Heimatstadt zurück. Von nun an widmete er sich dem Wiederaufbau der Stadt und erarbeitete Pläne von einer solchen Perfektion, dass man noch Jahrhunderte später auf sie zurückgriff. Guericke wurde Bürgermeister von Magdeburg und vertrat 1646 die Stadt bei den Friedensverhandlungen in Osnabrück. Er konnte aber nicht verhindern, dass seine Heimat an Brandenburg fiel. In einem 1646 von ihm verfassten Manuskript beschrieb Guericke den Untergang von Magdeburg. Dieser Bericht wurde zu einer der wichtigsten Quellen des Dreißigjährigen Krieges. Nebenbei arbeitete Guericke an wissenschaftlichen Experimenten und erfand unter anderem die Luftpumpe.

Später publizierte er wissenschaftliche Werke über den Luftdruck und das heliozentrische System. Sein Experiment mit den „Magdeburger Halbkugeln" ging in die Geschichte der Physik ein.

Der Untergang von Magdeburg fand nicht allein im Reich, sondern in ganz Europa ein großes Echo, denn zum ersten Mal in der Geschichte wurde eine für damalige Verhältnisse sehr große Stadt vollständig dem Erdboden gleichgemacht und der Großteil ihrer Bevölkerung auf bestialische Weise hingerichtet. Dies war eine neue Dimension in der abendländischen Kriegsführung. 205 Flugschriften, 42 illustrierte Flugblätter und 20 Zeitungen (siehe Mayer-Gürr 2007) beschäftigten sich mit dem Thema. Die erschreckende Brutalität der kaiserlichen Heerführer brachte der protestantischen Sache letztlich einen großen Gewinn ein, denn der Kurfürst von Brandenburg begann ab dem 22. Juli 1631, Gustav Adolf massiv zu unterstützen und auch die Niederlanden leisteten großzügige Subsidien für die Schweden. Daraufhin war es für den schwedischen König ein Leichtes, seinen lange aufgeschobenen Angriff auf den Süden von Deutschland zu beginnen.

Tilly hatte durch die grausame Vernichtung der Stadt seinen Namen für alle Zeit beschmutzt und stand nun vor der Welt als Kriegsverbrecher da. Auch hatte er durch den Untergang von Magdeburg sein Versorgungsproblem nicht lösen können, da ihm die niedergebrannte und entvölkerte Stadt diesbezüglich nichts bieten konnte. Hierin könnte man beinahe eine Parallele zu der sich gut zwei Jahrhunderte später zutragenden Eroberung von Moskau durch Napoleon sehen, der nach der Einnahme und Zerstörung der Stadt vor demselben Problem stände wie nun der katholische Feldherr. Letztlich blieb ihm nichts anderes übrig, als Magdeburg zu verlassen und auf sächsisches Gebiet auszuweichen, das mehr Versorgungsmöglichkeiten zu bieten schien. Dies führte allerdings dazu, dass sich der bedrängte sächsische Kurfürst Johann Georg am 30. August den Schweden anschloss. Gustav Adolf wurde in der Zwischenzeit immer stärker, während Tillys militärische Macht ihren Zenit bereits überschritten hatte. Dies war denn auch der Grund, warum der alternde Feldherr eine Entscheidungsschlacht mit dem gefürchteten Schwedenkönig mit aller Macht herbeiführen wollte. Dieser wollte sich jedoch noch immer nicht der Herausforderung stellen. Der sächsische Kurfürst, der sein Land bereits Opfer eines alles verwüstenden Manöverkrieges werden sah, drängte den König indessen entschieden zu einer Schlacht. Der schwedische König gab schließlich nach und marschierte auf Leipzig zu, wo ihn Tilly bereits ungeduldig erwartete. Der erfahrene Heerführer rechnete sich gute Siegeschancen aus, da er wusste, dass die sächsischen Regimenter vorwiegend aus jungen, unerfahrenen Männern bestanden, während die meisten seiner Männer bereits eine größere Anzahl von Schlachten und Gefechten hinter sich hatten. Dabei kümmerte es ihn auch wenig, dass seine Gegner gut 2.000 Reiter mehr aufbieten konnten und dreimal so viele Geschütze ins Feld führten. Tilly setzte voller Zuversicht auf seine Fähigkeiten als siegreicher Feldherr und die Qualität seiner Truppen. Er sollte jedoch schon bald eines Besseren belehrt werden.

Am Morgen des 17. September 1631 standen sie sich beim Dorf Breitenfeld unweit von Leipzig schließlich gegenüber: Tilly mit seinen 35.000 Mann und Gustav Adolf mit dem sächsischen Kurfürsten mit 24.000 bzw. 18.000 Mann. Mit Gottes Segen marschierten die Soldaten in eine höllische Schlacht. Tilly war trotz der zahlenmäßigen Unterlegenheit in keiner Weise beunruhigt und hatte seine Truppen in bewährter Methode aufgestellt. Während die Kavallerie an den beiden Flügeln aufmarschiert war, standen im Zentrum der insgesamt vier Kilometer breiten Front seine Terzios (von Musketieren umgebene Pikenier-Haufen) in bewährt quadratisch angeordneter Manier dicht gedrängt nebeneinander und vor ihnen die Artillerie. Tillys Männer hatten die Hügel besetzt und die Sonne im Rücken, was als gutes Omen gewertet wurde. Doch die Armee der Schweden, die den katholischen Truppen gegenüber stand, war eine weitaus modernere. Ihre Aufstellung war viel lockerer, die Infanterie verfügte über mehr Feuerkraft, die Kavallerie war in kleineren und flexibleren Verbänden platziert und die Kanonen auf die verschiedenen Brigaden aufgeteilt. Wenngleich die Schweden durch ihre Aufstellung viel weniger drohend wirkten, als die dichten Massen Tillys, so waren sie doch viel schneller und beweglicher, was auch zu Gustav Adolfs Taktik passte.

Anfangs schien es aber dennoch so, als würde Tilly die Oberhand gewinnen, denn die viel schneller schießenden Schweden wurden durch die Sonne geblendet und mussten sich bergauf bewegen. Auch die Reiterkämpfe an den Flügeln entwickelten sich vorerst nicht zur vollen Zufriedenheit des Schwedenkönigs. Die sächsischen Verbündeten unter Kurfürst Johann I. Georg, die am linken Flügel standen, gerieten rasch ins Wanken und hatten den Musketensalven und Reiterangriffen von Tillys Söldnern wenig entgegen zu setzen. Der Zusammenbruch der Sachsen erfolgte rasch und mündete in einem kopflos-überstürzten Rückzug. Besonders ungünstig tat sich dabei der Kurfürst hervor, der zur Sicherheit ganze zwanzig Kilometer weit flüchtete. Unter normalen Umständen wäre die Schlacht für Gustav Adolf zu diesem Zeitpunkt verloren gewesen, denn immerhin hatte er einen kompletten Flügel seiner Streitkräfte verloren und war nun zahlenmäßig weit unterlegen. Doch die Schweden änderten ihren Angriffswinkel um neunzig Grad und griffen dicht geschlossen die Terzios von Tilly an. Unter dem raschen Feuer der kleinen und beweglichen schwedischen Regimentskanonen wurden die wegen ihrer quadratischen Gefechtsformation in ihrer Bewegungsfreiheit stark eingeschränkten Truppen des kaiserlichen Heers buchstäblich in die Zange genommen. Mitten in dem Getümmel tauchte immer wieder ohne Rücksicht auf die Gefahr der schwedische König auf, brüllte Kommandos und feuerte seine Männer an. Ein in schwedischen Diensten kämpfender schottischer Offizier berichtete:

> „Erst ließ ich drei kleinere Geschütze feuern, die ich vor mir hatte, und erlaubte meinen Musketieren keine Salve, ehe wir nicht auf Pistolen-Schussweite an dem Feind waren; dann ließ ich die drei ersten Glieder eine Salve feuern, darauf die drei anderen Glieder; dann drangen wir in sie ein und schlugen auf sie los mit den Musketen und Säbeln." (Delbrück 1920, Teil 4, S. 203)

Das Dorf Breitenfeld sollte nun für den alternden Heerführer Tilly jene tragische Bedeutung erhalten, die genau 184 Jahre später die Gemeinde Waterloo für Napoleon bekommen würde: ein Sinnbild der Niederlage. Seine in so vielen Schlachten erprobte Infanterie kämpfte tapfer weiter – jedoch verzweifelt und aussichtslos. Kartätschen und Musketensalven rissen immer größere Lücken in die dichtgedrängten Massen. Die schwedische Kavallerie konnte immer leichter mit der blanken Waffe in die durchlöcherten Karrees eindringen und sie niederhauen. Sieben Stunden währte das Gemetzel, dann war Tillys Armee am Ende. Die Reste der Einheiten lösten sich auf und drängten in die Flucht.

Tilly selbst war schwer verwundet worden, da ein rheinländischer Offizier mit dem Beinamen der „Lange Fritz" wiederholt mit dem Pistolenknauf auf seinen Kopf eingeschlagen hatte. Dennoch gelang es ihm, sich mit 600 Reitern nach Halle zu retten, während Pappenheim mit 1.400 Mann in Richtung Halberstadt floh. Die Bilanz der Schlacht erwies sich für das kaiserliche Heer als verheerend, denn 7.600 Soldaten waren getötet worden, 6.000 gefangen genommen und 3.000 geflohen. Tilly standen schließlich lediglich 13.000 demoralisierte Kämpfer zur Verfügung. Zudem hatte er seine gesamte Artillerie verloren.

Der schwedische Sieg erschütterte die Position von Ferdinand II im Reich und gefährdete all seine bisherigen Eroberungen. Das Blatt schien sich nun vollständig gewendet zu haben. Außerdem hatte die Schlacht verdeutlicht, dass die bisherige Formation und Taktik der kaiserlichen Truppen ebenso veraltet waren wie der greise Kommandeur Tilly. Hinzu kam, dass der schwedische König seinen Siegeszug nun rasch weiter fortsetzte. Man vermutete überdies, dass er nun selbst wie Ferdinand II. Kaiser werden wollte. Am 29. September 1631 erreichte die schwedische Armee das Territorium des Erzbischofs von Würzburg und eroberte die Stadt in nur kurzer Zeit. Der Rat der Stadt Nürnberg sah sich daraufhin gezwungen, mit den siegreichen Schweden ein Bündnis einzugehen, um nicht selbst Opfer einer Belagerung zu werden.

Das schwer gezeichnete Mecklenburg wurde ebenfalls zurückerobert und seinem alten Herzog offiziell wiedergegeben, auch wenn es eigentlich ein schwedisches Protektorat blieb. Immer mehr Fürsten traten daraufhin der schwedischen Allianz bei. Im November marschierte der sächsische Kurfürst mit seinen Truppen widerstandslos in Prag ein. Auf dem Weg dorthin hatte er um die Besitztümer Wallensteins wohlweislich einen weiten Bogen gemacht.

In der Zwischenzeit arbeitete Tilly fieberhaft daran, seine Truppen aufzustocken und wieder kampfbereit zu machen – ein Vorhaben, das Geldmangel, Versorgungsprobleme und zahlreiche Deserteure erschwerten. Aus diesem Grund verzichtete er vorerst auf einen neuen Angriff und ging in sein Winterquartier. Der schwedische König passierte mit seinen Truppen am 21. Dezember 1631 bei Erfelden den Rhein und eroberte die von den Spaniern besetzte Stadt Oppenheim. Somit bereitete er auch den stolzen Spaniern eine Niederlage. Gustav Adolf bemächtigte sich anschließend der wirtschaftlich bedeutenden Städte Mainz und Frankfurt, was seine Macht noch vergrößerte. Mainz war nun das vorläufige Quartier des Königs und wurde ihm zu einer Art schwedischer Hauptstadt. So ließ er an der Mainspitze bei der Flussmündung in den Rhein eine Festung errichten, die später wegen ihrer Lage heftig umkämpft war und bereits 1673 wieder zerstört wurde.

Der schwedische König hatte nun auch seine Gemahlin Maria Eleonora nachkommen lassen, mit der er sich in Frankfurt niederließ. Hier traf er sich auch mit Friedrich von der Pfalz, dem „Winterkönig“, den er zwar freundlich behandelte, aber nicht als vollwertigen Verbündeten betrachtete. Man vergnügte sich, feierte Feste und fast ganz Deutschland schien nun in schwedischer Hand. Viele Menschen glaubten nun auch, dass der Krieg sich seinem Ende nähere. Dabei hatte er seinen Höhepunkt noch gar nicht erreicht.

Der Kaiser hatte inzwischen keinen anderen Verbündeten mehr, als das schwer angeschlagene und verarmte Spanien. Reuevoll wandte er sich im Dezember 1631 an Wallenstein und bat ihn, eine Armee zur Rettung von Böhmen und zum Schutz von Österreich aufzustellen. Der Friedländer zierte sich zunächst, ließ sich dann aber gegen bestimmte Konzessionen seitens des Kaisers zur Zustimmung bewegen. Nachdem er alles bekommen hatte, was er wollte, ging Wallenstein sogleich ans Werk.

Tilly brach bereits im Februar 1632 sein Winterquartier ab und zog mit 18.000 Soldaten gegen den schwedischen General Horn, der ihm zahlenmäßig unterlegen war. Tilly vertrieb Horn aus der Stadt Bamberg und nahm sie in seinen Besitz. Gustav Adolf musste nun reagieren und entschloss sich zu einem Feldzug gegen Bayern. Tilly beriet sich mit dem Kurfürsten Maximilian in Ingolstadt, wobei beide auf die Unterstützung von Wallenstein hofften. Ferdinand II. war seinerseits darum bemüht, Wallenstein dazu zu bewegen, so bald wie möglich auf dem Kriegsschauplatz zu erscheinen. Doch seinem alten Feind Maximilian wollte dieser dann doch nicht helfen und schickte ihm lediglich einige tausend Reiter zur Unterstützung. Die Bayern mussten sich nun bei ihrer Rettung nahezu ausschließlich auf Tilly verlassen.

Da sich der Lech durch die späte Schneeschmelze in einen reißenden Fluss verwandelt hatte, wussten sich Herzog Maximilian und Tilly bei der kleinen Festung Rain in der Nähe von Ingolstadt vor Attacken des schwedischen Königs in Sicherheit. Die Bayern hatten das höher gelegene Ostufer in Besitz genommen, das sie mit Schanzen und ausreichend Kanonen ausgestattet hatten. Die Armee dahinter war durch den Wald gut vor feindlichem Beschuss geschützt. Nach den damaligen Gepflogenheiten der Kriegskunst war dies keine Stellung, die ein Feldherr leichtfertig angegriffen hätte. Nur war Gustav Adolf kein Mensch, der sich an solcherlei Regeln hielt oder gar von unüberwindbar scheinenden Schwierigkeiten abhielten ließ. Er erkundete persönlich das Gelände und ließ dann eine hölzerne Pontonbrücke bauen. Die Artillerie der Bayern konnte den Brückenbau wegen des ungünstigen Schusswinkels nicht verhindern und wurde außerdem von 72 Kanonen der Schweden in Schach gehalten. Am Morgen des 15. Aprils 1632 ließ der Schwedenkönig viel nasses Stroh abbrennen, um einen Rauchvorhang zu erzeugen. Unter dessen Schutz ließ er die Infanterie über die Brücke marschieren. Tilly sah die Gefahr kommen und führte selbst den Gegenstoß gegen mehrere hundert Schweden, die rasch einen Brückenkopf gebildet hatten. Nun griff auch noch die Kavallerie von Gustav Adolf ein, die den Fluss durchschwommen hatte. Es kam daraufhin zu einem mörderischen Kampf, bei dem die Bayern den Schweden letztlich nicht standhalten konnten. Mutmaßlich ließen etwa 4.000 Bayern ihr Leben auf dem Schlachtfeld, während der Rest nach Ingolstadt floh. Die größte Katastrophe für die Katholiken stellte indes nicht so sehr die verlorene Schlacht dar, sondern eine schwere Verwundung von Tilly, die seinen Tod herbeiführen sollte. Der alte Feldherr starb zum Erschrecken aller Anhänger der katholischen Sache in der Festungsstadt Ingolstadt.

Gustav Adolf war nun nicht mehr aufzuhalten und zog nach der raschen Einnahme von Augsburg, wo man ihn als Befreier feierte, durch die bayerischen Stammlande. In kürzester Zeit jagten die Schweden der katholischen Bevölkerung Angst und Schrecken ein und ihr König förderte diese Entwicklung, da er das Herzogtum seines erzkatholischen Feindes Maximilian nachhaltig schädigen wollte. Die Münchner Bevölkerung geriet in furchtbare Aufruhr, als die siegreichen Schweden heranrückten, doch Gustav Adolf verschonte die Stadt und legte ihren Bürgern keinerlei Restriktionen auf. Diese Milde überrascht, lässt sich aber möglicherweise dadurch erklären, dass der König seinen Soldaten eine kurze Erholungsphase in einer intakten Stadt gewähren wollte, wusste er doch, dass es bald zum Kampf mit Wallenstein kommen würde. Es überrascht, dass der schwedische König bei seinem Einzug in München am 17. Mai 1632 den militärisch gescheiterten „Winterkönig“ an seiner Seite hatte. Als der Pfälzer Kurfürst allerdings auf seine Wiedereinsetzung spekulierte, wies ihn der Schwede sogleich in die Fronten.

Alle Hoffnung der Katholiken lag nun auf ihm, dem Friedländer Wallenstein, der in seinen böhmischen Besitzungen seine Kriegsindustrie aufzurüsten begann. Der schwer gichtkranke Wallenstein verfügte jetzt über mehr Vollmachten als je zuvor und machte davon auch großzügigen Gebrauch. Die Tatsache allein, dass er erneut der oberste Kommandeur der Truppen war, genügte, um viele Tausend wehrfähige Männer unter seine Fahnen zu treiben. Die Offiziere rissen sich geradezu darum, in den Stäben und an der Spitze der Einheiten des charismatischen Feldherrn zu dienen. Er war als „General-Oberst-Feldhauptmann" uneingeschränkter Herr der operativen Führung, bestimmte das Ziel der jährlichen Kampagnen, entschied über alle Musterungen und Abdankungen und der Kaiser ernannte die Obristen der Regimenter nur nach seinen Vorschlägen.

Wallenstein bot Johann Georg von Sachsen einen Separatfrieden an und gewann Prag ohne einen einzigen Pulverschuss zurück. Die Armee des Kurfürsten zog sich nach Sachsen zurück und Wallenstein wandte sich sogleich den Schweden bei Nürnberg zu. Von Juli bis September 1632 standen sich dann die größten Feldherren ihrer Epoche bei einer Burgruine namens „Alte Veste" in Zirndorf bei Fürth gegenüber. Beide hatten großen Respekt voreinander, wobei Wallenstein dem schwedischen König wahrscheinlich vergleichsweise mehr Respekt entgegen brachte, denn dieser hatte noch keine einzige Schlacht verloren und galt als unbesiegbar. Doch auch Gustav Adolf wusste nur allzu gut, mit wem er es zu tun hatte und darüber hinaus waren seine Truppen durch die Kavallerie Pappenheims mehrfach stark beansprucht worden. Hinzu kam, dass die kaiserlichen Truppen in den kleineren Gefechten den Schweden zumeist überlegen gewesen waren.

Wallenstein hatte im Westen der Stadt Nürnberg ein befestigtes Feldlager errichten lassen, das über 50.000 Soldaten beherbergte. Es kam lange Zeit zu keinen bedeutenden Kampfhandlungen, aber der Stellungskrieg und die Anwesenheit zweier großer Armeen verwüsteten die gesamte Region. Plünderungen, Seuchen und Hunger forderten bei den Soldaten und in der Stadt Nürnberg und ihrer Umgegend viele Opfer. Die Region sollte später sehr lange brauchen, um sich von dem Aufenthalt der beiden Armeen zu erholen.

Eine zeitgenössische Quelle veranschaulicht die Zustände im schwedischen und im feindlichen Lager:

> „Damals war in dem schwedischen Lager große Not, weil es mit dem Proviant für das Volk und der Fütterung für die Pferde gar genau herging, so dass viel Volks erkrankte und wegstarb. So verdarben und starben auch viele Pferde und anderes Vieh, und es verursachten die toten Aase, weil es heißes Wetter war, einen großen, übermäßigen Gestank. So hatte auch das Volk zu Fürth Mangel an Wasser, denn sie fanden allda nur einen einzigen Brunnen. Selbiger war von den durstigen Soldaten ganz ausgeschöpft […]. Im friedländischen Lager ging es auch nicht besser, ja wohl noch ärger, denn in demselbigen kamen zum Hunger und Kummer eine solche unsägliche Menge Fliegen und anderes Ungeziefer, dass kein Mensch davor sicher war."
>
> („Theatrum Europaeum", zitiert nach Milger 1998, S. 242)

Gustav Adolf, der zu Beginn von Wallenstein in die Defensive gedrängt worden war, hatte nach dem Eintreffen der militärischen Verstärkung endlich die Gelegenheit, dem kaiserlichen Feldherrn am 31. August eine offene Feldschlacht anzutragen. Doch Wallenstein ließ sich auf dieses Wagnis nicht ein und verblieb in abwartender Haltung, woraufhin Gustav Adolf das kaiserliche Heer mit Artillerie beschoss. Auch ein schwedischer Angriff mit Fußtruppen am 1. September blieb ergebnislos. Gustav Adolf setzte daraufhin bei Nacht über die Rednitz und errichtete ein befestigtes Lager auf der Hardhöhe bei Fürth. Wallenstein erwartete einen Umgehungsangriff aus dem Westen und brachte seine Truppen auf der westlichen Seite seiner Stellungen in Schlachtordnung. Der Schwedenkönig versuchte, den Gegner zu einer Feldschlacht in einem für ihn günstigeren Gelände zu zwingen, was aber nicht gelang.

Da die Aufklärung der Schweden versagt hatte, griff Gustav Adolf Wallensteins Lager an, da er annahm, dieser wolle sich bald absetzen. Der schwedische Angriff auf das Lager wurde von den kaiserlichen Truppen erfolgreich abgewehrt. Gustav Adolf suchte nun die Entscheidung an seinem linken Flügel, wo es seinen Truppen vor Anbruch der Nacht in heftigen Kämpfen gelang, mehrere Lagerbefestigungen einzunehmen. Die feindlichen Armeen brachten die Nacht dicht beieinander auf dem Schlachtfeld zu.

Da der schwedische Angriff am Morgen des 4. September durch heftigen Dauerregen stark beeinträchtigt wurde, brach der Schwedenkönig bereits am Vormittag die Schlacht ab und führte seine Truppen ins Lager zurück. Die Schweden hatten höhere Verluste erlitten als ihre Gegner und das Bild vom unbesiegbaren Schwedenkönig bekam erste Risse. Wallenstein war von den schwedischen Truppen zwar stark in die Defensive gedrängt worden, hatte aber dennoch das Feld behauptet. Als die Versorgungslage immer schlechter wurde und immer mehr Männer und Pferde starben, entschied sich der schwedische König zum Abzug. Nachdem sich beide Heere noch einmal in Schlachtordnung gegenüber gestanden hatten, zogen die Schweden am 18. September ab, während Wallenstein erst am 23. seine Zelte abbrach. Beide Armeen hinterließen ein völlig verwüstetes Gebiet mit zahlreichen Opfern in der Zivilbevölkerung.

Wallenstein nahm an, dass die Schweden nun nach Bayern marschieren würden und dass damit der Feldzug für dieses Jahr beendet wäre, weshalb er mit seiner Armee in Sachsen überwintern wollte. Doch Gustav Adolf trachtete weiterhin danach, noch in diesem Jahr eine Entscheidung herbeizuführen. Er marschierte nach Sachsen und überrumpelte Wallenstein mit diesem taktischen Manöver. Am 16. November 1632 war es schließlich so weit und Wallenstein konnte einer großen Schlacht mit den Schweden nicht mehr aus dem Weg gehen. Bis zuletzt hatte er ein solches Gefecht zu verhindern versucht und sogar bereits damit begonnen, seine Truppen in die Winterquartiere zu schicken. Dieser Entschluss erwies sich als fatal, denn er musste sich dadurch in geschwächter Position in die unvermeidliche Schlacht mit Gustav Adolf fügen. Erst am Morgen des 15. November hatte er Pappenheim mit seinen Kürassieren nach Halle ins Quartier geschickt und musste ihn nun eiligst wieder zurück beordern. Einige der abmarschierenden Einheiten unter Generalwachtmeister Colloredo waren bereits am Vormittag des 15. November auf die näher kommende schwedische Hauptarmee gestoßen. Dabei war es Colloredo zu verdanken, dass eine Katastrophe ausblieb, denn dieser besetzte zwei nach Rippach führende Brücken und konnte die Schweden auf diese Weise aufhalten. Der inzwischen benachrichtigte Wallenstein sandte unterdessen seine Rückholbefehle aus und bereitete sich für den nächsten Tag auf eine Schlacht vor, die er eigentlich erst für das nächste Frühjahr geplant hatte.

Der kaiserliche Feldherr hatte aus Tillys vernichtender Niederlage bei Breitenfeld gelernt. Seine Kavallerie kämpfte jetzt in derselben Gefechtsformation wie die Schweden und verfügte über eine identische Ausrüstung. Auch die Infanterie agierte inzwischen in kleineren und wendigeren Formationen und zudem wurde dieselbe Artillerie eingesetzt. Entgegen seiner sonstigen Kriegsführung hatte sich Wallenstein dieses Mal für eine sehr defensive Taktik entschieden. Zu groß war sein Respekt gegenüber dem genialen Heerführer aus dem hohen Norden.

Am Morgen des 16. November 1632 registrierte Gustav Adolf, dass sein Gegner die kaiserliche Armee nördlich der Straße nach Leipzig aufgestellt hatte, wobei sich die Ortschaft Lützen an seiner rechten Flanke befand. Entlang der etwa 2,5 Kilometer langen Front waren die Truppen so positioniert, dass genügend Platz für Umgruppierungen und das Heranführen von Reserven vorhanden war. Wallenstein hatte die Artillerie und die vorerst verfügbare Reiterei gut verteilt, wartete aber weiterhin auf die Ankunft von Pappenheim, der noch immer nicht erschienen war. Einstweilen waren die Schweden, bei denen die Artillerie, die Infanterie und die Kavallerie wie üblich nicht sauber getrennt formiert waren, zahlenmäßig im Vorteil. Zudem verfügten sie über eine größere Anzahl an leichteren Geschützen, was einen maßgeblichen Einfluss auf die Schlacht nehmen sollte.

Der zähe Frühnebel lichtete sich erst gegen 11 Uhr vormittags und Gustav Adolf ließ seine Truppen nach einem gemeinsamen Gebet zum Angriff übergehen. Mit sicherem Instinkt führte der schwedische König seinen Hauptschlag gegen Wallensteins linken Flügel aus, an dem der sehnlichst erwartete Pappenheim noch immer nicht erschienen war und der deshalb den schwächsten Teil von Wallensteins Schlachtlinie bildete. Gustav Adolf führte selbst den Angriff und konnte rasch die Oberhand gewinnen. Währenddessen begann auch das Zentrum der kaiserlichen Truppen einzubrechen und die Schweden eroberten die dort befindlichen Kanonen. Wallenstein versuchte alles, um die Situation zu retten und es gelang seinem Heer auch, die verlorenen Geschütze wieder zurückzuerobern. Doch schien bereits um 12 Uhr mittags die Schlacht verloren und einige von Wallensteins Einheiten waren kurz davor, sich zur Flucht zu wenden. Beinahe in letzter Sekunde erschien Pappenheim an der Spitze von 3.000 kaiserlichen Reitern und unternahm sofort einen heftigen Angriff, der die schwedischen Truppen zurücktrieb und dadurch das Zentrum der kaiserlichen Gefechtsformation entlastete. Dieses konnte von Wallenstein daraufhin neu formiert werden. Pappenheim hatte auch mehrere hundert Kavalleristen hinter die schwedische Front beordert, die dort den Tross angriffen und den schwedischen Truppen stark zusetzten. Einige Reiterregimenter von Gustav Adolf griffen den Gegner in ihrem Rücken an und fehlten infolgedessen an der Front.

Pappenheim focht wie üblich an der Spitze seiner Reiter, wurde jedoch bereits während des ersten Angriffs durch mehrere Kugeln tödlich getroffen. Als dies bekannt wurde, traten seine Regimentskommandeure die Flucht an und nahmen Teile ihrer Truppen mit sich. Dadurch ging das kurz zuvor gewonnene Terrain rasch wieder verloren, der linke Flügel von Wallensteins Armee löste sich nach und nach auf und sein Zentrum geriet erneut in Gefahr. Wiederum schien die Schlacht für das kaiserliche Heer verloren und nur ein aufziehender starker Nebelschleier, der durch den Pulverdampf verstärkt wurde, konnte ihre Lage mildern.

Wallenstein gelang es inzwischen, seine Front wieder in Gefechtsformation zu bringen und Oberst Piccolomini konnte in rascher Folge sieben Reiterangriffe gegen die Protestanten ausüben. Wallensteins Soldaten gewannen dadurch wieder an Zuversicht und die schwedischen Verluste mehrten sich. Die kaiserlichen Truppen gewannen daraufhin auch an ihrem rechten Flügel wieder die Oberhand und drängten die schwedische Infanterie zurück, wodurch ihr Formationszentrum geschwächt wurde. Der König entschloss sich hierauf persönlich einzugreifen und ritt mit einem Regiment an die gefährdete Position, um Entlastung zu bringen. Bedingt durch seine Kurzsichtigkeit und den starken Nebel geriet Gustav Adolf dabei zu nahe an die Linien der kaiserlichen Truppen heran. Er war leicht erkennbar, da er prächtig gekleidet an der Spitze seines Regiments ritt. Eine Kugel traf plötzlich seinen linken Arm und als einer seiner Offiziere, der Herzog von Lauenburg, ihn aus dem Schlachtgetümmel befreien wollte, wurden sie plötzlich durch einige Reiter von Wallenstein umzingelt, die den König erschossen.

Als man bei den Schweden noch über das Schicksal des Königs rätselte, wurde dessen Leichnam bereits von kaiserlichen Soldaten ausgeplündert. Ein königlicher Stallmeister fand schließlich den in ein blutiges Hemd gehüllten Leichnam. Rasch sprach sich die Ungeheuerlichkeit unter den kämpfenden Schweden herum. Entgegen dem Kodex, demzufolge der Tod des Kommandeurs auch den Verlust der Schlacht bedeutete, kämpften die Schweden erbittert weiter. Sie wollten Rache nehmen für den Tod ihres Königs und drängten nach und nach Wallensteins erschöpfte Truppen vom Schlachtfeld. Das kaiserliche Heer verlor in dieser Phase viele Geschütze an die Schweden, die diese entschlossen gegen den Feind einsetzten. Wallenstein registrierte voller Wut, dass einige seiner Offiziere sich schmählich vom Feind absetzten. Das blutige Gemetzel dauerte jedoch weiter bis zum Einbruch der Dunkelheit und Wallenstein gab schließlich den Befehl zum Rückzug, da er keine Siegeschance mehr sah. Die Schweden waren zu keiner Verfolgung mehr in der Lage und schlugen erschöpft ihr Lager auf, während die kaiserlichen Truppen den Rückzug antraten.

Wallenstein hatte das Gefecht trotz heftiger Gichtschmerzen zu Pferde ausgetragen, denn er wollte diesen wichtigen Entscheidungskampf nicht von einer Sänfte aus kommandieren. Wie auch der Gegner wurde der Kommandeur durch den starken Nebel jedoch daran gehindert, das Schlachtfeld wirklich zu überblicken. Über den Kampfgeist der schwedischen Truppen während der großen Schlacht schrieb er später, diese hätten „mit einer solchen Furia [gekämpft], dass niemand je solches gesehen noch gehört hat" (Golo Mann 1971, S. 893). Resultat dieses Kampfgeistes war ein Schlachtfeld, das mit mehr als 9.000 Toten und Verwundeten übersät war.

Der Leichnam des schwedischen Königs wurde in ein nahe gelegenes Dorf gebracht und notdürftig konserviert. Kaiser Ferdinand II. und der Papst waren über die Nachricht vom Tod des schwedischen Erzfeindes erfreut, während Wallenstein unzufrieden war, weil der Ausgang der Schlacht die von den Schweden ausgehende Gefahr nicht gebannt hatte. Gustav Adolf wurde durch seinen Heldentod zu einem Märtyrer und Heiligen der Protestanten. Während der tote König in einem aufwändigen Trauerzug quer durch Deutschland zur Ostsee gebracht wurde, kämpften die Schweden weiter erfolgreich gegen kaiserliche Truppen. Wallenstein ließ den Deserteuren von Lützen Anfang 1633 den Prozess machen. Am 14. Februar wurden zwölf Offiziere und fünf Kavalleristen auf dem Altstädter Ring in Prag hingerichtet. Inzwischen kam es auch wieder zu vermehrter Kritik an Wallensteins militärischen Fähigkeiten. Nach dem Tod des schwedischen Königs bedurfte man eines so mächtigen und fähigen Feldherrn nicht mehr.

Am 29. November starb nun auch Friedrich von der Pfalz. Gerade, nachdem ihm die Engländer militärische Unterstützung bei seinen Plänen angekündigt hatten, erkrankte der „Winterkönig" an der Pest. Die Ärzte vermochten ihm nicht zu helfen und der Fürst beendete seine wenig erfolgreiche Laufbahn als eines der wenigen Opfer, das die Pest unter dem Hochadel forderte. Noch als Toter lebte sein Fluchtimpuls in ihm fort, denn als die Spanier den Administrator der Kurpfalz, Ludwig Philipp von Pfalz-Simmern, im Juni 1635 vertrieben, floh dieser unter Mitnahme der sterblichen Überreste des „Winterkönigs". Während der Flucht stand der Sarg mehrere Tage unter freiem Himmel und fiel dann mehrfach vom Wagen. Als der Flüchtlingstross einige Wochen später Metz erreichte, stellte man den Sarg im Keller eines Bürgerhauses ab. Danach verliert sich die Spur der Gebeine des gescheiterten Herrschers.

Der Schwede Axel Oxenstierna, der die Koordination des schwedischen Kriegs übernommen hatte, entstammte einem der ältesten Adelsgeschlechter des nordischen Landes. Seine politische Karriere hatte bereits unter König Karl IX. begonnen.Nach dessen Tod wurde Oxenstierna auf Wunsch des jungen Gustav II. am 6. Januar 1612 zum Reichskanzler von Schweden ernannt. Gemeinsam verstanden es die beiden Männer ihre jeweiligen Interessen durchzusetzen und dabei zugleich den Herrschaftsanspruch des Königs mit den Interessen des Hochadels zu kombinieren. Gustav Adolf trug sich im Gegensatz zu seinem Vater, der verächtlich als „Bauernkönig" tituliert worden war, den Namen „Adelskönig" ein. Oxenstierna modernisierte Schwedens Verwaltung und legte großen Wert auf gut ausgebildete Fachleute. Auch das Finanzwesen wurde verbessert und entwickelte sich zur modernsten Finanzverwaltung in ganz Europa. Auch wenn Oxenstierna den Angriffskrieg seines Königs nicht billigte, hatte er ihn durch seine Reformen des Staats- und Finanzwesens erst wirklich ermöglicht.

Der Kanzler diente seinem Herrscher denn auch trotz aller Bedenken auf deutschem Boden. Als er am 22. Januar 1632 den König in Frankfurt am Main traf, äußerte er, dass er ihn lieber siegreich in Wien angetroffen hätte. Auf Oxenstiernas Wunsch eines Friedensschlusses ging Gustav Adolf nicht ein. Als der König bei Lützen fiel, lasteten die Weiterführung des Krieges und die Zukunft von Schweden plötzlich allein auf den Schultern des Kanzlers. Er konnte im schwedischen Reichsrat eine Regelung durchsetzen, die ihn anstelle der unmündigen Thronerbin Christina mit nahezu ausschließlicher Macht ausstattete. Oxenstierna führte daraufhin den von ihm anfangs missbilligten Krieg 14 Jahre lang fort, um – wie er glauben machen wollte – Schwedens Interessen und das Vermächtnis des gefallenen Königs zu wahren. Gemeinsam mit den Ständen konnte er die Verwaltung des Reiches noch effektiver gestalten und die Ressourcen für damalige Verhältnisse optimal ausschöpfen, was seinen Gegnern nicht gelang.

Immer wieder musste sich Oxenstierna gegen die Opposition des Bürgertums zur Wehr setzen und zur Abwendung einer Niederlage darüber hinaus seine Frankophobie überwinden. Als die junge Königin Christina älter wurde und ihre Mündigkeit kurz bevor stand, begann sich die Opposition um sie zu versammeln. Obwohl er mit immer mehr Widerstand zu kämpften hatte, versuchte Oxenstierna, sein Land als Sieger aus den Friedensverhandlungen von Münster und Osnabrück hervorgehen zu lassen. Es gelang ihm aber letztlich nicht, alle seine Ziele zu erreichen.

Das Ende der Ära Wallenstein und Frankreichs Intervention

„In den Wäldern und auf den Wegen jagt der Mensch den Menschen wie das Wild." (Ein englischer Reisender über Deutschland im Dreißigjährigen Krieg. Zitiert nach Huf 2003, S. 310)

„Um Christi Liebe […] kommt mit euren Hellebarden, Kanonen und Büchsen […]." (Deschner 2008, S. 301)

Der Rückzug des Friedländers nach Böhmen wurde am Wiener Hof mit Unverständnis aufgenommen. Wallenstein erhielt nun auch Angebote vom Gegner, die seiner Eitelkeit schmeicheln mussten. So bot ihm der schwedische Kanzler Oxenstierna als Entschädigung für Mecklenburg die böhmische Krone an, obwohl er sie gar nicht besaß. Auch Gesandte von Kardinal Richelieu (1585 – 1642, der bedeutendste französische Staatsmann jener Zeit) sollen ähnliche Angebote gemacht haben. An den Höfen in Wien, München und Madrid geriet man in große Unruhe, als diese Bestechungsversuche laut wurden. Das ohnehin geringe Vertrauen in den mächtigen Feldherrn verwandelte sich immer mehr in ein besorgtes Misstrauen, denn im Grunde trauten die meisten ihm beinahe alles zu. Zudem verhärtete sich der Eindruck, Wallenstein lehne einen endgültigen und klaren Sieg der Katholischen Liga im Grunde ab.

Trotz aller Taktier- und Verhandlungsmaßnahmen machte Wallenstein sich schließlich zu einer letzten größeren militärischen Operation auf. Sein Feldzug gegen die Schweden in

Schlesien gipfelte in der Schlacht bei Steinau an der Oder. Hier traf Wallenstein am 11. Oktober 1633 mit seiner Armee auf ein schwedisches Korps. Der große Feldherr errang nun seinen letzten Sieg auf dem Schlachtfeld und unterwarf dabei auch einen ihm wohlbekannten, mächtigen Gegner: Graf Matthias von Thurn, den einstigen Anführer der böhmischen Aufständischen, der sich als Generalleutnant im schwedischen Heer betätigt und erneut militärisch versagt hatte. Er wurde jetzt bei Steinau an der Oder mit dem von ihm befehligten schwedischen Korps von Wallensteins Truppen eingeschlossen und gefangen genommen. Wallenstein zeigte sich aber generös und entließ Thurn nach einigen halbherzigen politischen Zugeständnissen aus seiner Gefangenschaft. Thurn zog sich daraufhin endgültig aus dem Militär auf sein Gut in Livland zurück. Dort starb er am 28. Januar 1640 und wurde im Dom von Reval beigesetzt. In einer in Schweden brieflich verfassten Rechtfertigung hatte er zuvor das Geschehen des Jahres 1618 dargestellt als eine – so bekannte er – „verantwortungsbewusste Verteidigung des eigenen (protestantischen) Glaubens".

Die Entlassung des Grafen von Thurn aus seiner Gefangenschaft wurde Wallenstein bei Hofe schwer verübelt, denn dort war man der Ansicht, man hätte an dem Anführer des Prager Fenstersturzes ein denkwürdiges Exempel statuieren sollen. Dabei war die Freisetzung von Thurn wohl weniger Wallensteins Milde zuzuschreiben, als vielmehr einem bewussten Kalkül. Viele Orte, die bis dato in fester schlesischer Hand waren, konnten in kaiserlichen Besitz gebracht werden, weil Thurn als Gegenleistung für seine Freilassung dem Kommandanten den Befehl zur Übergabe gegeben hatte. Auf der anderen Seite unternahm Wallenstein aber nichts, um die ihm weit unterlegenen kursächsischen Truppen des Feldmarschalls Arnim zu stellen und zu schlagen. Er schonte sie bewusst, weil er bestimmte Pläne bezüglich einer möglichen Allianz mit den Sachsen verfolgte, die sich jedoch nicht mit denen des Kaisers und seiner Räte deckten.

Während seiner letzten Lebensmonate traf Wallenstein sehr oft Entscheidungen, die weder seine Verbündeten noch seine Gegner nachvollziehen konnten. Trug er sich mit der Hoffnung, dass er mit den Protestanten einen Pakt schließen und König von Böhmen werden konnte? Auch wurde immer öfter der Verdacht laut, dass sein undurchsichtiges Verhalten mit seinen zunehmend schlimmer werdenden Krankheitsschüben zu tun hatte. Dafür sprach die Tatsache, dass die Verhandlungen, die er am liebsten mit allen am Krieg beteiligten Parteien gleichzeitig geführt hätte, merkwürdig substanzlos blieben und zu keinen klaren Übereinkünften führten. Als er sich schließlich überdies noch weigerte, dem bedrängten bayerischen Kurfürsten zu Hilfe zu kommen, verspielte er auf katholischer Seite jedwedes Verständnis und Entgegenkommen.

Ferdinand II. war kein Mann der Tat, aber seine Berater drängten ihn nun mit sicherem Instinkt dazu, zu handeln. Nachdem die Schweden unter Bernhard von Sachsen-Weimar am 16. November 1633 das strategisch bedeutende Regensburg erobert hatten, lastete man dies der Passivität von Wallenstein an. Der Feldherr marschierte nun widerwillig in Richtung Regensburg, gab das Unternehmen aber schließlich am 3. Dezember in Furth an der bayerischen Grenze auf, um sich in die Winterquartiere zurückzuziehen. Kurfürst Maximilian war fassungslos über diese Entscheidung des Friedländers. Der Kaiser sandte Wallenstein den Befehl, unverzüglich gegen die Schweden zu Felde zu ziehen. Der Befehl erreichte Wallenstein in seinem Hauptquartier in Pilsen am 15. Dezember 1633. Er verlas ihn in einer von ihm einberufenen Offiziersversammlung und tat dann seine Ablehnung kund. Daraufhin mussten die Anwesenden die Richtigkeit seines Verhaltens bestätigen. Vordergründig regte sich kaum Widerspruch, aber Wallensteins Feinde betrachteten sein Vorgehen als Aufwiegelung der Armee.

Der durch Wallensteins Verhalten brüskierte bayerische Kurfürst forderte drei Tage später von Kaiser Ferdinand nachdrücklich eine Änderung im Oberbefehl des kaiserlichen Heeres. Der Kaiser sollte nun endlich Handeln und Wallenstein absetzen. Über ein Jahrhundert später schrieb Schiller hierüber:

> „Ein so fortgeführter Trotz, eine so beispiellose Geringschätzung aller kaiserlichen Befehle, eine so vorsätzliche Vernachlässigung des allgemeinen Besten, verbunden mit einem so äußerst zweideutigen Benehmen gegen den Feind, musste endlich den nachteiligen Gerüchten, wovon längst schon ganz Deutschland erfüllt war, Glauben bei dem Kaiser verschaffen." (Schiller 1838, S. 401)

Inzwischen wuchs auch die Unzufriedenheit mit dem Verhalten des Generalissimus in seiner Armee. Man steckte die Köpfe zusammen, es fanden geheime Zusammenkünfte statt und einige höhere Offiziere schrieben im Verborgenen Berichte nach Wien.

Wallenstein wusste schon seit einiger Zeit durch seine Agenten, dass ehrgeizige Offiziere aus seiner nächsten Umgebung ein doppeltes Spiel spielten, war doch der Verkehr von Kurieren zwischen den Garnisonsorten und dem Wiener Hof nur allzu offensichtlich. Der Generalissimus sah sich daher zum Handeln gezwungen und berief für den 12. Januar 1634 einen Kriegsrat in sein Hauptquartier nach Pilsen. Er erklärte ohne große Umschweife, dass er angesichts der bestehenden Lage die Absicht habe, sein Amt als Oberbefehlshaber niederzulegen. Allerdings mache er seine endgültige Entscheidung davon abhängig, ob die Generäle und Obersten in einer offenen Abstimmung für oder gegen seinen Verbleib stimmten. Die Männer waren von dieser Ankündigung überrascht und dachten wohl, dass sie einzig mit einem derart fähigen und erfolgreichen Befehlshaber wie Wallenstein eine finanzielle Absicherung erlangen und Karriere machen könnten. Deshalb wurde der Feldherr bestürmt, er solle im Amt bleiben. Wallenstein erklärte daraufhin, er werde dies nur akzeptieren, wenn seine Heerführer gemeinsam eine gleichlautende Erklärung unterschrieben. Beim so genannten „Ersten Pilsener Schluss" ließ Wallenstein am 13. Januar 1634 schließlich eine Treueerklärung von 49 Generälen und Obersten seiner Armee unterzeichnen.

Als der Kaiser von dem Vertrag erfuhr, deutete er diesen als Verrat am Hause Habsburg und bei Hof gab man ihm hierin Recht. Das Schriftstück wurde so interpretiert, dass Wallenstein seine Offiziere nicht mehr auf den Kaiser, sondern auf seine Person schwören ließ. Ferdinand II. sah seine Befehlsgewalt in Frage gestellt und berief eine Untersuchungskommission ein, bei der die Gegner von Wallenstein in der Überzahl waren. Diese kam, wie zu erwarten, zu dem Ergebnis, dass Wallenstein des Verrats und der Rebellion schuldig sei. Der Kaiser ließ daraufhin ein geheimes Ächtungsdekret gegen Wallenstein und dessen engste Gefolgsleute aufsetzen.

Bereits am 24. Januar 1634 erhielt Generalleutnant Gallas, einer von Gallas wichtigsten Generalen und ein Mann, dem er vertraute, ein geheimes kaiserliches Patent, in welchem Wallenstein für abgesetzt erklärt wurde. Gallas sollte den Befehl über die Truppen übernehmen und weihte einstweilen nur wenige Vertraute in die Sache ein. Mitte Februar begannen sich Zerfallserscheinungen bei der Armee bemerkbar zu machen, da zahlreiche Offiziere mit ihren Regimentern Pilsen heimlich verließen. Außerdem wurde das Proskriptionspatent (Ächtungserklärung) von Kaiser

Ferdinand gegen Wallenstein am 18. Februar an vertrauenswürdige Offiziere ausgegeben. Der Feldherr wurde darin als Hochverräter bezeichnet; man enthob die Offiziere ihrer Gehorsamspflicht gegen ihn und verwies sie an die Generäle Gallas, Aldringen und Piccolomini.

Wallenstein war nicht über alles unterrichtet, was gegen ihn unternommen wurde, war aber alarmiert und handelte rasch. Er ließ die noch anwesenden Offiziere zusammenrufen und zwang sie am 20. Februar zu einem erneuten Soldaritätsbeweis, der als „Zweiter Pilsener Revers" in die Geschichte einging, aber nur noch von 32 hohen Offizieren unterzeichnet wurde. Entgegen dem ersten Dokument büßte dieses zweite jedoch jegliche Verbindlichkeit ein, denn bereits zwei Tage später hatte sich die Situation für den Feldherrn von Grund auf gewandelt: der Kaiser hatte ihn nun ganz offiziell für abgesetzt und geächtet erklärt. Sogleich wurden seine Besitzungen von kaiserlichen Beamten konfisziert. Von den Vorgängen gänzlich überrumpelt verließ Wallenstein am 22. Februar Pilsen in Begleitung weniger Getreuer in einer Pferdesänfte. Zielort war die Garnisonsstadt Eger im Nordwesten Böhmens. Die Stadt war etwas abgelegen und lag in der Nähe der sächsischen Grenze. Wallenstein hoffte darauf, dass ihm der sächsische Feldmarschall Arnim zu Hilfe kommen würde.

In Eger wurden Wallenstein und seine engsten Vertrauten von dem schottischen Stadtkommandanten Gordon, der die militärische Laufbahn beschritten und lange Jahre unter dem Oberbefehl des Friedländers gedient hatte, empfangen und für den Abend des 25. Februar zu einem Festbankett in den Speisesaal des Schlosses eingeladen. Gordon spielte indessen ein doppeltes Spiel, denn er war in das Mordkomplott gegen Wallenstein eingeweiht und bereit, sich an dessen Ausführung zu beteiligen. Während sich Wallenstein im Haus des Stadtkommandanten aufhielt, wurden seine

Vertrauten mit ihren Dienern im Schloss von einer Gruppe Soldaten ermordet. Danach drang eine Gruppe irischer bzw. schottischer Offiziere des Regiments von Walter Butler zu Wallenstein vor und tötete den überraschten Feldherrn mit einer Partisane. Die Anführer des Mordkomplotts – Gordon, Butler und Leslie – hatten Wallensteins Tötung von langer Hand geplant. In seiner bekannten Dramen-Trilogie um den berühmten Feldherrn lässt Schiller den Mörder Deveroux verschwörerisch zu seinem Komplizen sagen: „Komm, Macdonald! Er soll als Feldherr enden / Und ehrlich fallen von Soldatenhänden." (Schiller „Wallensteins Tod", 5. Akt) Der dritte Teil der Wallenstein-Trilogie thematisiert Wallensteins allmählichen Niedergang sowie sein tragisches Ende. Wenngleich der Marbacher Dichter den Stoff künstlerisch verfremdet hat, orientiert sich das Drama doch sehr eng an den realen historischen Ereignissen um den Feldherrn und Kriegsunternehmer. Ein Zeitgenosse von Wallenstein beschrieb dessen Ende in seinen Memoiren mit folgenden Worten:

> „Den 25. Februar ist […] Wallnstein sambt den Grafen Terzky und Kinski in Eger auf keyserlichen Befehl von etlichen Officirern ums Leben gebracht worden, wegen großer entdeckter Verrätherey […]. Ich habe zu Eger das Zimmer, welches 2 Stubenthüren hat, in welchem auch des Wallnsteines Bludt, selber gesehen, in dem es nicht ausgeleschet werden kann, auch die Stiege, wo er als ein Aas mit den Füßen hienunter geschleppet worden. Also ist der vor einer Stunden ein großer Hertzog wahr, iezo der allergeringste und unwürdige Mensch worden. So kann der Herr die Gewaltigen vom Stuhl stoßen."
>
> (Zitiert nach Internet http://text.habsburger.net/module/wallenstein-2013-diagnose-mord)

Kaiser Ferdinand II. hatte die Tage nach der offiziellen Absetzung von Wallenstein in großer Anspannung und – so bekennt er frömmelnd – „[…] in Einsamkeit und Gebet“ verbracht. Als er von der Ermordung des Geächteten erfuhr, war er einerseits erleichtert, andererseits fühlte er sich schuldig. Sein fragwürdiges christliches Gewissen vermochte er indes durch die Anordnung, für den Toten 3.000 Seelenmessen zu lesen, zu beruhigen. Wallensteins Mörder wurden für ihre Tat belohnt, erhielten Standeserhebungen, Auszeichnungen und einen Anteil an seinem Vermögen. Da der Kaiser keinen Sinn für ökonomische Zusammenhänge hatte, ließ er Wallensteins Wirtschaftskomplex, der wohl einer der modernsten und effizientesten Europas war, einfach zerschlagen.

Die Ermordung von Wallenstein war in vielerlei Hinsicht eines der bedeutendsten Ereignisse des Dreißigjährigen Krieges. Sie erregte schon bei den Zeitgenossen große Aufmerksamkeit und führte zu scharfen publizistischen Kontroversen. Besonders die Legitimität des kaiserlichen Vorgehens wurde immer wieder in Frage gestellt. Alle Versuche des Kaisers und seiner Ratgeber, das Verfahren nachträglich juristisch zu rechtfertigen, schienen nicht befriedigend.

Die Verschwörung gegen Wallenstein und die Ereignisse in Eger waren sicherlich eines der dunkelsten Kapitel in der Geschichte der Habsburger. Der bekannte Wallenstein-Experte Diwald schätzt die Bedeutung des friedländischen Feldherrn als außergewöhnlich hoch ein:

> „Mit Wallenstein verschwindet der einzige Staatsmann von Habsburg und des Reiches, der im Dreißigjährigen Krieg etwas zu sagen gehabt hat. Nach ihm gibt es nur noch Soldaten und Generale und was die zu sagen haben, ist unerheblich.“ (Diwald 1969, S. 551)

Mit Sicherheit ist die Hypothese gerechtfertigt, dass Wallensteins Tod den Krieg verlängerte. Das Ende dieses Krieges sollte sich schließlich als eben so dramatisch erweisen, wie es dieser für die europäische, deutsche und tschechische Geschichte so bedeutende Mann vorausgesehen hatte.

Rückblickend betrachtet stellt Wallensteins Tod innerhalb des Dreißigjährigen Krieges gewissermaßen eine Zäsur dar und beendete dessen erste Hälfte. Mit Tilly, Gustav Adolf und Wallenstein waren die wohl bedeutendsten Feldherren dieser Epoche gestorben. Doch der blutige Konflikt dauerte noch 14 weitere Jahre an und forderte sehr wahrscheinlich mehr Opfer und bescherte den Überlebenden mehr Schrecken, als die erste Hälfte dieser abendländischen Tragödie.

Wallensteins Ermordung hatte eine schwer zu schließende Lücke hinterlassen, denn kaum ein katholischer Heerführer konnte auch nur ansatzweise das militärische Genie des Friedländers ersetzen. Ferdinand II. betraute seinen Sohn Erzherzog Ferdinand – den späteren Ferdinand III. – am 2. Mai 1634 mit dem Oberbefehl über die kaiserlichen Truppen. Ihm zur Seite wurden die Generäle Gallas und Piccolomini gestellt. Der neue Oberbefehlshaber erwies sich als einer der wenigen Habsburger der Geschichte, die über militärisches Talent verfügten. In kürzester Zeit eroberte er Donauwörth und Regensburg von den Schweden zurück. Der Kaiser war sehr stolz, als er erfuhr, dass ein Heer unter dem Kommando seines Sohnes Regensburg befreit hatte. Doch nun musste es zwangsläufig zu einem großen Schlagabtausch kommen.

Kurfürst Maximilian von Bayern hatte nach dem Tod von Tilly und in der Zeit der schwedischen Besetzung großer Teile Bayerns und der damit einhergehenden weitgehenden Machtlosigkeit alles getan, um wenigstens die noch verbliebene bayerische Armee zusammenzuhalten. Nun konnte er mit den ihm zur Verfügung stehenden Truppen und der Unterstützung kaiserlicher Einheiten große Teile

Bayerns aus eigener Kraft von den Schweden befreien. Doch das Land hatte schwer gelitten und das Schicksal wollte es, dass Bayern noch viele Kriegswirren zu erleiden hatte, die von fremder Besetzung verbunden mit großen Zerstörungen und Bevölkerungsverlusten geprägt waren.

Unterdessen erlebte der kaiserliche General Hieronymus Colloredo, der unter Wallenstein gedient hatte und nun ein selbständiges Kommando führte, bei Liegnitz gegen die Kursachsen ein militärisches Fiasko. Am 13. Mai 1634 griff die Armee des Kurfürsten von Sachsen unter dem Kommando von General von Armin die kaiserlichen Truppen bei Liegnitz an. Das kaiserliche Heer versuchte zunächst, die Sachsen mit einer Kavallerieattacke aufzuhalten, was sich aber nicht als erfolgreich erwies. Das darauf folgende Artillerie-Duell ermöglichte es den Sachsen, sich in Schlachtordnung aufzustellen. Durch die Angriffe ihrer Gegner von der Seite und im Zentrum geriet danach bald die kaiserliche Front ins Wanken und einige Regimenter begannen, sich abzusetzen. Colloredo konnte durch einen Kavallerieangriff die Sachsen etwas zurückdrängen, aber ein erneuter Angriff der Truppen Arnims führte schließlich zum Zusammenbruch des kaiserlichen Heers. Nach dreistündigem Kampf waren die Sachsen die Herren des Schlachtfeldes und die Truppen des Kaisers hatten 4.000 Tote und Verwundete sowie 1.400 Gefangene zu beklagen, hinzu kam der Verlust vieler Fahnen und großer Teile ihrer Artillerie. Colloredo wurde später von einem Kriegsgericht zu einer Haftstrafe verurteilt, jedoch bald wieder in Dienst genommen – eine Entscheidung, die sich als fatal erweisen sollte, denn er verursachte weitere militärische Desaster. Er starb schließlich an einer Verwundung, die er sich in der Schlacht bei Saint-Omer zugezogen hatte. Feldherren wie Colloredo verdeutlichen, wie sehr dem Kaiser im weiteren Kriegsverlauf ein Feldherr wie Wallenstein fehlen sollte.

Doch der Krieg ging unbarmherzig weiter und bescherte der katholischen Seite am Ende doch noch einen nicht für möglich gehaltenen, großen Triumph.

Die Schlacht bei Nördlingen war eine der wichtigsten Schlachten des Dreißigjährigen Krieges. Am 6. September 1634 trafen Ferdinands Truppen, die sich mit einer sehr disziplinierten und gut ausgebildeten spanischen Armee unter dem Kardinalinfanten verbunden hatten, auf das schwedische Feldheer unter dem Kommando der beiden Feldherren Bernhard von Sachsen-Weimar und Gustav Horn. Diese hatten das Bündnis der beiden habsburgischen Armeen nicht verhindern können und mussten sich nun einem überlegenen Gegner stellen. Die beiden habsburgischen Cousins entwarfen einen kühnen Schlachtplan, bei dessen Konzeption sie ihre Generäle nicht um Rat fragten. Zugleich waren die beiden Kommandeure des von Seuchen geplagten schwedischen Heeres aber uneins und eifersüchtig aufeinander. Nach dem Verlust von Regensburg durften sie es nicht zulassen, auch noch Nördlingen zu verlieren und mussten in jedem Fall kämpfen.

Die habsburgische Armee bestand aus mehr als 20.000 Fußsoldaten und 13.000 Kavalleristen. Die beiden schwedischen Feldherren kommandierten 16.000 Infanteristen und 9.000 Reiter und waren auch hinsichtlich der Ausrüstung unterlegen. Da sie kaum Aufklärung betrieben hatten, waren sich die Schweden über die Stärke ihrer Gegner zudem nicht im Klaren. Die Schweden begannen bereits in der Nacht zum 6. September 1634 mit den Vorbereitungen zur Schlacht, die jedoch äußerst chaotisch verliefen, da sich die beiden Feldherren gegenseitig behinderten. Beim kaiserlichen Heer herrschte zwischen den beiden habsburgischen Erzherzögen große Einigkeit und die Zusammenarbeit funktionierte während der gesamten Schlacht gut. Nachdem die Kampfhandlungen in den Morgenstunden begonnen hatten, unternahmen zunächst die unter dem Kommando von Horn stehenden Schweden innerhalb von sieben Stunden 15 erfolglose Angriffe und hatten so bis zur Mittagszeit alle Energie verloren. Horn entschloss sich deshalb, sich mit seinen Truppen hinter die Linien von Bernhard von Sachsen-Weimar zurückzuziehen, um sich dort zu verschanzen.

Das kaiserliche Heer und seine spanischen Verbündeten packten die Gelegenheit beim Schopf und griffen die feindlichen Stellungen von Bernhard von Sachsen-Weimar stürmisch an. Obwohl dieser versuchte, die Front zum Stehen zu bringen, wandten sich seine Truppen zur Flucht und prallten mit den im Rückzug begriffenen Einheiten von Horn zusammen. Der Sieg der habsburgischen Truppen war vernichtend. Auch wenn die Zahlenangaben der kaiserlichen Truppen, die von 17.000 getöteten Schweden und 4.000 Gefangenen berichteten, wohl stark übertrieben waren, war das schwedische Heer, dessen Überlebende sich einige Zeit später in Heilbronn versammelten, für längere Zeit kein ernsthafter Gegner mehr. Überdies war Feldmarschall Horn in Gefangenschaft geraten. Neben der schwedischen Armee flohen auch viele tausend Protestanten vor den siegreichen katholischen Truppen und es wurden zahlreiche Tote durch Pest, Hunger und Erschöpfung gefordert. Jedoch konnte der habsburgische Erfolg nicht gänzlich ausgenutzt werden, da die spanischen Truppen bald danach zum Kampf in die Niederlande geschickt wurden.

Wenn man den Hergang des Geschehens betrachtet, so könnte man meinen, dass die Schlacht bei Nördlingen für die Schweden vielfach dramatischer gewesen sei, als es die Schlacht bei Breitenfeld für das kaiserliche Heer war. Fest steht, dass sie In jedem Fall für die Verfechter des protestantischen Glaubens verhängnisvoll und kriegsverlängernd war. Militärisch gesehen bedeutete sie eine dramatische Schwächung des Ansehens der schwedischen

Armee und zugleich einen der letzten bedeutenden Erfolge der spanischen Truppen. Jedoch brachte das Ergebnis der Schlacht noch lange nicht den ersehnten Frieden. Spaniens Situation sollte sich in der Folge drastisch verschlechtern und das Land als einstmals machtvoller Verbündeter des Kaisers immer unbedeutender werden. Der spanische Hof war längst bankrott, es gab Aufstände in Portugal und Katalonien und die Schlagkraft der spanischen Armee ging immer mehr zurück. Besonders schlimm wirkte sich im weiteren Verlauf der Verlust der spanischen Hilfsgelder für den Kaiser aus, da er ohne diese die Truppen nicht ausreichend besolden konnte – ein Notstand, unter dem wiederum die Bürger sowohl der verbündeten als auch der verfeindeten Länder zu leiden hatten, denn die Soldaten bereicherten sich hemmungslos an ihren ohnehin kaum vorhandenen Gütern. Dies war jedoch eine Entwicklung, deren Dramatik zu jenem Zeitpunkt noch nicht absehbar war.

Ferdinands Sieg führte indes nicht nur zur Vertreibung der Schweden aus Süddeutschland, sondern verschaffte ihm auch einen größeren politischen Einfluss, der sich nach dem Sturz des führenden kaiserlichen Ministers Hans Ulrich von Eggenberg noch verstärkte. Ferdinand beschäftigte sich auch in der Zeit nach der Übergabe des Oberbefehls an seinen Bruder Erzherzog Leopold Wilhelm weiterhin intensiv mit Militärfragen. Der später Berühmtheit erlangende Feldherr Raimondo Montecuccoli widmete ihm deshalb auch eines seiner militärtheoretischen Werke. 1635 betätigte sich Ferdinand als kaiserlicher Kommissar bei den Verhandlungen zum Prager Frieden. In Verhandlungen mit den Kurfürsten bemühte er sich, diese zu einer gemeinsamen Kriegsführung zu überreden. Auch versuchte er, die noch skeptischen protestantischen Stände von der Notwendigkeit eines Beitritts zum Friedensvertrag zu überzeugen.

Kurfürst Georg Wilhelm von Brandenburg wechselte nach der schwedischen Niederlage rasch wieder ins kaiserliche Lager über und wurde dafür von den Schweden mit der Verwüstung seines Landes bestraft. Der erst im Entstehen begriffene brandenburgisch-preußische Staat hatte seinen Tiefpunkt erreicht. Auch der sächsische Kurfürst, der durch seinen Feldherrn von Arnim Gespräche und Bündnisverhandlungen mit Wallenstein geführt hatte, vollzog nach der schwedischen Katastrophe von Nördlingen wieder den Schulterschluss mit dem Kaiser. Obwohl er nun gemeinsam mit dem kaiserlichen Heer gegen die Schweden und ihre Verbündeten in den Kampf zog, konnte er dadurch nicht verhindern, dass die Bevölkerung seines Territoriums weiterhin heftig unter den Angriffen sowohl der Bündnispartner als auch der Gegner zu leiden hatte. Einzig Sachsen profitierte durch den Zuzug einiger Protestanten, die noch immer aus den kaiserlichen Gebieten verjagt wurden.

Der Prager Frieden vom 30. Mai 1635 schien ein großer Durchbruch zu sein und den Weg aus den andauernden Wirren des endlosen Krieges zu weisen. Der zwischen dem Kaiser und Kursachsen geschlossene Friede wurde nach und nach von allen Reichsfürsten ratifiziert, nur Herzog Bernhard von Sachsen-Weimar und der Landgraf von Hessen-Kassel verweigerten die Unterschrift. Es konnte jedoch zu keinem überall geltenden Frieden kommen, der dem Krieg ein definitives Ende gesetzt hätte, weil die Schweden weiterhin gegen die kaiserlichen Truppen kämpften. Dennoch war der Prager Friede ein Vorreiter des Westfälischen Friedens, bei dem auch später viele Bestimmungen des ersteren übernommen wurden. Kaiser Ferdinand II. war über den Vertrag alles andere als begeistert, denn er musste nun offiziell auf das privilegierte Restitutionsedikt verzichten. Von den meisten anderen Parteien wurde der Friedensvertrag hingegen sehr positiv bewertet. Durch ihn hatten die Schweden bei dem

Großteil der protestantischen Stände ihren Rückhalt verloren. Zudem war für Ferdinand II. der Weg zur Wahl seines Sohnes als seinem Nachfolger geebnet.

Die Kernpunkte des Friedensvertrages lauteten wie folgt:

- Straferlass für alle am Krieg beteiligten Parteien, ausgenommen der Böhmen im Exil und der Familie des „Winterkönigs".
- Die Besitzstände der Vertragspartner auf katholischer und protestantischer Seite sollten für die Dauer von 40 Jahren auf dem im Jahr 1627 erlassenen Stand bleiben. Der Kaiser sollte innerhalb dieses Zeitraums auf das Restitutionsedikt verzichten.
- Bayern erhielt die Oberpfalz und die Kurwürde. Sachsen erhielt die Lausitz und Magdeburg.
- Der Calvinismus blieb weiterhin von jeder religiösen Toleranz ausgeschlossen.
- Das aufgewertete Reichskammergericht als wichtiges Friedensinstrument war von Katholiken und Protestanten zu gleichen Teilen zu besetzen.
- Alle Sonderbündnisse deutscher Fürsten sollten zukünftig für ungesetzlich erklärt werden.
- Der Kaiser erhielt den Oberbefehl über die Reichsarmee zum gemeinsamen Kampf gegen ausländische Armeen im Reichsgebiet.

Die militärischen Eroberungen der katholischen Seite konnten sich zu jener Zeit sehen lassen: Nachdem bereits Göppingen, Heilbronn und Waiblingen gefallen waren, zog Ferdinand III. am 20. September 1635 in Stuttgart ein und erklärte, dass nun ganz Württemberg dem Kaiser unterstellt sei. Währenddessen nahmen die Spanier und General Piccolomini Rothenburg und Aschaffenburg ein. Die Schweden waren nun bis an die französische Grenze zurückgedrängt und konnten nicht verhindern, dass die kaiserlichen Truppen auch Nürnberg, Ulm, Frankfurt am Main, Heidelberg und Worms in ihren Besitz brachten.

Frankreichs Galionsfigur, der Kardinal Richelieu, war über diese Entwicklung nicht erfreut und befürchtete, dass der Krieg durch einen eventuellen Friedensschluss des Reiches mit den Schweden für den Kaiser vorteilhaft ausgehen könnte. Deshalb entschloss man sich in Paris zum militärischen Eindringen in das Reichsgebiet. Die nun einsetzenden Kriegszüge und Kämpfe sollten ganze 13 Jahre andauern und wurden später als der „Französisch-Schwedische-Krieg" bezeichnet. Es kam zu einer Vielzahl an Schlachten, die zahlreiche Opfer forderten und großes Leid über die Bevölkerung brachten, jedoch keine wirkliche Entscheidung.

Richelieu, der in Frankreich die Hugenotten rücksichtslos unterdrückte und bei der Belagerung von La Rochelle beinahe alle Einwohner der Stadt verhungern ließ, wurde nun zum wichtigsten militärischen Verbündeten und Nothelfer der protestantischen deutschen Reichsfürsten und der Schweden. Zuvor hatte er durch finanzielle Unterstützungen und geschickte diplomatische Schachzüge auf den Krieg Einfluss genommen. Als Grund für die Kriegserklärung an die spanischen Habsburger diente Richelieu die Gefangennahme des mit Frankreich verbündeten Erzbischofs von Trier durch die spanischen Truppen. Als am 19. Mai 1635 die Kriegserklärung an Spanien überreicht wurde, galt diese zugleich für den Kaiser in Wien. Da Frankreich zu Beginn einen Mehrfrontenkrieg gegen die beiden habsburgischen Machtbereiche führen musste und über keine sehr große Armee verfügte, schien es für dieses Wagnis schwer bezahlen zu müssen. 1636 drangen habsburgische Truppen beinahe bis Paris vor, doch konnten die Franzosen unter der Führung von König Ludwig XIII. mit der Hilfe von Bernhard von Sachsen-Weimar die Invasion aufhalten. Die damaligen Ereignisse weisen gewisse Parallelen zu dem „Wunder an der Marne“ von 1914 auf, da auch hier durch einen unerwarteten Sieg der „Erbfeind“ aufgehalten wurde. Matthias Gallas, der als Feldzeugmeister unter Wallenstein einer seiner wichtigsten Unterfeldherren gewesen war, hatte durch den Verrat an dem Friedländer einen unverdienten Aufstieg erfahren. Zunächst zum Generalleutnant der kaiserlichen Armee ernannt, erhielt er nach der Ermordung Wallensteins dessen Herzogtum Friedland und erfreute sich bei Hof allgemeiner Beliebtheit. Man sagte ihm auch nach, dass der Sieg bei Nördlingen in erster Linie ihm zu verdanken gewesen sei. Nun führte er nach dem Prager Frieden eine stattliche Armee von 20.000 Mann nach Lothringen, die jedoch sehr schnell mit gravierenden Krankheiten zu kämpfen hatte. Ein eminenter Verpflegungsmangel und zahlreiche Seuchen lichteten die Reihen der kaiserlichen Krieger in einem selbst für den Dreißigjährigen Krieg ungewohnten Ausmaß und so wurde das Unternehmen zu einem großen militärischen Desaster und schadete den Verfechtern des katholischen Glaubens erheblich.

Immerhin gelang es Gallas 1635 die westpfälzische Stadt Zweibrücken einzunehmen. Gemeinsam mit den Sachsen eroberte das kaiserliche Heer im Sommer 1636 nach längerer Belagerung die schwer geprüfte Stadt Magdeburg, während die Schweden unter Feldmarschall Johan Baner nördlich davon bei Werben positioniert waren, aufgrund ihrer zahlenmäßigen Unterlegenheit jedoch nicht eingriffen. Die Revanche ließ indes nicht lange auf sich warten.

Eine der bedeutendsten Schlachten jener Zeit war die Schlacht bei Wittstock am 4. Oktober 1636. Die kaiserlich-sächsische Armee wurde von Feldmarschall Melchior von Hatzfeld und dem Kurfürsten von Sachsen gemeinsam befehligt. Beide waren taktisch äußerst unbeholfen, denn sie vermochten die Vorteile, die sich aus einer größeren

Truppenstärke sowie Positionsvorteilen ergaben, nicht auszunutzen. Baner konnte hingegen durch ein geschicktes Manöver mit seiner Armee beide Flügel seiner Gegner umgehen. Obwohl der Flankenangriff zunächst erfolgreich war, entschied sich die Schlacht wegen des schwachen schwedischen Zentrums erst nach einigen Stunden zu ihren Gunsten. Erst, als das kaiserliche Heer von hinten angriff und die sächsischen Verbündeten auf den Plan traten, gaben die kaiserlichen Truppen den Kampf auf und traten einen überhasteten Rückzug an, der schließlich in einer vollständigen Auflösung der Truppen gipfelte. Die Schweden holten daraufhin zum letzten Schlag aus, erbeuteten zahlreiche Kanonen und die sächsische Kriegskasse und nahmen viele Soldaten in Gefangenschaft. Die Schlacht wurde folglich ein Fiasko für die Verbündeten und sicherte den Schweden für einige Zeit die Überlegenheit.

Plastisch beschwört der Schriftsteller Johann Jakob Christoffel von Grimmelshausen die unvorstellbaren Schrecken der Schlacht bei Wittstock mit den folgenden Worten herauf:

> „Das greuliche Schießen, das Gekläpper der Harnische, das Krachen der Piken und das Geschrei beides, der Verwundeten und der Angreifenden, machten neben den Trompeten, Trommeln und Pfeifen eine erschröckliche Musik. Man sah nichts als einen dicken Rauch und Staub, welcher schien, als wolle er die Abscheulichkeit der Verwundeten und Toten bedecken. In demselbigen hörte man ein jämmerliches Wehklagen der Sterbenden und ein lustiges Geschrei derjenigen, die noch voller Mut staken. […] Köpfe lagen dort, welche ihre natürliche Herren verloren hatten, und hingegen Leiber, die ihrer Köpfe mangelten; etliche hatten grausam- und jämmerlicherweise die Eingeweiht heraus, und anderen war der Kopf zerschmettert und das Hirn zerspritzt. […] Da lagen

> abgeschossene Arme, an welchen sich die Finger noch regten, gleichsam als ob sie wieder mit in das Gedränge wollten; hingegen rissen Kerle aus, die noch keinen Tropfen Blut vergossen hatten. Dort lagen abgerissene Schenkel, welche, ob sie wohl mit der Bürde des Körpers entladen, danach viel schwerer geworden waren, als sie zuvor gewesen. Da sah man zerstümmelte Soldaten um Beförderung ihres Tods, hingegen andere um Quartier und Verschonung ihres Lebens bitten. Summa Summarum, das war nichts anderes als ein elender jämmerlicher Anblick." (Grimmelshausen 2009, S. 205 f)

Auch wenn der auf diese Schlacht folgende Vorstoß der Schweden nach Sachsen abgewehrt wurde, hatten sie doch den norddeutschen Kriegsschauplatz fest in ihrer Hand. Nachdem 1637 der Herzog Pommerns ohne wirklichen Nachfolger starb, übergingen die Schweden unter ihrem Kanzler Oxenstierna die von Brandenburg geltend gemachten Ansprüche und vereinnahmten das Herzogtum. Im Jahr 1640 musste auch der junge Kurfürst Friedrich von Brandenburg, der später als der Große Kurfürst in die Geschichte einging, bei seinem Machtantritt die Präsenz der Schweden in seinem Land erdulden und erhielt von ihnen lediglich eine vage Neutralitätszusage. Allerdings gelang es dem neuen Herrscher Brandenburgs in der Folgezeit durch geschicktes Taktieren sein schwer in Mitleidenschaft gezogenes Territorium vor den Auswüchsen der letzten Kriegsphase zu schützen und durch kluge Entscheidungen den Grundstein für dessen späteren Aufstieg zu legen.

Ferdinand II., der wohl fühlte, dass seine Tage zu Ende gingen, hatte am 22. Dezember 1636 aus einer überlegenen Position heraus die Nachfolgefrage im Reich in seinem Sinne regeln können. Sein Sohn Ferdinand III. wurde auf dem Reichstag zum Römischen König gewählt. Das war der letzte politisch wichtige Akt im Leben des Kaisers. Er hatte zuletzt Skrupel, weil er das Restitutionsedikt, das er als sein wesentlichstes Lebenswerk betrachtete, annulliert hatte. Er soll sogar daran gedacht haben, den König von Frankreich durch die Schenkung des Elsass dazu zu bewegen, sich militärisch neutral zu verhalten. Sein Sohn war von dieser Idee entsetzt und verhinderte das Vorhaben. Es hat Ferdinand II. stets in erschreckender Weise an Vorstellungskraft und Einfühlungsvermögen gemangelt, sich auszumalen, welche Folgen Mord, Hunger, Brandschatzung, Folter, Verwundungen und Verstümmelungen für die Menschen ganzer Regionen hatten. In seiner engen Vorstellungswelt war es ungleich schlimmer, wenn „protestantische Ketzer" ein Marienbild entehrten, als wenn das einfache Volk ohne Rücksicht auf Alter und Geschlecht in seinen Häusern lebendig verbrannt wurde.

Sein eigenes Ende vorausahnend sagte der Kaiser:

> „Mit der Ehre und Pracht von Kaisern und Königen ist es wie bei einem Schauspiel. Ich finde keinen Unterschied zwischen den Theaterkönigen und den wirklichen, nur, dass die einen Stunden und die anderen Jahre regieren. Die Ehrenbezeigungen dauern bei beiden nur so lange sie auf der Bühne stehen. Nach ihrem Tode sind sie vergessen wie alles andere." (Knappich 1969, S. 158)

Der alte Kaiser vergaß dabei jedoch, dass Theaterkönige noch niemals Millionen Menschen den Tod gebracht hatten, weil sie in fanatischer Verblendung eine religiöse Idee verfolgten.

Kaiser Ferdinand II. starb am 15. Februar 1637 und es gab nicht viele Menschen, die dies aufrichtig betrübte. Der kleine gedrungene Mann mit dem hässlichen Gesicht, einem leichten Buckel und permanenten Rückenproblemen hatte einen großen Teil des Tages mit Frömmigkeitsübungen verbracht und sich von seinen Beichtvätern oftmals mehr beeinflussen lassen, als von seinen politischen Ratgebern. Wenn er auch im persönlichen Umgang mit seiner unmittelbaren Umgebung als gutmütig, heiter und freundlich galt, so war er in religiöser und politischer Hinsicht ein unbelehrbarer Dogmatiker und rücksichtslos in der Verfolgung Andersdenkender. Er hatte diesen schrecklichen Konflikt zwischen Katholiken und Protestanten provoziert und wenn es im Dreißigjährigen Krieg einen „Hauptkriegsverbrecher" gab, dann war dies sicher Kaiser Ferdinand II.

Sein Nachfolger hatte ein schweres Erbe zu tragen und konnte sich militärische kaum aus der Verteidigerposition befreien. Über Ferdinand III. urteilte ein Historiker später: „Er war zu klug, um glücklich, aber nicht klug genug, um erfolgreich zu sein." Ferdinand III. war ruhig, schwermütig und sehr nachdenklich, galt als würdevoller und weniger bigott als sein Vater, den er möglicherweise auch an Intelligenz übertraf, doch wurden ihm seine übertriebene Sparsamkeit und sein mangelnder Glaube an seine historische Mission negativ ausgelegt. Dennoch war Ferdinand III. weit weniger dogmatisch und auch realistischer als sein Vater, auch wenn ihm dessen Glück fehlte.

Jedoch zeigte auch er nicht die geringste Bereitschaft zu religiöser Toleranz und betrieb eine übertriebene Form der Marienverehrung. Für ihn war Maria die Schutzherrin von Österreich, die ihn in seinem Glaubenskampf niemals verlassen würde. Um sich der Gunst und Gnade der Gottesmutter zu versichern, veranstaltete Ferdinand III. eine Vielzahl von Bittprozessionen und Wallfahren. Besonders nahe stand dem Kaiser sein Bruder Erzherzog Leopold Wilhelm, der mehrere Bistümer erhielt, obwohl er nie geweiht worden war. Dieser Bruder war ein großer Kunstsammler und wurde später auch mit verschiedenen administrativen und militärischen Ämtern betraut. Er erwies sich als militärisch nicht völlig unbegabt, war jedoch kein überragendes Feldherren-Genie und bekam vom Schicksal nur selten die besten Karten zugespielt. Somit hielten sich seine Erfolge und Niederlagen letztlich die Waage, was nicht ausreichte, um das Blatt zugunsten der Habsburger zu wenden.

Der neue Kaiser blieb der von seinem Vater begründeten, fragwürdigen Tradition der fortwährenden Neugründung von Klöstern treu, was zur Konsequenz hatte, dass allein in den Vorstädten von Wien dreißig Klöster ins Leben gerufen wurden. Das Hauptanliegen von Ferdinand III. bestand darin, das von seinem Vater Erreichte zu verteidigen und zu bewahren, was ihm jedoch nur sehr bedingt gelingen sollte. Als ein Hauptproblem in Bezug auf die Fortführung der Kriegshandlungen sah er die sinkende Moral innerhalb der Armee an, sowie den Umstand, dass kein Heerführer mit herausragenden militärischen Qualitäten mehr zur Verfügung stand. Außerdem war ihm nur zu bewusst, dass die hohen Steuern die Bevölkerung stark belasteten. Dennoch gelang es ihm nicht, fruchtbare Maßnahmen zur Beseitigung dieser Probleme zu entwickeln. Darüber hinaus gab es kaum ein Gebiet, auf dem er bereit gewesen wäre, Zugeständnisse zu machen, ein Charakterzug, der sich auf den Verlauf der Friedensverhandlungen in Münster und Osnabrück als äußerst nachteilig auswirken sollte.

Der Mangel an fähigen Heerführern nach der Ermordung von Wallenstein lastete auf der kaiserlichen Kriegführung wie ein Fluch. Während den Schweden eine Vielzahl begabter Heerführer zur Verfügung standen, was ihnen besonders in der Endphase des Krieges zugute kam, lagen die Qualitäten der beiden fähigsten Kommandeure auf kaiserlicher Seite – dem Erzherzog Leopold Wilhelm und Ottavio Piccolomini – nur im Durchschnitt. Der lange Zeit favorisierte Matthias Gallas erwies sich als derart erfolglos, dass man ihm den Spitznamen „der Heeresverderber" gab.

Der kaiserliche Feldherr Gallas, der unter einem massiven Alkoholproblem litt, konnte 1637 bei seinem Vordringen nach Pommern gegen die schwedischen Heerführer Banér und Wrangel gewisse Erfolge erzielen und Usedom und Wolgast besetzen. Doch wurde unter seinem Kommando sein Heer zunehmend aufgerieben und 1638 musste er sich mit den noch verbliebenen Soldaten aus seiner Armee fluchtartig nach Böhmen zurückziehen. Daraufhin erkannte auch Ferdinand III., dass sein Feldherr nicht mehr tragfähig war und entzog ihm das Kommando. Erstaunlicherweise hatte Gallas ungeachtet seiner militärischen Inkompetenz während seiner Zeit als Heerführer eine beachtliche Anzahl an Titeln erhalten, darunter den Titel eines „Herzogs von Lucera" und des „Granden von Spanien".

Auch im Südwesten des Reiches konnten die Verfechter des katholischen Glaubens keine großen Erfolge zu verzeichnen. Herzog Bernhard von Sachsen-Weimar hatte nach seiner Vertreibung aus dem Reich in Frankreich Unterstützung gefunden und im Vertrag von Saint-Germain-en-Laye im Oktober 1635 hohe Subsidiengelder für die Fortführung des Krieges erhalten. Wie von französischer Seite gewünscht, drang Bernhard 1637 in Hochburgund ein und bekämpfte den kaiserlichen General Federigo Savelli. Der Herzog nahm mehrere wichtige Orte ein und brachte am 24. Juni 1637 Herzog Karl von Lothringen zwischen Gray und Besancon eine Niederlage bei. Dann zog er mit seinen Truppen bei Rheinau über den Rhein und verschanzte sich auf einer Flussinsel beim Dorf Wittenweier. Dort wurde er von einem katholischen Heer unter Johann von Werth attackiert und musste sich nach heftigen Kämpfen wieder zurückziehen.

Richelieu ließ seinem Verbündeten daraufhin Unterstützung zukommen und sicherte dem Herzog die Landgrafschaft Elsass zu. Im Januar 1638 brach Bernhard schließlich zu einer erneuten Kampagne auf und es gelang ihm, durch wagemutige und geschickte Manöver über den Rhein zu setzen und Säckingen, Laufenberg und einige andere Orte einzunehmen. In der Folge kam es zur Belagerung der für die eigene Machtposition bedeutenden Stadt Rheinfelden. Die Stadt wurde von allen Seiten angegriffen und unter Beschuss genommen und es spielten sich erbittert geführte Kämpfe an den Stadtmauern ab. Doch bevor Rheinfelden fallen konnte, rückte ein kaiserlich-bayerisches Heer zu seiner Rettung heran. Feldzeugmeister Savelli und Reitergeneral Johann von Werth griffen am 28. Februar 1638 die Stellungen der Protestanten an. Nachdem auch Bernhard von Weimar und sein General Taupadell in Gefangenschaft gerieten, schien die Schlacht nach einiger Zeit eindeutig zu Gunsten des kaiserlichen Heeres entschieden. Doch den beiden Männern gelang die Flucht und sie übernahmen erneut das Kommando ihrer Truppen. Die Schlacht wurde eisern weitergeführt und lange Zeit schien kein Sieger festzustehen. Schließlich vermochten die kaiserlichen Truppen mit Hilfe der Garnison von Rheinfelden die Protestanten zu verdrängen, ohne sie jedoch vernichten zu können. Herzog Bernhard zog sich vorerst zurück, begann aber am darauf folgenden Tag eine Gegenoffensive, eroberte eine Schutzwehr des Gegners und nahm viele gegnerische Soldaten in Gefangenschaft.

Am 3. März 1638 wurde die Schlacht um Rheinfelden nach einem geschickten, von den Gegnern unbemerkt gebliebenen Aufmarsch von Bernhards Truppen fortgesetzt. Vom Sieg der Schlacht bereits überzeugt, wurde das kaiserliche Heer von diesem Angriff vollkommen überrumpelt und konnte nicht mehr rechtzeitig Gefechtsposition beziehen.

Durch den geschickten Einsatz ihrer Artillerie fügten die Protestanten ihren Gegnern schwere Verluste zu, noch ehe es zum Nahkampf kam. Als schließlich die kaiserliche Verteidigung völlig zusammenbrach, gerieten Savelli und Johann von Werth nebst einigen anderen hohen Offizieren in Gefangenschaft. Insgesamt nahmen die Soldaten des Herzogs am Ende dieser zweiten Schlacht mehr als 3.000 Soldaten der kaiserlichen Armee gefangen. Die Protestanten feierten später auf dem Schlachtfeld einen Dankgottesdienst und forderten den kaiserlichen Kommandanten von Rheinfelden zur Übergabe auf. Die Belagerten waren schließlich gezwungen, ihre Kapitulation zu erklären, was zur Gefangennahme weiterer 1.600 kaiserlicher Soldaten führte.

Der Verlust so vieler erfahrener Soldaten und bedeutender Truppenführer wie Johann von Werth und Savelli war ein weiterer Tiefschlag für die Kriegführung des Kaisers. Einige der gefangenen Söldner traten darüber hinaus in die Dienste ihrer einstigen Gegner, was deren Schlagkraft weiter erhöhte. Bernhard von Sachsen-Weimar setzte seinen erfolgreichen Feldzug fort und eroberte weitere Gebiete und bedeutende Orte. Die Stadt Freiburg im Breisgau fiel am 12. April 1638 in seine Hände und ab Juni kam es zur Belagerung von Breisach. Diese Festung war für die habsburgische Kriegsführung sehr wichtig, denn sie kontrollierte die Nachschubwege. Herzog Bernhard hatte für sein Unternehmen Unterstützung durch den französischen General Turenne erhalten. Bald nach Beginn der Belagerung explodierte ein Pulvermagazin und richtete unter den Soldaten verheerende Verwüstungen an. Eine kaiserliche Hilfsarmee unter Johann von Götzen wurde nach anfänglichen Erfolgen zurückgeschlagen. Nach langer Belagerung kapitulierte die kaiserliche Besatzung von Breisach schließlich am 17. Dezember 1638. Nur 150 der 4.000 Bewohner der Stadt hatten die Pest und den Hunger überlebt, während die überlebenden kaiserlichen Truppen von den Besiegten die Erlaubnis erhielten, nach Straßburg abzuziehen. In der Folge ließ der militärische Druck auf das Reichsgebiet durch die Franzosen für einige Zeit etwas nach, da Richelieu mit Aufständen in der Normandie konfrontiert wurde, die er nur mühsam niederschlagen konnte.

Der schwedische General Johan Banér, der zuvor die Belagerung der Stadt Freiberg abbrechen musste, stand am 14. April 1639 einer Belagerung von vereinten kaiserlichen und kursächsischen Truppen gegenüber, die in der Schlacht bei Chemnitz gipfelte. Der Kaiser hatte aus schwer nachvollziehbaren Gründen wieder auf den unfähigen Gallas zurückgegriffen und dieser bescherte ihm nun eine erneute Niederlage. Gallas hatte versucht, sich vor den zahlenmäßig überlegenen Schweden zurückzuziehen, dabei wurde jedoch ihre Nachhut gestellt und geschlagen. Nachdem die kaiserlichen Truppen und ihre Verbündeten den ersten Angriffen noch standgehalten hatten, gerieten sie rasch in Bedrängnis. Zuerst brach der linke Flügel unter starken schwedischen Reiterangriffen auseinander, dann wurde auch der rechte Flügel von Gallas Armee attackiert. Die dort stehenden Einheiten hielten nicht lange stand und ergriffen die Flucht. Die Schlacht entwickelte sich auf diese Weise innerhalb kürzester Zeit zu einer vernichtenden Niederlage für das kaiserliche Heer und die Kursachsen. Während sich die Überlebenden von Gallas Truppen in Sicherheit brachten, fielen ihr gesamter Fuhrpark und die Geschütze in die Hände der Schweden. Die Auswirkungen dieser Niederlage waren für die kaiserlichen Truppen fatal, denn nun war den Schweden der Weg nach Böhmen geebnet. Allerdings vergeudete Johan Banér vorerst einige Zeit mit einer erneuten erfolglosen Belagerung der Stadt Freiberg.

Die Schrecken eines nicht endenden Krieges

Krieg

Finster ist die Welt geworden,
darum Dörfer rasch entlohnt!
und die Welt ist grau; - drum rot
färbt sie durch das Morden!

Bauer! Bittest um dein Leben?
Nimm dirs! Aber bei uns bleib!
Herrgott hat dir Ochs und Weib
nur für uns gegeben.

Lass den Teufel Felder pflügen;
sieh, wir haben stets genug!
Vorwärts – einen Werbetrunk
aus den vollen Krügen!

(Rainer Maria Rilke: Sämtliche Werke.
Frankfurt am Main 1955. Bd. 1, S. 51 f)

Während Rainer Maria Rilke die Kriegsschrecken hier aus der Perspektive der einfachen Bevölkerung in den Blick nimmt, die dem Morden, den Plünderungen und Vergewaltigungen der Söldner wehrlos ausgesetzt ist, verdeutlicht der im 17. Jahrhundert lebende schottische Söldnerführer Robert Monro, dass die plündernden und raubenden Soldaten ihrerseits Gefahr liefen, ihr Leben zu verlieren:

> „Ich konnte beobachten, in welches Missgeschick viele tapfere Offiziere und Soldaten geraten, die sich dem Plündern hingeben. Sie raffen eine kleine Beute zusammen, um sie zu verkaufen, und dabei fallen sie gewöhnlich in die Hand ihrer Feinde. Meine Meinung ist: Wenn man schon Plündern und Beutemachen zu allen Zeiten für Soldaten als entschuldbar hält, so gilt das nur bei Beachtung der Umstände." (Zitiert nach Milger 1998, S. 177)

Im Dreißigjährigen Krieg kämpften im Reich mehr als eine Million Soldaten. Die Männer wurden meist von eigens für diesen Zweck eingesetzten Werbetrupps angeworben. Diese marschierten in Begleitung von Trommlern und Pfeifern in einen Ort hinein und nahmen an einem zentralen Platz Aufstellung. Anfangs konnten sich die Werber über mangelnden Zulauf nicht beklagen, es kam wegen des großen Andrangs sogar oft zu Tumulten. Zu Beginn des großen Krieges meldeten sich in der Hauptsache Abenteurer und Glücksritter sowie Männer, die den Einstieg in ein bürgerliches Leben nicht geschafft hatten. Später kamen immer mehr Verzweifelte hinzu, denn viele sahen keinen anderen Ausweg aus dem Elend. Handwerker, Gesellen, Lehrlinge, Knechte und Bauern wechselten von den Ausgeplünderten zu den Plünderern. Obwohl das Soldatenleben gefährlich war, schien vielen die Überlebenschance hier größer als im zivilen Bereich, denn es standen mehr Nahungsmittel zur Verfügung und die Gefahr des Verhungerns war nicht so groß wie bei der zivilen Bevölkerung.

Da die Heere des Dreißigjährigen Krieges mit Ausnahme der Schweden in der Zeit von Gustav Adolf fast ausschließlich aus Söldnern bzw. Landsknechten bestanden, traten oft große Disziplinprobleme auf, die sich im Laufe des Krieges immer mehr verstärkten. Söldnertruppen litten zu beinahe allen Zeiten an mangelnder Disziplin und zeigten eine Neigung zur Meuterei, wenn die Besoldung oder die Versorgung nicht gesichert waren. Zudem war Fahnenflucht – das so genannte „Auseinanderlaufen" – keine Seltenheit. Viele Söldner hatten keinerlei Skrupel, ihren Auftraggeber zu wechseln und gegen ihre ehemaligen Kameraden zu kämpfen. Da sich die Versorgungssituation und die Regelmäßigkeit von Soldzahlungen im Laufe des Krieges besonders auf kaiserlicher Seite sehr verschlechterte, wussten sich die Heerführer oft nur mit drastischen Strafen und der Aussicht auf Beute zu helfen, um ihre Truppen zusammenzuhalten.

Mitunter geschah es auch, dass ganze Teiles eines Heeres gewissermaßen „geschlossen" desertierten und zum Feind überliefen. Dies geschah etwa im Jahr 1643, als sämtliche kroatische Söldner, die im Dienst der kaiserlichen Armee standen, mitten im Gefecht plötzlich Fahnenflucht begingen. Schlimmer war jedoch die Tatsache, dass in den Armeen jener Zeit täglich einige Söldner fahnenflüchtig wurden und mit dem Feind kollaborierten. Manchmal wurden Offiziere, die ihre Leute am Desertieren hindern oder sie zum Bleiben überreden wollten, sogar ermordet. Wie sehr die Desertion einer Armee zusetzen konnte, zeigte bereits die Frühphase des Krieges, als von der katholischen Armee nach der Schlacht am Weißen Berg von 20.000 Mann nach kurzer Zeit lediglich die Hälfte übrig blieb. In den Jahren 1623/1624 verlor Mansfeld in Ostfriesland auf diese Art von 19.000 Mann erschreckende 14.000 und Wallenstein büßte bei seiner Verfolgung von Mansfeld im Jahr 1626 ganze drei Viertel seiner Truppen ein. Zwar muss man hierbei auch die Ausfälle durch Krankheiten und Gewalteinwirkung in Rechnung stellen, aber in den meisten Fällen stellte die Desertion den Hauptgrund für den Mannschaftsschwund dar, besonders wenn dieser in einem sehr kurzen Zeitraum erfolgte. Die meisten der Fahnenflüchtigen flohen nicht vor dem Kriegsdienst als solchen, sondern vor den Lebensumständen innerhalb des jeweiligen Heeres. Waren diese widrig, suchten sie sich nach kurzer Zeit einen anderen Auftraggeber, von dem sie sich mehr versprachen und landeten dann meist in den Armen des Feindes.

Für das Überlaufen spielten oft auch konfessionelle Ursachen eine Rolle, denn viele Söldner kannten in dieser Hinsicht wenig Skrupel. Oft erwies es sich auch als äußerst problematisch, wenn man gefangene Gegner zwangsweise in die eigene Armee eingliederte. Da diese aus der Perspektive der Sieger die „falsche" Religion hatten, waren sie verständlicherweise der unzuverlässigste Teil eines Heeres und man konnte von ihnen keine Loyalität erwarten. Zudem wurden diese Soldaten oft als „Kanonenfutter" und „Kugelfang" missbraucht. Dennoch kämpften bei wachsender Kriegsdauer Protestanten und Katholiken zunehmend Seite an Seite, da der religiöse Hintergrund immer mehr an Bedeutung verlor. Wenn man zum Kriegsdienst verpflichtete Untertanen einsetzte, dann verhielten sich diese meist nicht anders als die Söldner und immer wieder gab es Berichte über Einzel- oder Massendesertionen dieser Bevölkerungsgruppe. Darüber hinaus waren die zwangsverpflichteten Landeskinder militärisch oftmals schlechter ausgebildet und erhielten zudem keinen Sold, was die Motivation nicht verbesserte. Dennoch war der Dreißigjährige Krieg bis zu diesem Zeitpunkt überwiegend ein Krieg freiwilliger Söldner.

Obwohl die große Zeit der selbstbewussten und, gemessen an den Restriktionen des Krieges, vergleichsweise freien Landsknechte bereits vorbei war, erinnerten sich viele Söldner noch an alte Landsknechtsrechte – so etwa eine gewisse Selbstverwaltung und das Recht auf die demokratische Wahl der Offiziere und Chargen. Erfahrene Heerführer mussten manchmal ihr ganzes psychologisches Geschick aufwenden, um diese Bestrebungen unter Kontrolle zu halten. Wenn es sich nicht vermeiden ließ, griffen sie auf drakonische Strafen zurück und viele rebellierende oder flüchtige Söldner wurden auf zum Teil grausame Art getötet, wobei es einem Akt besonderer Gnade gleichkam, wenn sie immerhin um ihr Leben würfeln durften. Durch die große Erbitterung der ländlichen Bevölkerung gegenüber den fremden, aber auch gegenüber den eigenen Kriegsknechten konnte die unerlaubte Entfernung einzelner Söldner oder Gruppen von Söldnern von ihrem Heer auch lebensgefährlich werden. Die drangsalierten Bauern kannten meist keine Gnade, wenn sie die Gelegenheit bekamen, mit ihren ehemaligen Peinigern abzurechnen. Da es damals noch nicht die Art von Uniformen gab, wie wir sie heute kennen und Ausweispapiere leicht gefälscht werden konnten, war das Desertieren trotz allem dennoch viel leichter als in späteren Zeiten der europäischen Militärgeschichte. Interessanterweise gab es auch immer wieder Versuche von Kommandeuren, Söldner beim Gegner abzuwerben, um eigene Verluste zu kompensieren. In der Spätphase des Krieges galt das ungeschriebene Gesetz, dass man entlaufene Kriegsknechte an den Gegner zurückschickte, wenn dieser das Gleiche tat, was verglichen mit der vorherigen Situation immerhin einen gewissen Fortschritt darstellte.

Seit etwa 1570 herrschte in Europa die so genannte „kleine Eiszeit", die – bedingt durch regnerische Sommer und sehr kalte Winter – zu schlechten Ernten und Ernährungsproblemen der stetig wachsenden Bevölkerung führte. Dadurch wurde auch die Abwehrkraft der Menschen geschwächt und Seuchen forderten immer wieder einen hohen Tribut unter der Bevölkerung. Durch den Ausbruch des Dreißigjährigen Krieges wurde die Situation nun verschärft, da in vielen Gebieten an keine geregelte Landwirtschaft mehr zu denken war. Der Hunger wurde für große Teile besonders der mitteleuropäischen Bevölkerung zu einem ständigen Begleiter und die Zahl der Todesfälle durch Krankheiten und Seuchen nahm stetig zu. Viele Quellen (siehe Milger 1998, S. 311 ff) belegen, dass die Menschen in ihrer Verzweiflung sogar Gras und Baumrinde aßen. Besonders in der Spätphase des schrecklichen Krieges mehrten sich auch die Berichte über Kannibalismus. Neben den allgegenwärtigen plündernden Truppen zogen nun auch Banden von Plündernden umher, die aus nicht mehr kriegstauglichen Söldnern, Deserteuren und gewöhnlichen Kriminellen bestanden. Das vielleicht berühmteste Bild aus der Zeit des Dreißigjährigen Krieges – der „Galgenbaum" von Jacques Callot –, vermittelt einen schockierenden Eindruck jener Kriegsgräuel, die aus den Plünderungen resultierten, und ruft dabei zugleich die von Robert Monro vorgenommene Charakterisierung des Plündererschicksals in Erinnerung: Das Bild zeigt ein Dutzend gefangene Freibeuter, die auf makabre Weise wie Früchte an einem Baum aufgehängt wurden. Misshandlungen und Folterungen von Menschen, die ihre Besitztümer nicht herausgeben wollten, nahmen nun auch immer mehr zu, wobei die Folterer oft ein Höchstmaß an sadistisch-perverser Phantasie offenbarten. Hinzu kamen Massenvergewaltigungen, die jedes bis dahin gekannte Ausmaß überstiegen.

Für die Soldaten waren die Zivilisten eine legitime Beute. Sie schossen nach Lust und Laune auf die Menschen, zogen sie als Bedienstete heran, raubten ihre Kinder, um Lösegeld zu erpressen und steckten oft aus reinem Mutwillen Heuschober und Kirchen in Brand. Einem protestantischen Pastor, der die Zerstörung seiner Kirche verhindern wollte, wurden Hände und Füße abgeschnitten. Priester wurden an Wagen festgebunden und gezwungen, bis zur totalen Erschöpfung auf allen Vieren zu kriechen. Da man Vergewaltigungen als ein legitimes Kriegsrecht betrachtete, reagierte ein schwedischer Offizier, demgegenüber ein zutiefst verzweifelter Vater Klage darüber erhob, dass seine Tochter geschändet und getötet worden war, mit Unverständnis. Schleßlich entgegnete er, dass das Mädchen noch am Leben wäre, wenn sie ihre Jungfräulichkeit nicht so erbittert verteidigt hätte. Außerdem hielte man sich ja lediglich an geltendes Kriegsrecht, welches auch das Recht einschließe, eine Garnison niedermetzeln zu dürfen, die sich nach der unvermeidlichen Übergabe geweigert hätte, sich zu ergeben. (Huf 2003, S. 305 – 327)

Viele Verbrechen wurden auch von den Angehörigen des Trosses begangen, die zumeist wesentlich schlechter versorgt und weniger der militärischen Disziplin unterworfen wurden. Die meisten Armeen verfügten über einen riesigen Tross. Dieser bestand aus Jungen, Feuerknechten, Frauen und Kindern, außerdem aus einer Vielzahl an Kriminellen. Während des Krieges wuchs bei fast allen Armeen der Tross zunehmend an, da sich ihm immer mehr entwurzelte Menschen anschlossen. Es wurde zu einem gewohnten Anblick, dass die Anzahl der Angehörigen des Trosses diejenige der Kampftruppen um das Doppelte überstieg,In vielen Fällen war sie sogar dreimal so groß. Nicht selten waren die Söldner auch darauf angewiesen, ihre Familien mit in den Krieg zu nehmen, da ihre Angehörigen für sie sorgen konnten, wenn sie krank oder verwundet wurden. Die Offiziere führten oftmals mehrere Diener mit und es gab sogar Trossbuben für die Bedienung der unteren Chargen. Marketenderinnen und Händler sorgten neben Köchen, Fleischern und verschiedenen Handwerkern für die Versorgung der Truppe. Hinzu kam noch eine Vielzahl anderer Personen, wobei auch die Fuhrknechte für die Wagen und die Hirten für das mitgeführte Vieh stark vertreten waren. Auch zogen viele Prosituierte mit der Armee mit, eine Praxis, die lediglich von Gustav Adolf zu seinen Lebzeiten ausdrücklich untersagt wurde. Da sich im Laufe der Zeit immer mehr Lagerkinder einem Feldzuge anschlossen, existierten sogar eigens für sie eingerichtete Schulen. Addiert man beispielsweise bei einer 40.000 Mann starken Armee weitere 80.000 Trossangehörige hinzu, verwundert es nicht, dass ganze Landstriche in kürzester Zeit augeplündert und verwüstet wurden.

Einen traurigen Höhepunkt erlebte der Hexenwahn während des Dreißigjährigen Krieges. Neuere Forschungen haben gezeigt, dass zwischen der unerbittlich betriebenen Hexenverfolgung und den Wirtschafts- und Hungerkrisen während des Krieges Zusammenhänge bestanden. Außergewöhnlich viele Frauen und Männer wurden in den schlecht verwalteten,durch kriegsbedingte Ereignisse besonders gefährdeten kleineren Territorien Hexerei bezichtigt und hingerichtet, während die großen Flächenstaaten kaum Exzesse bei der Hexenverfolgung aufwiesen. Eine Vielzahl an Hexenprozessen wurden in den geistlichen Fürstentümern im Rhein-Main-Mosel-Gebiet abgehalten, wo partiell noch vor Kriegsausbruch viele Menschen diesem Wahn zum Opfer fielen. In Bamberg wurden zwischen 1626 und 1630 etwa 600 Menschen gefoltert und hingerichtet, weil ihnen nachgesagt wurde, sie praktizierten schwarze Magie. Sehr hohe Opferzahlen verzeichnen auch die Städte Würzburg, Mainz und Köln Man baute sogar Gefängnisse, die eigens dem Zweck der Verwahrung und Folter vermeintlicher Hexen und Hexern dienten. Da der Besitz der Hingerichteten meist an den Fiskus fiel, wurde dem Staat eine beachtliche Einnahmequelle beschert. Der Kölner Bischof Ferdinand von Bayern bereicherte sich auf diese Weise an mehr als 2.000 Opfern.

Die Praxis der Hexenverfolgung bestand in vielen Gebieten während der Dauer des gesamten Krieges fort, obwohl an ihr bereits damals verstärkt Kritik geübt und sogar Streitschriften verfasst wurden, deren Argumentation sich 1632 auch das Reichskammergericht anschloss. Hierbei mutet es seltsam an, dass es im Territorium des unerbittlichen katholischen Eiferers Kaiser Ferdinand II. kaum Hexenprozesse gegeben hat. Fest steht, dass der Hexenwahn und die mit ihm verbundenen Gräueltaten die Schrecken des Dreißigjährigen Krieges in vielen Gebieten Mitteleuropas weiter verstärkt haben.

Die Pest war nur eine der zahlreichen Krankheiten, die epidemisch auftraten und Hunderttausende das Leben kosteten. Besonders in jenen Gegenden, welche die Söldner häufig passierten oder in die sie sich einquartierten, kam es beständig zu verheerenden Krankheitsausbrüchen. Neben der Pest trugen auch Grippe, Ruhr, Typhus, Fleckfieber und Syphilis zu großen Bevölkerungsverlusten bei. Die ohnehin miserable hygienische Situation, die sich seit dem Mittelalter kaum zum Positiven gewandelt hatte, verschlechterte sich durch solche dicht besiedelten Wohnflächen in erheblichem Maß. Immer wieder wurde berichtet, dass dort nahezu die gesamte Bevölkerung von Ungeziefer befallen war, was Krankheiten wie die Pest in hohem Grad begünstigte. Auch bei der Armee forderten kampfbedingte Verletzungen weit weniger Todesopfer als Seuchen und Infektionen. Dasselbe galt für viele Feldzüge und für die Lebensbedingungen in den Winterquartieren. Die allgegenwärtig herrschende Bedrohung fand ihren symbolischen Ausdruck in den biblischen „apokalyptischen Reitern": die Pest, der Krieg, der Hunger und der Tod traten entweder einzeln auf, zumeist aber in Gesellschaft der anderen drei und gerade die Künstler der damaligen Zeit thematisierten die apokalyptische Bildfigur in immer wieder neuen Variationen, weil sich in ihr menschliche Urängste prototypisch verdichteten. Die vier Reiter veranschaulichten zudem, dass ein Großteil der Menschen während des Krieges nicht durch unmittelbare Kampfhandlungen ums Leben kam, sondern aufgrund von

Hunger und Krankheiten. In letzteren sahen die Menschen entweder eine grundlose Bestrafung Gottes oder seinen Rückzug aus irdischen Belangen. Ereignisse wie ein Hagelsturm in Schwaben am 24. Mai 1626, bei dem walnussgroße Hagelkörner die Ernte vollständig zerstörten und eine sich daran anschließende extrem kalte Nacht, in der Flüsse und Seen zufroren, vermochten sich die Menschen rational nur schwer zu erklären. Solche Phänomene häuften sich in der ersten Hälfte des 17. Jahrhunderts und verschärften die Kriegssituation. In einer Vielzahl von Studien versuchte man eine Erklärung für das Unerklärbare zu finden und griff hierbei primär auf das Paradigma des Teufels zurück, der in Gestalt des „Saufteufels", des „Spielteufels", „Zauberteufels" und des „Fluchteufels" die Menschheit terrorisierte, die dadurch die Strafe Gottes auf sich zog. Neben dem religiösen Fanatismus nahm der Aberglaube in vielen Orten extreme Ausmaße an und immer mehr Menschen distanzierten sich angesichts der herrschenden Verhältnisse innerlich zunehmend vom Christentum. Der Glaubenskrieg brachte eine Vielzahl von Atheisten hervor und bereitete damit möglicherweise der Philosophie der Aufklärung den Boden.

Ein weiteres Phänomen des Dreißigjährigen Krieges war die Zunahme von Druckwerken aller Art. Drucker und Verleger waren unablässig damit beschäftigt, Flugblätter, Flugschriften und Zeitungen zu verfassen, in denen Propaganda gemacht, über den Kriegsverlauf und die zahlreichen Kriegsschrecknisse berichtet wurde. Die Macht des gedruckten Wortes trat besonders nach dem Untergang von Magdeburg zu Tage. Bereits wenige Tage nach der Einnahme der Stadt wurde dem Leser das schreckliche Geschehen in allen Einzelheiten berichtet. Während die Protestanten die „Schändung der Jungfrau Magdeburg" beklagten und Vergleiche mit dem Untergang von Troja und der Zerstörung von Jerusalem zogen, berichteten die katholischen Zeitungen die Ereignisse aus ihrer, von hämischem Triumphgefühl geprägten Sicht..Mehr noch als vor dem Niedergang der Stadt Magdeburg wurde der Krieg danach nicht mehr nur auf den Schlachtfeldern ausgetragen. Wie bei modernen „totalen Kriegen" spielte nun auch die Propaganda eine große Rolle. Die Menschen verlangten nach detaillierten Informationen, was man unschwer aus vielen schriftlichen Selbstzeugnissen herauslesen kann,, wurden stattdessen jedoch mit medienwirksamer Propaganda abgespeist. Bedingt durch die hohe Auflagenzahl wurden die Flugschriften zunehmend billiger, so dass sie von einer Vielzahl fahrender Händler auch in kleineren Orten an das Volk verkauft wurden konnten.

Das Printwesen war eine der wenigen, wirklich florierenden Branchen in der Zeit des Dreißigjährigen Krieges. Schreiber und Korrespondenten ließen sich in vielen Orten nieder und sammelten Informationen, die sie dann in den Druckwerken unter das Volk brachten. Für deren Verbreitung sorgte auch die Reichspost, die trotz des anhaltenden Kriegszustands ihren Betrieb weiterführte. Nicht alle Mächte nutzten die neue Macht des gedruckten Wortes in gleichem Maße, das kaiserlich-katholische Lager war hierbei eindeutig in der nachteiligen Position. Der schwedische König Gustav Adolf setzte hingegen sehr auf diese Propagandaform und zog hieraus großen Vorteil. Bei zunehmender Kriegsdauer ließen die Flugschriften einen erbittert-unversöhnlichen Duktus erkennen, der jedoch gegen Kriegsende aufgrund einer allgemein verbreiteten Resignation und Ermattung abnahm. Nach dem Westfälischen Frieden gab es im Reichsgebiet bereits 50 Zeitungen, die mehrmals pro Woche oder sogar täglich erschienen. Zumindest dem Printmedium brachte der Dreißigjährige Krieg Fortschritte ein, auch wenn der Anlass hierfür kaum schrecklicher sein könnte.

Auch vor der Kunst machte die religiöse Spaltung des Abendlands nicht Halt und der Dreißigjährige Krieg wurde nicht allein in Worten und Taten, sondern auch in Bildern ausgefochten. Die Katholiken schöpften ihr Bildrepertoire hierbei aus dem Mariendiskurs, während bei den Protestanten Sinnbilder gottgefälligen Handelns dominierten. Zentral war jedoch stets die Diskreditierung des Gegners.

Auch die Philosophie wurde durch den Dreißigjährigen Krieg beeinflusst: So erhob René Descartes in Frankreich den Zweifel zum obersten Prinzip des wissenschaftlichen Erkenntnisprozesses und befreite die Philosophie dadurch von der Bevormundung durch die katholische Scholastik. In Deutschland entwickelten die Philosophen Pufendorf und Leibnitz wegweisende Lehren. Der Naturrechtsphilosoph und Historiker Samuel von Pufendorf wurde 1632 in Sachsen in der Hauptphase des Dreißigjährigen Krieges geboren und erlebte dessen Ereignisse und Schrecken in seiner Jugend hautnah. Pufendorf zog seine Lehren daraus und entwickelte ein säkulares Naturrecht. Außerdem befürwortete er ein einheitliches Völkerrecht. Durch seinen Einfluss auf die Entwicklung der europäischen Rechts- und Staatsphilosophie wurde er auch zu einem Wegbereiter der Aufklärung. Er lehnte es ab, das Recht und die Staatsbildung auf göttliche Gesetze zurückzuführen. Zudem geht der Begriff „Menschenwürde" auf ihn zurück. Pufendorf kritisierte überdies den Zustand des Heiligen Römischen Reichs in drastischer Weise, indem er es als – so wörtlich – „irregulären und einem Monstrum ähnlichen Körper" (Samuel von Pufendorf: Die Verfassung des deutschen Reiches. Leipzig 1994, S. 198) deklarierte. Dadurch beeinflusste er spätere Historiker wie Heinrich von Treitschke, die das Alte Reich ebenfalls als in sich fragmentiert begriffen. Hätte Pufendorf den Krieg und seine schrecklichen Folgen nicht miterleben müssen, wäre er möglicherweise zu anderen philosophischen Erkenntnissen gelangt. Auch das Denken des 1646 in der Endphase des Dreißigjährigen Krieges geborenen Philosophen und Universalgelehrten Gottfried Wilhelm Leibniz wurde von diesem Konflikt maßgeblich beeinflusst. Er vertrat jedoch einen gegenüber Pufendorf gegenteiligen Ansatz, indem er die Lehre der „besten aller möglichen Welten konzipierte, die davon ausgeht, dass Gott unter allen möglichen Welten die beste geschaffen habe.. Vielfach dahingehend missverstanden, dass diese Lehre das in der Welt vorhandene Übel bagatellisieren oder gar leugnen will, weist Leibniz mit ihr stattdessen auf einen notwendigen Zusammenhang zwischen Gut und Böse hin, insofern ersteres nur um den Preis des letzteren existieren kann. So verstanden ist die wirkliche Welt in dem Sinn als die beste zu verstehen, als Gott das Gute in ihr nicht ohne ein geringeres Maß an Übel verwirklichen konnte. Leibniz versteht die „beste aller möglichen Welten" darüber hinaus in einer dynamischen Entwicklung begriffen: hierbei ist nicht der aktuelle Zustand der bestmögliche, sondern die Welt mit dem in ihr angelegten Fortschrittspotential ist die beste aller möglichen Welten.

Auch der Engländer Thomas Hobbes war von den apokalyptischen Kriegen seines Zeitalters stark beeinflusst, sei es nun der Englische Bürgerkrieg oder der Dreißigjährige Krieg. Er legte in seinem Denken eine „wölfische Natur" des Menschen (Thomas Hobbes: Leviathan. Stuttgart 1998. S. 31 f) zu Grunde. Auf seinen Reisen hatte er nicht nur die Bekanntschaft bedeutender Männer wie Descartes gemacht, sondern auch die kriegerischen Verwüstungen in Kontinentaleuropa kennengelernt. In seiner 1640 erschienenen Schrift *Naturrecht und allgemeines Staatsrecht in den Anfangsgründen* verteidigte Hobbes die Hoheitsrechte des Herrschers. Sein grundlegendes Werk über Staatstheorie, *Leviathan oder Wesen, Form und Gewalt eines kirchlichen und bürgerlichen Gemeinwesens,* erschien 1651. Darin argumentierte er, der Naturzustand des Menschen bestehe im Krieg aller gegen alle („bellum omnia contra omnes“) und könne nur durch einen Gesellschaftsvertrag unter Kontrolle gebracht werden. Hobbes legitimierte darüber hinaus die absolutistische Herrschaft als Macht eines Einzelnen über die Gesellschaft. Er verteidigte aber auch das Recht zur Revolte und den Atheismus. Als ein äußerst umstrittener Philosoph war Hobbes zeit seines Lebens auf der Flucht, um sich vor Machthabern zu retten, die sich von seinen Theorien angegriffen fühlten.

So, wie die Philosophie im 17. Jahrhundert unter der Vorherrschaft der Theologie litt, war auch die Astronomie jener Zeit noch in erheblichem Maß der Bevormundung durch die Astrologie ausgesetzt. Obwohl er drei habsburgischen Kaisern diente, litt der Astronom Johannes Kepler unter großen finanziellen Problemen und hielt sich mit der Entwicklung von Horoskopen über Wasser. Er geriet zunehmend in die Wirren des Dreißigjährigen Krieges und wurde, da er protestantischer Konfession war, 1627 aus den Diensten des Kaisers entlassen. Wallenstein, der in dieser Hinsicht vergleichsweise unvoreingenommen war, nahm ihn 1628 an seinen Hof und ließ sich von ihm Horoskope erstellen, um die sich viele Gerüchte und Legenden rankten. Eine dieser Legenden erzählt, dass Kepler Wallensteins Schicksal sehr genau vorausgesagt haben soll. Auch als Astronom leistete er Bedeutendes, denn mit seinen wissenschaftlichen Erkenntnissen trug er maßgeblich zur Anerkennung des heliozentrischen Weltbildes bei und legte zugleich den Grundstein für die moderne Kosmologie.

Der Dreißigjährige Krieg war zugleich ein Krieg der Jesuiten, die sich als Vorreiter der Gegenreformation sahen. Der jesuitische Orden wurde 1534 von Ignatius von Loyola gegründet und sollte die katholische Kirche von innen heraus erneuern. Geleitet vom Prinzip des absoluten Gehorsams, waren die Jesuiten geradezu besessen von der

Verfolgung der als Häresie betrachteten protestantischen Reformation. Der Orden wollte bereits sehr früh die alleinige Verfügungsgewalt über das Bildungssystem erlangen und versuchte politische Macht dadurch zu erwerben, dass seine Mitglieder zu Seelsorgern und Beichtvätern von Königen und Fürsten wurden. Sein Einfluss auf einen Großteil der Entscheidungen auf katholischer Seite ist nicht zu unterschätzen. Waren beispielsweise Ferdinand II. und Herzog Maximilian von Bayern bereits durch ihre Erziehung in hohem Maße von den Jesuiten geprägt, so umgaben sie sich auch später mit Angehörigen dieses Ordens. Als Hofprediger, Beichtväter und Erzieher ihrer Kinder hatten die katholischen Mächtigen die Jesuiten ständig um sich. Diese nutzten jede Gelegenheit, um mit „heroischem Aktivismus", der sich aus einem glühenden Fanatismus und einem eiskalten Kalkül speiste, ihren Machtbereich auszudehnen. Besonders beeinflussbare und labile Persönlichkeiten wie Ferdinand II. waren ihnen leichte Opfer. Die Jesuiten versuchten jedoch nicht allein den Fürsten, sondern auch dem Volk ihren Willen aufzuzwingen. Hierbei wurden die Jesuitentheater gezielt als Machtapparat eingesetzt, da die Ordensangehörigen nur allzu gut wussten, dass man die Menschen über ihre Schaulust und Spektakelfreude manipulieren konnte. Insbesondere in den ehemals autonomen Universitätskörperschaften von Bayern und den habsburgischen Erblanden herrschten Gleichschaltung im katholisch-absolutistischen Sinn und absolute Kontrolle, nachdem die Jesuiten das höhere Erziehungswesen übernommen hatten. Ohne die Gesellschaft Jesu hätte es den Dreißigjährigen Krieg in dieser Form nicht gegeben und der Bevölkerung des Heiligen Römischen Reiches wäre viel Leid erspart geblieben. Der Orden blieb bis zu seiner Aufhebung durch den Papst im Jahr 1773 die bestimmende kirchen- und kulturpolitische Institution in Österreich.

Während viele Städte verwüstet und entvölkert wurden, gab es doch einige, die man als Kriegsgewinnler bezeichnen könnte. Das neutrale und gut geschützte Hamburg konnte beispielsweise durch den Handel mit Waffen, Munition und Ausrüstung große Gewinne erzielen. Obwohl mit allen Seiten gut im Geschäft, baute die Stadt mit kluger Umsicht kontinuierlich an der Optimierung ihrer Wallanlagen. Als eine Insel des Wohlstandes und der Sicherheit innerhalb des verwüsteten Deutschlands zog Hamburg auch viele Flüchtlinge an. Die Zahl der Stadtbewohner vergrößerte sich bis Kriegsende auf 75.000 Menschen, und Hamburg wurde dadurch zur größten Stadt des Reiches. Kurioserweise entstanden die einzigen Kriegsschäden, die die Hansestadt erlitt, durch Geschützfeuer anlässlich der Nachricht vom Abschluss des Westfälischen Friedens. Dabei entflammten einige Häuser und es kam zu einer größeren Feuersbrunst.

Neben Hamburg profitierten auch Lübeck, Bremen und Emden vom Kriegsgeschehen. Städte wie Hannover, Wolfenbüttel und Celle wurden zwar belagert, konnten jedoch als Handelsstädte überdies wirtschaftlichen Nutzen aus den Waffenkämpfen ziehen. Auch in den österreichischen Erblanden waren die Einbußen in vielen Gebieten eher gering und besonders die Steiermark und Kärnten blieben vom Krieg nahezu gänzlich verschont. Böhmen, Mähren und Schlesien erlitten zwar Verluste durch die militärischen Auseinandersetzungen, doch waren diese nicht so beträchtlich, wie in vielen Teilen des Reiches, wo bereits Jahre vor der Waffenruhe große, hoffnungslos verwüstete und kaum mehr besiedelte Gebiete existierten. Es dauerte vielfach bis zu drei Generationen, um diese Zerstörungen wieder zu beheben.

Um 1640 war der Krieg längst in seiner letzten und schlimmsten Phase. Große Landstriche waren verwüstet und viele Städte weitgehend entvölkert. Die Armeen der

Kriegsparteien zogen auf der verzweifelten Suche nach Nahrungsmitteln und Beute wie Heuschreckenschwärme durch die Lande. Manche Orte wurden dabei vielfach geplündert und verwüstet. In der Bevölkerung hatte sich eine weitgehende Hoffnungslosigkeit der Menschen bemächtigt und viele kannten eine Welt ohne Krieg überhaupt nicht mehr. Die katholisch-kaiserliche Seite litt zunehmend unter ihrer militärischen Erfolglosigkeit und dem durch das immer schlechter werdende Steueraufkommen bedingten Geldmangel.

Ferdinand III. beschloss mit der Zustimmung aller Kurfürsten, noch vor Jahresende 1640 einen Reichstag einzuberufen, der am 13. September 1640 in Regensburg eröffnet wurde. Er dauerte über ein Jahr und wurde erst am 10. Oktober 1641 wieder beendet. Als Mitte Januar 1641 schwedische Truppen unter ihrem Feldherrn Baner vor Regensburg erschienen und die Übergabe der Stadt forderten, geriet die Fürstenversammlung in eine gefährliche Lage. Die Schweden ritten über die zugefrorene Donau auf die Stadt zu und schickten sich an, sie zu umzingeln. Trotz der bestehenden Gefahr setzte der Kaiser den Reichstag fort und traf alle notwendigen Vorbereitungen zur Verteidigung. Als die Donau nach einigen Tagen auftaute, mussten sich die Schweden zurückziehen, da sie nicht für eine Belagerung ausgerüstet waren. Die Stimmung unter den Delegierten war daraufhin von einer allgemein verbreiteten Kompromissbereitschaft und der Sehnsucht nach Frieden geprägt und Ferdinand III. schien alle seine Vorhaben durchbringen zu können. Die tragende Säule des Reichstags bildete die Forderung nach einer überall geltenden Amnestie, die vorsah, dass alle Reichsstände das kaiserliche Heer unterstützten. Die Grundlage für einen allgemeinen Frieden bildeten für den Kaiser die Regelungen des Prager Friedens. Doch die Erneuerung des Bündnisses zwischen Frankreich und Schweden und der Tod des brandenburgischen Kurfürsten veränderten die Situation. Der neue Herrscher von Brandenburg, der eines Tages als der „Große Kurfürst" in die Geschichte eingehen sollte, lehnte den Prager Frieden als Verhandlungsgrundlage ab und immer mehr Fürsten schlossen sich ihm an. Brandenburg stellte schließlich 1641 die Kämpfe mit den Schweden von sich aus ein. Der Kaiser wurde nun sogar des Vergehens beschuldigt, er wolle in Wahrheit gar keinen Frieden und verschleiere seine wirklichen Ziele. Somit endete der knapp einjährige Reichstag mit einer eindeutigen Niederlage des Kaisers und der Krieg zog sich weiter fort.

Am 17. Januar 1642 siegten in der Schlacht auf der Kempener Heide französische und protestantische Truppen über das kaiserliche Heer und ihre Kölner Verbündeten. Der kaiserliche Feldherr Wilhelm von Lamboy wurde von einem Überraschungsangriff seiner Gegner völlig überrascht und verlor zu Beginn der Schlacht nahezu seine gesamte Artillerie. Die kaiserliche Armee daraufhin völlig zerschlagen und Lamboy und Generalwachtmeister Franz von Mercy gefangen genommen. Nach der Niederlage dieser Schlacht verloren die Katholiken weitläufige Territorien und die verbündeten Protestanten und Franzosen brachten viele Städte, Festungen, Klöster und Dörfer in ihren Besitz. Die Region am Niederrhein wurde verwüstet und ausgeplündert und konnte auch später nicht mehr unter kaiserliche Kontrolle gebracht werden.

Im Frühjahr 1642 startete in Sachsen ein erneuter Feldzug der Schweden unter Torstensson in Richtung Leipzig. Im Herbst belagerte der schwedische General die Stadt, zog sich aber vor einem heranrückenden kaiserlichen Heer, das unter dem Kommando von Erzherzog Leopold Wilhelm und Ottavia Piccolomini stand, nach Breitenfeld zurück. Dort kam es am 2. November 1642 zur zweiten Schlacht bei

Breitenfeld, die in ihren Auswirkungen zwar nicht an das elf Jahre zuvor stattgefundene Gefecht zwischen Gustav Adolf und Tilly heranreichte, aber dennoch eine der bedeutendsten Kampfhandlungen des großen Krieges darstellte. Das kaiserliche Heer war den 20.000 Schweden an Stärke überlegen und verfügte über eine gut gerüstete Artillerie, die mit neu entwickelten Kettenkugeln schoss und dem Gegner dadurch große Verluste beibrachte. Leopold Wilhelm setzte die Schweden zu Beginn unausgesetzt unter Beschuss, um seinen aufmarschierenden Truppen Gelegenheit zum Einnehmen der Gefechtsformation zu geben.

Doch während das kaiserliche Heer sich mühsam in Gefechtsformation brachte, ließ Torstensson seinen rechten Flügel unter dem Befehl von General Wrangel bereits angreifen. Erneut bewiesen die Schweden auf dem Schachtfeld mehr Dynamik und Flexibilität als ihre Gegner und konnten die Armee von Leopold Wilhelm dadurch nach kürzester Zeit in eine verfängliche Situation bringen, so dass die Auseinandersetzung bald verloren und das habsburgische Heer zerschlagen war. Einige Kompanien der kaiserlichen Reiterei warfen ihre Waffen weg und ergaben sich spontan. Der Erzherzog, der mit knapper Not fliehen konnte, verlor 5.000 Gefallene, 4.500 Gefangene, 46 Kanonen, nahezu den gesamten Tross und die Kriegskasse. Die meisten Gefangenen traten in schwedische Dienste. Leopold Wilhelm zog sich mit den verbleibenden Männern aus seiner Armee nach Böhmen zurück und veranstaltete dort ein fürchterliches Strafgericht: Er ließ die überlebenden Offiziere eines der Feigheit beschuldigten Regiments köpfen, die niederen Chargen hängen und die Mannschaft durch Erschießen dezimieren. Während dieses Gewaltakts soll er öffentlich die Kommunion empfangen und Gott um Hilfe ersucht haben, damit er ihn das Richtige tun ließe. Dass er durchaus zu siegen wusste, stellte der Feldherr in späteren Kriegshandlungen unter Beweis.

Im November 1642 erfuhr mit Beginn des Englischen Bürgerkriegs die englische Unterstützung der deutschen Protestanten und der Schweden eine Einschränkung. Die sieben Jahre andauernden Kampfhandlungen in England bildeten ein Pendant zum Dreißigjährigen Kriege, denn auch dort wurden religiöse Konflikte in Verbindung mit dem Kampf gegen einen absolutistisch gesonnenen Herrscher ausgetragen, wobei hier noch mehr die politische Komponente dominierte, und auch die Ausrüstung und Kampfweise der Truppen fand eine Entsprechung auf dem europäischen Festland. Die Niederländer produzierten große Mengen an Waffen und Rüstungen, mit denen sie im Englischen wie im Dreißigjährigen Krieg alle Kriegsparteien belieferten. Eine besondere Rolle kam dabei der erfolgreichen „New Model Army" von Oliver Cromwell (1599 – 1658, Gründer der englischen Republik und Lordprotektor von England, Schottland und Irland) zu, die ähnlich der schwedischen Armee moderner ausgerüstet war und taktisch flexibler agierte als ihre Gegner.

Im Dezember 1642 starb Frankreichs Galionsfigur Kardinal Richelieu. Er hatte zuletzt gegen das immer schwächer werdende Spanien triumphiert und seine Interessen in Deutschland durchgesetzt. Fünf Monate später folgte ihm Ludwig XIII. in den Tod nach – ein zu seinen Lebzeiten schwacher König, der in einer seltsamen, symbiotisch anmutenden Machtbeziehung zu Richelieu gestanden hatte und dabei sogar zulassen musste, dass dieser seinen Geliebten, den Marquis de Cinq Mars, hinrichten ließ. Richelieus Nachfolger Kardinal Mazarin setzte dessen Kurs gegen Spanien und den Kaiser fort. Die beiden französischen Kardinäle hatten offensichtlich zu keinem Zeitpunkt Bedenken, dass Frankreich als katholische Macht die deutschen Protestanten, die Dänen und die Schweden unterstützte. Ihr primäres Ziel bestand darin, die Belagerung ihres Landes durch die

Habsburger zu unterbinden. Verbunden mit der Annexion Spaniens sollte die kaiserliche Macht derart geschwächt werden, dass Frankreich eine hegemoniale Stellung in Europa einnehmen konnte. Wie die spätere Entwicklung zeigte, ging dieser Plan trotz gewisser Rückschläge auch auf.

Die Schlacht bei Rocroi bildete den eigentlichen Wendepunkt in Frankreichs Auseinandersetzung mit Spanien. Um den starken Druck der Franzosen auf Katalonien zu kompensieren, griffen die Spanier die französische Festung Rocroi in den Ardennen an. Die spanische Armee, die unter schlechter Ausrüstung und Versorgung litt, begann am 12. Mai 1643 mit der Belagerung von Rocroi. Ab dem 18. Mai kam es zu Kämpfen mit einem französischen Heer unter dem Herzog von Enghien, der den Belagerten zu Hilfe kam. Die Schlacht zwischen den beiden etwa gleich starken Armeen wurde durch die bessere Führung der Franzosen entschieden und die Spanier erlitten schwere Verluste. Schwer bedrängt, verweigerten die verbliebenen Söldner der spanischen Truppen die Kapitulation. Erst am Vormittag des 19. Mai 1643 konnte auf dem Verhandlungsweg die Einstellung des Kampfes erreicht werden. Als sich die Spanier schließlich ergaben, kam es zu einem Massaker, das der Herzog von Enghien unter Einsatz seines Lebens schließlich beenden konnte. Diese Schlacht gilt als die schwerste Niederlage, die eine spanische Armee jemals erlitt. Das Ende der spanischen Vorherrschaft in Europa war damit definitiv erreicht, doch zog sich der Krieg – mit erneuten spanischen Niederlagen – noch über 15 Jahre hinweg und damit über das Ende des Dreißigjährigen Krieges hinaus weiter. Rocroi gilt nicht unbedingt als eine Schlacht, die dem Dreißigjährigen Krieg zugeordnet werden kann, doch sie hatte eindeutige Auswirkungen auf diesen, da sie Spaniens Macht in hohem Maß schwächte und dadurch auch die Position von Kaiser Ferdinand III. verschlechterte.

Kardinal Mazarin war in Frankreich inzwischen zum Ersten Minister ernannt worden. Dieser skrupellose Politiker, der lange Zeit der wirkliche Herrscher von Frankreich war, hatte niemals die Priesterweihe erhalten. Viele hielten ihn für noch mächtiger als den verstorbenen Richelieu, der ihn zu seinem Nachfolger gemacht hatte. Mazarin setzte im Wesentlichen den Kurs seines Vorgängers fort, hatte aber immer wieder mit heftigen innenpolitischen Schwierigkeiten zu kämpfen.

Nachdem sich König Christian IV. von Dänemark vom deutschen Kriegsschauplatz zurückgezogen hatte, trug er weiterhin Konflikte mit den Schweden aus. Die Dänen versuchten durch den Bau einer starken Kriegsflotte, ihre Position zu sichern, doch die Schweden hatten noch einige alte Rechnungen mit ihren ungeliebten Nachbarn zu begleichen. Im Dezember 1643 fielen schwedische Truppen auf Befehl von Oxenstierna in Holstein ein und überrannten bis Januar ganz Jütland. Hier tat sich besonders der schwedische Feldherr Wrangel hervor. Nachdem er die schwedische Flotte übernommen hatte, besiegte er gemeinsam mit den Holländern die dänische Flotte bei Fehmern, eroberte die Insel und unternahm den Versuch, Kopenhagen anzugreifen. Doch König Christian gelang es, den feindlichen Angriff auf seine Hauptstadt abzuwehren. Doch die Schweden hatten nun einen Teil seines Territoriums besetzt und der Dänenkönig wandte sich hilfesuchend an den Kaiser.

Da es Erzherzog Leopold Wilhelm nicht gelungen war, das kaiserliche Kriegsglück zu wenden, entsann man sich eines noch viel weniger begabten Heerführers und stellte Matthias Gallas erneut in die Dienste des Kaisers. Dieser marschierte Ende 1643 in den Norden, um gegen Lennart Torstensson zu kämpfen und erlitt sehr schnell die für ihn typischen hohen Verluste. Die Schlacht bei Jüterbog am 23. November 1644 besiegelte das Schicksal seiner Truppen.

Gallas sollte dem Dänenkönig zu Hilfe kommen und erreichte im Frühjahr 1644 Kiel, von wo aus er das befreundete Holstein brutal ausplündern ließ. In Hamburg wurden daraufhin Spottmünzen geprägt, die auf einer Seite den Spruch trugen: „Was Gallas in Holstein ausgerichtet, das findet man auf der anderen Seite.“ – Diese war jedoch unbedruckt.

Unter dem Oberbefehl von Torstensson griffen die Schweden das kaiserliche Heer nun in einem überraschenden Vormarsch an und Gallas musste sich mit seinen Truppen die Elbe entlang bis nach Sachsen zurückziehen. Er errichtete am Ende seines fluchtartigen Rückzugs bei Bernburg ein befestigtes Lager und wollte hier den schwedischen Vormarsch zum Stehen bringen. Wie bei nahezu all seinen Feldzügen hatte Gallas hierbei jedoch das Nachschubproblem nicht berücksichtigt. Der militärisch geschickte Torstensson umging die kaiserlichen Stellungen und schnitt ihnen den Nachschub aus Sachsen und Böhmen ab. Die Situation im Feldlager von Gallas verschlimmerte sich zusehends, da seine Leute haufenweise an Hunger und Seuchen starben. Er teilte daraufhin seine Truppen in Infanterie und Reiterei auf, die getrennt voneinander kämpfen sollten. Die kaiserliche Kavallerie hatte Befehl, sich nach Schlesien zurückzuziehen, doch die Schweden verfolgten sie. Auf der Birkheide bei Jüterbog kam es zur Schlacht. Obwohl die Angriffe der überlegenen Schweden zunächst abgewehrt werden konnten, brach letztlich der Widerstand des kaiserlichen Heeres zusammen und es wandte sich zur Flucht. Schätzungen zufolge sind 3.500 von Gallas’ Reitern gefallen. Torstensson wandte sich nun mit seiner Armee der kaiserlichen Infanterie zu, die in Richtung Magdeburg marschierte. Kurz vor der Stadt trafen am 23. Dezember 1644 die gegnerischen Truppen bei Frohse aufeinander und die Kampfhandlungen endeten für Gallas noch vernichtender, da am Ende lediglich etwa 1.500 Mann übrig blieben.

Gallas flüchtete mit den Überlebenden nach Böhmen, während die Schweden Kursachsen und das Bremer Gebiet besetzten. Wie hoch die Gesamtverluste der kaiserlichen Truppen unter der Führung von Gallas wirklich waren, ist umstritten, die Schätzungen bewegen sich zwischen 70 und 90 Prozent. Der kaiserliche Feldherr ersuchte nun von sich aus um seine Entlassung und jedermann erwartete, dass seine militärische Karriere dadurch endgültig beendet sein würde, was indes nicht der Fall war.

Franz von Mercy zählt zu Unrecht zu den heutzutage nahezu vergessenen Feldherren des Dreißigjährigen Krieges, denn er bewährte sich im Dienst des stark in Bedrängnis geratenen bayerischen Kurfürsten, der ihn am 31. Mai 1643 zum Generalfeldmarschall ernannte. Der gebürtige Lothringer Mercy konnte beträchtliche Erfolge gegen die Franzosen erzielen und sie bis an den Rhein zurückdrängen. Am 24. November 1643 erfocht Mercy bei Tuttlingen seinen ersten großen Sieg. Es gelang die Gefangennahme von acht Generälen, neun Obristen, etwa 250 Offizieren und 7.000 Soldaten. Dieser Sieg versetzte den Franzosen einen schweren Schlag und sie mussten sich im Winter über den Rhein zurückziehen, wobei sich nahezu ihre gesamte Armee auflöste. Mercy rechtfertigte das in ihn gesetzte Vertrauen weiterhin und nahm am 11. Mai 1644 Überlingen am Bodensee und am 27. Juli desselben Jahres Freiburg trotz der durch Turenne versuchten Rettung der Stadt ein.

Anfang August 1644 kam es bei Freiburg zu einer blutigen Schlacht zwischen Mercy und den vereinigten Truppen der französischen Generäle Turenne und Condé. Der an drei getrennten Tagen ausgefochtene Kampf zählt zu den verlustreichsten des Dreißigjährigen Krieges. Obwohl die Franzosen später den Sieg für sich reklamierten, weisen der Verlauf der Kämpfe und die Höhe der jeweiligen Verluste eindeutig die Truppen von Mercy als Sieger aus. Der bayerische Feldherr setzte auf eine eher defensive Taktik und konnte den angreifenden Franzosen schwere Verluste beibringen. Friedrich Schiller kommentierte das Gefecht mit den folgenden Worten:

> „Der Herzog von Enghien (Condé) musste sich zum Rückzug entschließen, nachdem er bei Freiburg im Breisgau 6.000 seiner Leute umsonst hingeschlachtet hatte. Kardinal Mazarin vergoss Tränen über diesen Verlust, den aber der herzlose, für den Ruhm allein empfindliche Enghien nicht achtete."
>
> (Friedrich Schiller: Geschichte des Dreißigjährigen Krieges. 2. Aufl., Manesse 1985)

Auch in den noch folgenden kleineren Schlachten konnte sich Mercy behaupten.

Nachdem Condé die Festung Philippsburg erobert hatte, kam es am 5. Mai 1645 zu einem erneuten Schlagabtauch zwischen Turenne und Mercy. Bei Herbsthausen in der Nähe Mergentheims erwies sich der bayerische General als eindeutig überlegen und nutzte das hügelige Terrain so gut aus, dass Turenne bei nutzlosen Angriffen fast die Hälfte seiner Armee verlor. Die Bayern eroberten 59 Standarten und Fahnen, was für die Franzosen eine schreckliche Niederlage bedeutete. Nach seinem hastigen Rückzug über den Main konnte Turenne die Reste seiner Truppen mit denjenigen von Condé vereinigen. Doch die französischen Feldherren wagten vorerst keine Schlacht mit dem gefährlichen Mercy.

Am Morgen des 3. August 1645 ging Condé schließlich doch zum Angriff über. Bei Alerheim griff er die Truppen von Mercy an, die dieser in einer beinahe uneinnehmbaren befestigten Stellung positioniert hatte. Der bayerische Feldherr wurde allerdings während der Schlacht durch eine verirrte Kugel, die möglicherweise aus seinen eigenen Reihen stammte, tödlich verwundet. Trotz beherzter Rettungsversuche durch den mutigen Reiterführer Jan van Werth konnten die Bayern aus den Kampfhandlungen am Ende nicht siegreich hervorgehen. Manche Historiker halten den tragischen Tod des später weit unterschätzten Feldherrn Mercy für ein großes Verhängnis für die Anhänger des katholischen Glaubens. Mercy hätte unter Umständen über die Fähigkeit verfügt, das Blatt zu Gunsten der katholischen Sache zu wenden und doch noch einen Sieg des Kaisers zu ermöglichen. Nach seinem Tod gab es wegen des Mangels an wirklich fähigen Heerführern dazu kaum mehr eine Gelegenheit. Das Reich war finanziell am Ende und die Mehrheit der Bevölkerung hatte ihre Existenzgrundlage verloren. An ein nennenswertes Steueraufkommen war unter diesen Umständen gar nicht mehr zu denken. Selbst in einem vor dem Krieg sehr wohlhabenden Land wie Sachsen wurden in der Zeit zwischen 1630 und 1650 nur zweieinhalb Millionen Taler geprägt, das war lediglich ein Bruchteil dessen, was vor dem Krieg hergestellt wurde. Da aber die Bezahlung der Söldner immer wieder Geld erforderte, wurden Kredite zu horrenden Konditionen bei Schweizer Bankiers aufgenommen. Die Bürger mancher Städte, wie beispielsweise von Marburg, zahlten 200 Jahre später noch immer Zinsen für Anleihen, die während des Krieges getätigt worden waren.

Der Westfälische Friede und ein verändertes Europa

Betreten wir heute den so genannten „Friedenssaal“ im Rathaus von Münster, so mutet das Interieur dieses Raums gemessen an dem Ereignis, das in ihm stattfand, äußerst bescheiden an.

Im Zuge der Hamburger Präliminarien hatten sich die Kriegsmächte Ende des Jahres 1641 auf einen allgemeinen Friedenskongress geeinigt, der für die katholische Konfession in Münster und für die protestantische Konfession in Osnabrück abgehalten wurde, während zuvor die Städte Köln, Lübeck oder Hamburg als mögliche Kongressorte im Gespräch waren. Ab 1643 nahmen die Friedensverhandlungen in Münster und Osnabrück dann ihren Anfang. Hier sollten nun mehrere Jahre lang mehr als 100 Gesandtschaften der europäischen Staaten, sowie der deutschen Fürsten und Reichsstädte streng getrennt nach Konfessionen tagen.

Die Festlegung auf zwei Verhandlungsorte verschiedener Konfession wurde notwendig, weil die schwedischen Gesandten nicht bereit waren, unter der Präsidentschaft eines päpstlichen Nuntius zu tagen und weil die Abgesandten des Papstes sich weigerten, mit den vermeintlichen Ketzern in einem Raum zu sitzen. Hinzu kamen endlose Diskussionen über das sichere Geleit für die Kongressteilnehmer, das in Zeiten allgemeiner Anarchie ein großes Problem darstellte.

Bereits der Einzug in die beiden Kongressstädte war für die meisten Delegationen eine Prestigefrage. Obwohl rundherum das Land in Trümmern lag, versuchten die

Delegierten, einander in der Prunkentfaltung zu übertreffen. So wurde die kleine Stadt Münster mit ihren etwa 10.000 Einwohnern von den noblen Diplomaten und ihrer großen Gefolgschaft regelrecht überschwemmt. Zu diesen Besuchern gesellten sich auch Händler, Künstler und viele Prostituierte. Die Delegierten des Kaisers waren sowohl in Münster als auch in Osnabrück vertreten. Im Vergleich zu dem ärmlichen Osnabrück war Münster weniger stark von den Kriegsverwüstungen in Mitleidenschaft gezogen worden. Angesichts der Enge beider Städte überrascht es, dass für die zahlreichen Diplomaten und ihr Gefolge genügend Unterkünfte bereitgestellt werden konnten, wobei so mancher Bürger ein gutes Geschäft machen konnte.

Noch ehe die eigentlichen Verhandlungen begannen, herrschte lange Zeit Uneinigkeit darüber, welche sozialen Gruppierungen sich an den Gesprächen beteiligen durften. Der Kaiser sperrte sich lange gegen Frankreichs Forderung, auch die 300 Reichsstände einzuladen. Ferdinand III. sah seine Vorrechte in Gefahr, wenn die mittleren und kleineren Landesherren mitbestimmen konnten. Bevor diese Frage endgültig geklärt war, zogen die Habsburger ihre Garnison aus Münster und die Schweden ihre aus Osnabrück ab – die beiden Städte waren somit de facto neutral. Zum Schutz der Delegierten warben die Städte nun eigene Truppen an. Im Falle von Münster waren dies immerhin 1.200 Mann.

Die Franzosen trafen erst im Februar 1644 in Münster ein, während noch immer über die Frage nach der Kongresszulassung der Reichsstände diskutiert wurde. Als der Herzog von Longueville am 30. Juni 1645 mit 200 Gefolgsleuten und einer Fülle an Gütern, Prunk und Lebensmitteln in die Stadt einzog, stellte er alle anderen diplomatischen Delegationen in den Schatten. Dies war beabsichtigt und sollte von den Zwistigkeiten der Franzosen untereinander ablenken. Bei seinem Einzug in die Stadt führte der Herzog unter anderem 100 Wagen Wein mit sich und bereitete damit der Bevölkerung eine große Freude. Während die meisten Kongressbeteiligten in Münster und Osnabrück den Eindruck vermittelten, ein rascher Abschluss der Friedensverhandlungen sei nicht besonders dringlich, gingen die dramatischen Ereignisse im Reichsgebiet weiter. Da die Heere im letzten Drittel des Dreißigjährigen Krieges kleiner geworden waren, dafür aber über einen höheren Anteil an Kavallerie verfügten, vermochten sie in weit kürzerer Zeit größere Distanzen zurückzulegen als noch zu Lebzeiten von Wallenstein und Tilly. Dies führte dazu, dass feindliche Truppen oft in Gebieten auftauchten, in denen man damit in keinster Weise gerechnet hatte. Der Radius der Verheerungen und Plünderungen auch kleinerer Armeen wurde dadurch vergrößert, wobei viele militärische Unternehmungen zunehmend von dem Wunsch nach Nahrungsmitteln und Beute geleitet waren und keine anderweitigen strategischen Ziele als das eigene Überleben verfolgten.. Wie ehedem waren die schwedischen Truppen bei diesen Beutezügen Meister ihres Fachs.

Die Schlacht bei Jankau am 6. März 1645 gab schließlich den Ausschlag für einen verstärkten Einsatz bei den Friedensverhandlungen auf kaiserlicher Seite. Die Schweden waren nach der katastrophalen Niederlage von Gallas gegen Torstensson in Böhmen eingedrungen und die habsburgischen Erblande waren dadurch in akute Gefahr geraten. Der kaiserliche Feldmarschall Melchior Graf von Hatzfeld stellte sich bei dem etwa 60 Kilometer südöstlich von Prag gelegenen Jankau dem schwedischen Heer zum Kampf. Kaiser Ferdinand III. soll den Befehl zu dieser Schlacht gegeben haben, nachdem ihm die Mutter Gottes im Traum erschienen war und ihm prophezeite, er könne die Schweden zugrunde richten, wenn er sie jetzt angreife. Leider war der Heiligen Jungfrau hierbei eine folgenschwere Fehlprognose unterlaufen.

Zwar waren die beiden Armeen etwa gleich stark, die verbündeten kaiserlichen und bayerischen Truppen, die von Hatzfeld und dem erfahrenen Reitergeneral von Werth angeführt wurden, verfügten indes über eine stärkere Kavallerie. Eine ausreichende Entfaltung der Reiterverbände wurde jedoch durch das hügelige und waldreiche Gelände verhindert. Zunächst hatte es aber den Anschein, als verliefe die Schlacht für die Katholiken sehr günstig. Nachdem sie einen schwedischen Angriff zurückgeschlagen hatten, gelang es den kaiserlichen Truppen, den rechten Flügel des Gegners zu sprengen. Anstatt jedoch die neu gewonnene Überlegenheit zu nutzen, griffen Hatzfelds und Werths Reiter daraufhin den schwedischen Tross an und begannen zu plündern. Torstensson positionierte nun seine Truppen neu und setzte auf seine Überlegenheit an Artillerie. Das militärisch geschickte schwedische Fußvolk gab schließlich der katholischen Infanterie den Todesstoß. Die Schlacht war verloren und die Verluste sprachen eine eindeutige Sprache. Hatzfeld hatte 4.000 Tote und Verwundete zu beklagen, er selbst und 4.500 seiner Männer gerieten in Gefangenschaft, während die Schweden nicht mehr als 2.000 Mann verloren hatten. Einmal mehr hatten die Schweden dank ihrer besseren Disziplin über das kaiserliche Heer den Sieg davon getragen.

Durch den Triumph der Schweden war die kaiserliche Armee vernichtet und in Prag breiteten sich großer Schrecken und Bestürzung aus. Ferdinand III., der sich in der Stadt aufhielt, reiste fluchtartig ab, worin wohl mancher Zeitgenosse eine Parallele zu der 25 Jahre zuvor sich ereignenden Flucht des „Winterkönigs" zu entdecken glaubte. Für die Schweden war der Weg nach Wien nun unversperrt und dies führte zu einer regionalen Katastrophe.

Schwedische Truppen drangen auf österreichisches Gebiet vor und überschritten am 24. März 1645 die Donau.

Innerhalb sehr kurzer Zeit gelang es ihnen, sich nahezu aller größeren Siedlungen, Burgen und Klöster aus dem nördlichen Niederösterreich zu bemächtigen. Viele Burgen und Schlösser, deren Ruinen teilweise noch heute zu sehen sind, wurden dabei zerstört. Wichtige Städte wie Krems an der Donau und Korneuburg fielen in schwedische Hände. In einem Schreiben an Fürst Georg Rákóczi von Siebenbürgen verwies General Torstensson auf die günstige Angriffssituation und schlug vor, gemeinsam bei Preßburg die Donau zu überqueren und Wien anzugreifen. Zum Glück für die Stadt reagierte der Siebenbürger, der sonst kaum eine Gelegenheit ausließ, den Habsburgern zu schaden, nicht und Torstensson begnügte sich damit, weitere niederösterreichische Städte in seine Gewalt zu bringen und auszuplündern. Dann marschierten die Schweden in Richtung Brünn, das ab dem 4. Mai 1645 belagert wurde.

Den kaiserlichen Truppen gelang nun endlich wieder ein militärischer Sieg, denn sie konnten die nördlich von Wien gelegene Wolfsschanze, in der sich ein schwedisches Korps festgesetzt hatte, nach heftigen Kämpfen erobern. Dabei zeichnete sich Erzherzog Leopold Wilhelm aus, der die Armee kommandierte. Unterdessen belagerte Torstensson weiterhin die Stadt Brünn. Nun begann Fürst Georg Rákóczi mit seinen Truppen quer durch Mähren in Richtung Brünn zu marschieren, um die Schweden bei der Belagerung zu unterstützen.

Kaiser Ferdinand III. stand daraufhin unter Zugzwang und versuchte durch die Unterzeichnung einen Präliminarfrieden mit Fürst Rákóczi am 8. August 1645 Zeit zu gewinnen. Im „Frieden von Linz“ gelang es dem ungarischen Fürsten dann, für sein Volk die freie Religionsausübung und die Zurückgabe aller den Protestanten genommenen Besitztümer durchzusetzen. Für den fanatischen Ferdinand III. bedeutete dies eine schwer zu verkraftende Niederlage und es hatte gravierende Auswirkungen für die weitere Geschichte von Ungarn.

Am 15. August 1645 unternahm Torstensson einen heftigen Sturmangriff auf Brünn, der jedoch blutig abgewiesen wurde. Drei Tage später gaben die Schweden die Belagerung der Stadt auf und marschierten wieder nach Niederösterreich. Torstensson dachte nun daran, sich dort festzusetzen, besetzte erneut die verloren gegangene Wolfsschanze nördlich von Wien und baute einige eroberte Städte entlang der Donau zu Festungen aus. Auch als er später mit dem Großteil seiner Truppen in die Winterquartiere nach Böhmen zog, ließ Torstensson starke Garnisonen im kaiserlichen Kernland Niederösterreich zurück. Später nahm man an, dass gut ein Drittel der Bevölkerung von Österreich unter der Enns den Kriegshandlungen und Ausschreitungen der Schweden zum Opfer fiel.

Der Kurfürst von Sachsen schloss am 6. September 1645 mit dem schwedischen General Lennart Torstensson den Waffenstillstand von Kötzschenbroda und schied damit aus dem Krieg aus. Einige sächsische Regimenter verblieben im kaiserlichen Heer, durften aber nicht mehr in Kampf gegen schwedische Truppen eingesetzt werden. Die Sachsen mussten hohe Kontributionen zahlen und die Besetzung von Leipzig und Torgau durch die Schweden hinnehmen. Auch musste den schwedischen Truppen jederzeit der Durchmarsch durch sächsisches Gebiet ermöglicht werden. Durch diesen demütigenden Separatfrieden erkaufte sich Kurfürst Johann Georg I. den Ausstieg aus einem Konflikt, in dem er nur unablässig weiter hätte verlieren können. Sachsen sollte viele Jahre brauchen, um sich von den Verlusten dieser Auseinandersetzung zu erholen.

Im Dezember 1646 riefen die Habsburger den „Heeresverderber" Matthias Gallas wieder zu den Waffen, nachdem er die Zeit nach seinem militärischen Fiasko gegen die

Schweden mit seinen Lieblingsbeschäftigungen – der Trunksucht und dem Glücksspiel – verbracht hatte. Ein böser Spruch aus jener Zeit besagte, Gallas glich einer Trommel, von der man nur höre, wenn sie geschlagen werde. Bevor dieser „Glanzpunkt" habsburgischer Personalpolitik jedoch erneut ein Desaster provozieren konnte, „erlöste" sein Tod ihn und die kaiserliche Armee.

Verglichen mit dem Zustand der Heere zu Zeiten eines Wallenstein waren die kaiserlichen Streitkräfte nun in einer erbärmlichen Verfassung. Längst von Jägern zu Gejagten geworden, fehlte es ihnen neben dem unbedingt nötigen Geld vor allen auch an wirklich fähigen militärischen Führern, wenn man von Leuten wie Montecuccoli (1609 – 1680, später bedeutender kaiserlicher Feldherr, Diplomat und Staatsmann) und Sporck (1600 – 1679, genialer Reiterführer mit viel taktischem Geschick) absieht, die allerdings meist unter ihrem Wert eingesetzt wurden. Die Ermordung Wallensteins und die Zerschlagung seines militärisch-industriellen Komplexes lasteten noch immer wie ein Fluch über der kaiserlichen Kriegführung.

Wen die Hauptschuld an den Verhandlungsverzögerungen in Münster und Osnabrück trifft, ist umstritten, doch war Frankreich am wenigsten an einem raschen Friedensschluss interessiert. Der Zusammenbruch der spanisch-habsburgischen Macht und das Vordringen der Schweden in die Erblande des Kaisers, sowie der Vormarsch der Franzosen in die spanischen Niederlande kam dem strategischen Ansinnen von Kardinal Mazarin sehr entgegen. Ferdinand III. geriet durch die Kriegsentwicklung zunehmend unter den Druck, bedeutende Zugeständnisse zu machen. Die kaiserlichen Hauptgesandten unter der Leitung des Grafen Maximilian von Trauttmansdorff waren bereit, zäh und ausdauernd zu verhandeln, um die Verluste in Grenzen zu halten. Es zeichnete sich jedoch schon bald ab, dass bedeutende territoriale Einbußen nicht zu vermeiden waren. Überdies verlangten die Schweden für den Abzug ihrer Truppen aus dem Reich eine astronomische Summe von sechs Millionen Talern. Nach zähen Verhandlungen ließen sie sich letztlich auf fünf Millionen ein, jedoch war dieses Geld faktisch gar nicht vorhanden. Angemessen wäre es indes gewesen, wenn die Schweden gezahlt hätten, waren sie doch die Zerstörer von geschätzten 2.000 Burgen und Schlössern, 18.000 Dörfern und 1.500 Städten. Für eine zunächst gering geschätzte und von Ferdinand II. sogar als „Feinderl“ (= kleiner unbedeutender Gegner) bezeichnete Macht, war dies eine ganze Menge.

Der Kaiser hatte seinen besten Diplomaten ins Geschehen geschickt. Maximilian Graf Trauttmansdorff war am 25. November 1645 in Münster angekommen und begann rasch zum wichtigsten Mann unter den Delegierten zu werden. Seine erste Unterredung mit dem spanischen Bevollmächtigten am 1. Dezember stellte den Beginn der offiziellen Verhandlungen während des Westfälischen Friedens dar. Die Spanier befürchteten wohl zu Recht, dass sich damit eine grundsätzliche Wende in der kaiserlichen Verhandlungsführung anbahnte. Der Kaiser hatte dem Diplomaten eine eigenhändige kaiserliche Instruktion auf den Weg mitgegeben. Trauttmansdorff tat nun sein Bestes und verhinderte möglicherweise den völligen Zusammenbruch des habsburgischen Kaisertums.

Trauttmansdorff entschied sich, vorerst mit Frankreich wesentliche Übereinkünfte zu erzielen. Es folgten ermüdende Phasen der Unterredung zwischen seiner und der französischen Delegation. Die Franzosen konnten schließlich vieles von dem erreichen, was Mazarin anstrebte. Im Elsass hatte Frankreich schon bald die Herrschaftshoheit und brachte die Bistümer Metz, Toul und Verdun in ihren Besitz. Darüber hinaus wurde der Grundstein für die künftige französische

Herrschaft über Lothringen gelegt. Auch die Niederlande und Spanien wurden sich unerwartet schnell einig und bereiteten einen eigenen Friedensvertrag vor. Dieser Vertrag wurde schließlich am 8. Januar 1647 unterzeichnet.

Zur Jahreswende 1646/47 veröffentlichten die Jesuiten Streitschriften, in denen sie jede Kompromissbereitschaft gegenüber den Protestanten ablehnten. Ein solcher Kompromiss stelle eine „Beleidigung Gottes und der wahren Religion" dar. Die Jesuiten kritisierten Trauttmansdorffs Friedensentwürfe entschieden, denn ein Friede, der die Häresie dulde, könne auf keine Fall christlich sein, wobei der Papst später meinte, dieser Friede sei „null und nichtig, ungültig, unbillig, ungerecht, verdammenswert, verwerflich, nichts sagend, inhalts- und wirkungslos für alle Zeiten." (Deschner 2008, S. 368) Ein Großteil der katholischen Reichsstände befürwortete den Frieden jedoch unter allen Umständen. Selbst Maximilian von Bayern hatte inzwischen erkannt, dass es nichts mehr zu gewinnen gab.

Am 1. Dezember 1646 ließ Ferdinand III. eine „endliche Erklärung" vorlegen, in der er seine Zugeständnisse gegenüber den Protestanten konkretisierte. Am 13. September desselben Jahres war bereits ein „Vorvertrag über die französische Satisfaktion" ausgearbeitet worden. Am 18. Februar 1647 schloss sich dieser Abmachung der „Vorvertrag über die schwedische Satisfaktion" an. Das Ende des Krieges schien sich dadurch bereits abzuzeichnen. Aber noch wurde heftig weiter verhandelt und zudem äußerst erbittert und verlustreich gekämpft. Nachdem es dem kaiserlichen Heer gelungen war, die Schweden aus Niederösterreich weitgehend zu vertreiben, tauchte der schwedische Feldherr Karl Gustav Wrangel überraschend im Westen der habsburgischen Besitzungen auf. Am 4. Januar 1647 nahmen die Schweden die Stadt Bregenz ein, die während des bisherigen Kriegsgeschehens als vergleichsweise sicherer Ort gegolten hatte. Viele weltliche und geistliche Fürsten wähnten ihr Vermögen hier in Sicherheit. Nun fielen Wrangels Truppen bis zu zehn Millionen Gulden als Kriegsbeute in die Hände. Nach Ankunft der kaiserlicher Truppen in Vorarlberg kam es zu weiteren Kämpfen, in denen die Schweden wieder zurückgedrängt werden konnten. Der Schaden war jedoch nicht mehr gutzumachen.

Infolge des zunehmenden militärischen Drucks schloss Kurfürst Maximilian von Bayern am 14. März 1647 einen Waffenstillstand mit Schweden und Frankreich. Doch schon am 2. September handelte er diesem Beschluss entgegengesetzt und ging ein Bündnis mit Ferdinand III. ein. Die katastrophale militärische Situation der kaiserlichen Armee konnte dadurch jedoch auch nicht mehr gerettet werden. Die Situation Bayerns verschlimmerte sich indes.

Im Frühjahr 1648 vereinigten sich die Heere von Feldmarschall Wrangel und von Marschall Turenne erneut und marschierten nach einem genau ausgearbeiteten Feldzugsplan los, um das Südufer der Donau einzunehmen. Danach sollte ganz Bayern erobert und anschließend ein Stoß gegen Wien geführt werden. Den beiden Feldherren war klar, dass die Durchsetzung dieses Plans einen vernichtenden Sieg über die kaiserliche Armee und die bayerischen Truppen verlangte. Für deren Kommandeure waren die Absichten Wrangels und Turennes leicht durchschaubar, doch sie mussten sich der Übermacht stellen.

Nachdem die kaiserlichen und die bayerischen Truppen am 1. und 2. Mai bei Donauwörth die Donau nach Süden überschritten hatten, kam es zu massiven Plünderungen der Stadt Zusmarshausen und weiterer Städte, Dörfer, Schlösser und Klöster. Die Söldner gebärdeten sich so, als befänden sie sich im Feindesland und ihre zerstrittenen Führer ließen sie gewähren. Als dann die Franzosen und die Schweden nachstießen, entwickelten sich am 13. Mai an der Brücke bei Günzburg und am 17. Mai 1648 zu mehreren Kampfhandlungen, die als die „Schlacht bei Zusmarshausen" in die Geschichte eingingen.

Der Schlagabtausch in der Nähe von Augsburg brachte den Katholiken erneut einen militärischen Rückschlag bei. Die vereinigte schwedische und französische Armee, die unter Wrangel und Turenne kämpfte, war 30.000 Mann stark, wovon immerhin 18.000 Reiter waren. Die kaiserlichen und bayerischen Truppen waren hingegen weitaus schwächer und litten zudem unter den heftigen Rivalitäten zwischen dem kaiserlichen General Melander von Holzappel und dem Grafen Gronsfeld. Dabei hätten die katholischen Feldherren allen Grund zur Einigkeit gehabt, da sie mit ihren Truppen die einzige wirkliche Barriere zur Verhinderung des schwedisch-französischen Feldzugplanes darstellten. Wie so oft im Kriegsgeschehen konnten vermeintlich verbündete Heerführer ihre gegenseitigen Abneigungen jedoch nicht unter Kontrolle halten und erwiesen dadurch ihren Armeen einen sehr schlechten Dienst.

Bei den kaiserlichen Truppen bewährte sich nach Beginn der Kämpfe Feldmarschall-Leutnant Graf Montecuccoli, der später zu einem bedeutenden Feldherrn aufsteigen sollte. Er konnte den Gegner abwehren und viele Soldaten gefangen nehmen. Dann jedoch musste er sich zunehmender schwedisch-französischer Attacken erwehren, bei denen der Gegner immer stärkere Abteilungen ins Gefecht schickte. Melander von Holzappel begab sich nun selbst mit seiner Verstärkung auf den Kriegsschauplatz und wurde durch eine Kugel so schwer verwundet, dass er noch am selben Tag starb. Die katholischen Truppen mussten schließlich dem überlegenen Feind weichen, wobei der Rückzug teilweise in eine Flucht ausartete. Montecuccoli tat sein Bestes, um einen totalen Zusammenbruch zu verhindern. Es kam daraufhin zu einer Neuaufstellung der kaiserlich-bayerischen

Truppen, die nun unter dem Oberbefehl des Grafen Gronsfeld standen. Die Kampfposition war gut gewählt und die rüstigen bayerischen Truppen konnten sie im Gefecht mit den Resten der kaiserlichen Armee bis zum Einbruch der Dunkelheit behaupten. Da den kaiserlichen und bayerischen Truppen aber am Folgetag die völlige Vernichtung drohte, unternahmen sie unter Täuschung ihrer Gegner in der Nacht eine geschickte Absetzbewegung. Durch die Zurücklassung des gesamten Trosses und vieler Geschütze erreichten die katholischen Truppen schließlich den Schutz der stark befestigten Stadt Augsburg.

Diese Niederlage hatte einmal mehr die militärische Überlegenheit der Schweden und Franzosen gezeigt und bewiesen, dass für den Kaiser und seine Verbündeten auf dem Schlachtfeld kaum noch Hoffnung bestand. Der bayerische Kurfürst Maximilian war schockiert und hatte nichts Besseres zu tun, als den wackeren Gronsfeld (Jost Maximilian von Bronckhorst-Gronsfeld, 1598 – 1662, war bayerisch-kaiserlicher General und Diplomat) verhaften zu lassen. Bayern wurde daraufhin von den Franzosen und Schweden stark verwüstet – mit dem Ziel, einen separaten Waffenstillstand zu erzwingen. Kurfürst Maximilian floh schließlich nach Salzburg und überließ sein Land allein einer Katastrophe, in die er es mit seiner Politik hineingeführt hatte. Kaiser Ferdinand III. weigerte sich währenddessen noch immer, religiösen Zugeständnissen in Münster zuzustimmen. Dazu brauchte es noch des weiteren Schocks einer militärischen Katastrophe, die sich bald einstellte.

Der schwedische Feldmarschall Graf Königsmarck unternahm nach der Schlacht von Zusmarshausen einen Vorstoß in Richtung Prag. Am 26. Juli 1648 konnten die Schweden in einem Handstreich die Prager Kleinseite mit dem Hradschin einnehmen. Als sie jedoch über die Karlsbrücke weiter in die Prager Altstadt vordringen wollten, wurde diese von einem

Aufgebot aus kaiserlichen Söldnern, Studenten, Bürgern und niederen Klerikern heftig verteidigt. Die Schweden waren jedoch nicht bereit, so schnell aufzugeben und unternahmen immer wieder erbitterte Angriffe, die viele Opfer auf beiden Seiten forderten. Kaiser Ferdinand III. geriet in Panik, da ihm klar war, dass bald auch der Rest der Stadt in die Hände der Schweden fallen würde. Der Stadtkommandant Graf Colloredo-Waldsee tat sein Bestes, um den Widerstand möglichst lange aufrecht zu erhalten. Letztlich sollte dieser sogar über den Abschluss des Westfälischen Friedens hinaus andauern. Noch am 25. Oktober musste ein letzter schwedischer Angriff auf die Prager Altstadt abgewehrt werden, da der Friedensschluss noch nicht bekannt war.

Als ein Teil des Friedensvertrages bereits unterzeichnet war, kam es am 20. August 1648 zwischen habsburgischen Truppen und Franzosen zur Schlacht bei Lens, südwestlich von Lille, deren Ausgang die allgemeine militärische Entwicklung bestätigte. Die von Erzherzog Leopold Wilhelm kommandierten spanischen und kaiserlichen Truppen trafen auf die zahlenmäßig unterlegenen Franzosen unter dem Prince de Condé. Dieser konnte vorerst seine Gegner nicht aus ihren Stellungen herauslocken und leitete einen Rückzug ein. Daraufhin griffen einige Einheiten des Erzherzogs dennoch an und attackierten die französische Nachhut. Aus diesem Angriff entwickelte sich eine Schlacht, in die dann Leopold Wilhelms Armee eingreifen musste. Nach sechs Stunden zäher Kampfhandlungen blieben die Franzosen siegreich und behaupteten das Feld. Leopold Wilhelms Armee hatte 5.000 Gefallene und 6.000 Gefangene zu beklagen; außerdem fielen der gesamte Tross und alle Kanonen in die Hände ihrer Gegner.

Währenddessen gingen die Kämpfe in Prag weiter und forderten neue Opfer. Als die Schweden schließlich die Nachricht erhielten, dass auch in Osnabrück der Friedensvertrag unterzeichnet worden sei, stellten sie die Kampfhandlungen ein. Bei ihrem Abzug beluden sie jedoch etwa sechzig Gepäckwagen mit Kunstschätzen und anderen Wertgegenständen. Dieser „Prager Kunstraub" ging auf eine Initiative der schwedischen Königin Christina zurück, die die bedeutendsten Stücke der legendären Kunstsammlung von Kaiser Rudolf II. in ihren Besitz bringen wollte. Bei diesem organisierten Kunstraub wurden nicht allein die Schätze der Prager Burg, sondern auch viele Kostbarkeiten aus anderen Palästen des Prager Burgberges geraubt. Viele Kunstschätze wurden zudem aus dem Palais von Wallenstein und der bedeutenden Rosenberg-Bibliothek entwendet. Aus den Sammlungen von Rudolf II. wurden über 700 Gemälde abtransportiert. Auch der heftige Protest der kaiserlichen Gesandten in Münster konnte gegen diesen systematisch verübten Kunstraub nichts ausrichten.

Nach dem Abzug der Schweden war Prag eine schwer gezeichnete Stadt. Das gewalttätige Ende des Dreißigjährigen Krieges hatte sich nun genau in jener Stadt ereignet, in der dreißig Jahre zuvor durch den Prager Fenstersturz die schrecklichen Ereignisse eingeleitet worden waren. Kaiser Ferdinand III. ließ 1650 in Prag eine Mariensäule errichten, die an die Verteidigung der Stadt erinnern sollte. Dieses Denkmal wurde am Altstädter Ring errichtet und stand bis zum Ende der österreichisch-ungarischen Monarchie. Dann wurde die Säule zerstört, um die Erinnerung an die Habsburger, die Gegenreformation und die Schrecken des Dreißigjährigen Krieges auszulöschen.

In ihren Erinnerungen berichteten manche kaiserliche Offiziere, dass am Ende des Krieges in der kaiserlichen Armee nur noch Verzweiflung und Hoffnungslosigkeit herrschten. (So schrieb unter anderem Raimondo Montecuccoli später darüber.). Der Feind agierte in den meisten Gebieten des Reiches fast nach Belieben. Selbst so erfahrene Feldherren der protestantisch-französischen Seite wie Wrangel und Turenne stieg die Siegeszuversicht zu Kopf und so wären sie nach dem Ende der Kampfhandlungen beinahe doch noch Opfer des Krieges geworden. Als sie im Oktober 1648 bei Dachau in der Nähe von München auf Hirschjagd waren, wurden sie von Einheiten des kaiserlich-bayerischen Generals Werth überfallen. Nachdem der Großteil ihrer Leute getötet worden war, konnten sich Wrangel und Turenne nur fluchtartig unter Verlust ihrer Waffen durch den Morast in Sicherheit bringen. Als Wrangel mit dem Rest seines Gefolges schließlich in verstörtem Zustand die fränkische Kleinstadt Feuchtwangen erreichte, erhielt er die Nachricht vom Abschluss des Westfälischen Friedens.

Der Kaiser und das Reich brachten die Friedensverhandlungen mit den Franzosen und ihren Verbündeten am 6. August 1648 in Münster und mit den Schweden und ihren Alliierten am 14. Oktober in Osnabrück zu einem endgültigen Abschluss. Am 24. Oktober wurde der Westfälische Friede von den jeweiligen Parteien an beiden Orten unterzeichnet. Er umfasste 120 Paragraphen und wurde zum „ewigen Grundgesetz des Reiches" erklärt. Die Durchführung seiner Bestimmungen wie etwa die Räumung von Gebieten und die Zahlung von Entschädigungen zog sich über Jahre hin. Erst mit dem schwedischen Auszug aus der Stadt Vechta im Jahre 1654 waren alle Gebiete in den Händen der vertraglich vereinbarten Besitzer.

Grob umrissen sahen die Ergebnisse des Friedensvertrages folgendermaßen aus: Die Habsburger behielten den vollen Besitz in ihren östlichen Erblanden, mussten jedoch den Sundgau, die Landgrafschaft Ober- und Unterelsass, die Landvogtei und zehn Reichsstädte des Elsass an Frankreich abtreten. Bayern erhielt die Oberpfalz und stand somit trotz schwerer militärischer Niederlagen als territorialer Gewinner da. Auch die Brandenburger konnten ihr Territorium vergrößern und erhielten Hinterpommern und das Herzogtum Magdeburg. Die Rheinpfalz erhielt eine neugeschaffene achte Kurwürde. Dänemark behauptete seine norddeutschen Besitzungen und hatte damit weiterhin ein Mitspracherecht im Reichstag. Die Schweden behielten ihre eroberten Gebiete an der Ost- und Nordsee (Vorpommern, Bremen und Verden) und hatten damit auch Sitz und Stimme im Reichstag. Die Niederlande und die Schweiz wurden selbständige Staaten und schieden aus dem Reichsverband aus. Das Reich wurde durch den Dreißigjährigen Krieg somit in beträchtlichem Maße verkleinert.

Der Westfälische Friede war bei weitem nicht nur ein Friedensdokument, sondern stellte ein umfangreiches Regelwerk dar, welches neben den Kontrakten zwischen dem Kaiser und den Reichsständen auch einen revidierten Religionsfrieden und umfassende Neuregelungen der Verfassungsverhältnisse des Reiches umfasste. Damit wurde der Friedensvertrag zu einem der wichtigsten Dokumente der Reichsverfassung. Einige in ihm festgeschriebene politische und territoriale Übereinkünfte wirken noch bis in die Gegenwart fort. Man denke nur daran, dass die Niederlande und die Schweiz endgültig aus dem Reichsverband ausschieden und Frankreich ein Zugriff auf elsässisches Gebiet ermöglicht wurde.

Politisch gesehen bedeutete der Westfälische Friede das Ende der habsburgischen Universalmonarchie. Durch die verfassungsrechtlichen Bestimmungen bildete das Heilige Römische Reich nur noch einen losen Staatenbund mit einem Kaiser, der nur wenig Macht hatte. Die Reichsfürsten erhielten das Recht, untereinander und mit dem Ausland Bündnisse zu schließen, was nur durch die Bestimmung eingeschränkt wurde, dass gegen den Kaiser und das Reich nichts unternommen werden durfte. Von den gesamtstaatlichen Einrichtungen blieben der Reichstag, das paritätisch besetzte Reichskammergericht und der vom Kaiser bestimmte Reichshofrat übrig. Unter diesen Umständen konnte man kaum mehr von einer gemeinsamen deutschen Reichspolitik sprechen. Der Kaiser war von nun an in der Gesetzgebung in Regensburg und bei Abschlüssen von Verträgen an die Zustimmung im Reichstag gebunden. Dieser bestand aus drei Kurien, deren erste die 8 Kurfürsten, die zweite 165 Fürsten (davon 69 geistliche und 96 weltliche) und die dritte 61 Reichsstände (Freie Reichsstädte, Grafen und Herren) umfassten. Da die Habsburger lediglich in ihren Erblanden noch unumschränkte Landeshoheit ausübten und die Kaiserwürde ein inhaltsleerer Titel geworden war, verlagerte sich das politisch-militärische Schwergewicht nun auf diese Erblande. Dort wurde auch weiterhin massiv gegen die noch verbliebenen Protestanten vorgegangen.

Unter konfessionellem Gesichtspunkt fand sich der Augsburger Religionsfriede von 1555 im Friedensvertrag unverändert wieder. Es gab nun eine Klausel, die die Gleichberechtigung zwischen Katholiken, Lutheranern und Reformierten vorsah. Für den kirchlichen Besitz und das religiöse Bekenntnis der Bevölkerung wurde als „Normaljahr“ 1624 festgelegt, da bis zum Januar dieses Jahres die Rekatholisierung Bayerns abgeschlossen war und man diese ohne weitere, schwere Konflikte nicht mehr rückgängig machen konnte. Nur die Habsburgischen Erblande, die Oberpfalz und die Kurpfalz waren von diesen Bestimmungen ausgenommen. Hinsichtlich der Freiheit zur Ausübung des augsburgischen Bekenntnisses waren gewisse Zusagen an den niederösterreichischen Adel und Teile der schlesischen Bevölkerung gemacht worden. Das schwedische Königshaus und die Protestanten behielten sich das Recht gewaltloser Interventionen zugunsten der in Österreich lebenden Protestanten vor. Allerdings blieb dies weitgehend wirkungslos, denn die in Österreich befindlichen Protestanten wurden nach und nach gezwungen, entweder zu konvertieren oder auszuwandern. Bis zum Toleranzpatent von Kaiser Joseph II. im Jahre 1781 gab es aber dennoch einige Protestanten, die ihrem Glauben im Geheimen nachgingen. Der Reichstag in Regensburg wies eine Mehrheit an Katholiken auf und bestand nun aus zwei konfessionellen Gruppen, die Religionsfragen mit Vergleichen und nicht mit Mehrheitsbeschlüssen regeln sollten. Es ging dabei auch um die Besiedelung von Landstrichen, was neben religiösen auch immer wirtschaftliche Auswirkungen hatte.

Während des Krieges war die Wirtschaft innerhalb des Reichs weitgehend zum Erliegen gekommen. Als besonders schwerwiegend erwies sich, dass die Mündungen aller großen Flüsse des Reiches im Besitz ausländischer Mächte waren, weshalb die deutschen Territorien lange Zeit vom Welthandel ziemlich abgeschottet blieben. Hinsichtlich der durch den Krieg verursachten Bevölkerungsverluste liegen sehr unterschiedliche Schätzungen vor, die sich zwischen 15 und 70 Prozent bewegen, wobei ein Verlust von etwa 40 bis 50 Prozent im Vergleich zum Vorkriegsstand am wahrscheinlichsten ist. Es gab Gebiete mit nur geringem Bevölkerungsrückgang und solche mit ganz dramatischen Verlusten, wie etwa Mecklenburg, Pommern, Hessen oder Württemberg. Die habsburgischen Erblande und große Teile Nordwestdeutschlands hatten den geringsten Bevölkerungsschwund zu beklagen. Besonders die Landbevölkerung hatte massiv unter den Kriegsschrecknissen zu leiden gehabt und in manchen Gebieten war bei Kriegsende lediglich ein Bruchteil der Bauernstellen der Vorkriegszeit besetzt. Ganze Dörfer wurden dem Erdboden gleichgemacht, aber es gab auch einige Städte, die bei Kriegsende weitgehend menschenleer waren. Viele der überlebenden Bauern hatten durch die Not ihre Selbständigkeit verloren und mussten wieder Frondienste und Abgaben leisten. Der

Kaiser und die meisten Fürsten waren in hohem Grade verschuldet und die Demobilisierung der großen Armeen brachte weiteres Elend und sozialen Sprengstoff mit sich.

Die Überlebenden des Dreißigjährigen Krieges waren lange über das Kriegsende hinaus gezeichnet und desillusioniert. So schrieb ein Schwabe in seine Familienbibel:

> „Sie sagen der schreckliche Krieg sei jetzt vorbei. Ist aber noch nirgends ein Fried zu spüren. Über all sind Neid, Hass und schlimmere Ding – der Krieg hat uns so gelehrt. Die Alten sind mit der Gottlosigkeit alt geworden – wie sollten sie's noch lassen können vor ihrem Ende? Vom Fleck stehen noch ein paar Häuslein. Wir Leut leben wie die Tier, essen Rinden und Gras. Kein Mensch kann sich denken, dass so etwas vor uns geschehen sei. Viele Leut sagen, es sei jetzt gewiss, dass kein Gott ist."
>
> (Lahnstein 1974, S. 26)

Eine der Folgen des drei Jahrzehnte langen Krieges um den rechten Glauben war folglich, dass viele Menschen jeden Glauben verloren hatten.

Ein Mann jedoch hatte seinen Glauben an Gott nicht eingebüßt: Maximilian I., der Herzog und Kurfürst von Bayern, der den Dreißigjährigen Krieg als einziger Reichsfürst von Anfang bis Ende miterlebt hatte. Er herrschte insgesamt 54 Jahre lang und sorgte dabei für eine ungebrochene, wenngleich problematische Kontinuität in der bayerischen Politik. Was auch geschah, der Kurfürst blieb beharrlich von der Rechtmäßigkeit der katholischen Sache überzeugt. Auch scheint er keine Reue darüber empfunden zu haben, dass Bayern durch den von ihm wesentlich mitverursachten Krieg verwüstet und entvölkert worden war. Dieser frühabsolutistische Herrscher, der trotz seiner profunden Bildung an Hexen glaubte und zuließ, dass Tausende Menschen in

Hexenprozessen ein grausames Ende fanden, war sicherlich mitverantwortlich dafür, dass dieser Krieg derart lange gedauert und ein so fürchterliches Ausmaß angenommen hatte. Vollkommen unverdient ging er aus dem Krieg mit dem Gewinn des Kurfürstentitels und bedeutendem Landzuwachs für das Haus Wittelsbach hervor. Während ihr engster Verbündeter, das habsburgische Kaiserhaus, einen dramatischen Machtverlust erfahren hatte, standen die Wittelsbacher nach dem Krieg machtpolitisch besser da als zuvor.

> „Ob man mir wohl viel davon gesagt, habe ich es doch nicht geglaubt, dass das Land so könne verderbt sein, wenn ich es nicht mit eigenen Augen gesehen."
>
> (Zitiert nach Internet http://home.arcor.de/klaus-koniarek)

Mit diesen Worten kommentierte der wallonische General Mortaigne lakonisch die Situation in Deutschland kurz vor Kriegsende, bevor eine Kanonenkugel seinem Leben ein Ende setzte.

Herausragende Heerführer des Dreißigjährigen Krieges

Die Heere des Dreißigjährigen Krieges unterschieden sich in ihrer Ausrüstung und Kampftaktik zu Beginn wenig von denen der vorangegangenen Jahrzehnte. Die Infanterie war mit Musketen oder Piken ausgerüstet, wobei die Anzahl der mit Feuerwaffen ausgerüsteten Söldner im Verhältnis zu den so genannten Pikenieren immer höher wurde. Die lange und bis zu 15 Kilogramm schwere Muskete wurde zum Schießen meist auf einen „Gabelstock" aufgelegt. Die mit einem Luntenschloss versehenen Gewehre hatten einen glatten Lauf und waren umständlich zu laden, was keine hohe Feuergeschwindigkeit erlaubte. Die Trefferwahrscheinlichkeit bei mehr als hundert Metern war relativ gering, doch waren Treffer auf kurze Distanzen verheerend und sehr oft tödlich. Um die Musketiere während des Ladens und bei Kavallerieangriffen zu schützen, waren die mit Piken bewaffneten Infanteristen zunächst sehr wichtig, doch taktische Verbesserungen machten sie später entbehrlicher. Mit ihrem etwa 5 Meter langen Spieß waren die Pikeniere die einzigen wirklichen Nahkämpfer der Infanterie und genossen ein geringeres Ansehen als die Musketiere, von denen sie zunehmend verdrängt wurden. Dennoch war jeder Musketier froh, wenn er sich im Ernstfall hinter den Spießwall der Pikeniere begeben konnte, was besonders bei Reiterangriffen sehr wichtig war.

Die Fußtruppen des Dreißigjährigen Krieges kämpften zunächst so, wie sie es seit der ersten Hälfte des 16. Jahrhunderts gewöhnt waren. Die Ordonnanz (Gefechtsordnung) bestand im Wesentlichen darin, dass die Fußtruppen in so genannten „Tercios“ aufgestellt wurden. Diese bestanden aus kompakten Pikenier-Quadraten, die von Musketieren umgeben waren. Die Musketiere führten den Feuerkampf gegen feindliche Infanterie und Kavallerie und zogen sich bei Bedarf hinter die Pikeniere zurück. Zuweilen kauerten die Musketiere auch am Boden und hatten die langen Piken als Schutz über sich. Da die Anzahl von Schützen bei den Tercios im Verhältnis zu den Pikenieren sehr hoch war, waren diese von mehreren Reihen von Musketieren umgeben, die man als „Hecke“ bezeichnete. Die gestaffelte Aufstellung mehrerer Tercios bezeichnete man als „spanische Ordonnanz“ und sie erwies sich lange Zeit als optimale Gefechtsordnung für die Infanterie. Allerdings lösten die offenere und flexiblere schwedische Gefechtsordnung und die vermehrte Bedeutung der Feuerwaffen diese Gefechtsordnung ab. Alle Armeen folgten bald dem schwedischen Beispiel, zuletzt die traditionellen Spanier, die wegen ihrer veralteten Tercio-Aufstellung 1643 in der Schlacht bei Rocroi auch eine verheerende Niederlage erlitten.

Die Reiterei spielte im Dreißigjährigen Krieg eine immer bedeutendere Rolle und bestand zunächst aus Kürassieren und Arkebusieren. Die Kürassiere waren die gepanzerte schwere Reiterei und kämpften primär mit dem Degen und der Radschlosspistole, während die Arkebusiere als leichte Reiterei mit einem im Verhältnis zur Muskete leichteren Gewehrtyp ausgerüstet waren. Später verschmolzen diese Truppen miteinander und die Kroaten bzw. Husaren waren die Wegbereiter der neuen leichten Reiterei, die flexibler agieren konnte. Als „Mischwesen“ zwischen den Kavalleristen und Fußsoldaten galten die Dragoner, die eigentlich eine berittene Infanterie waren, die gewöhnlich zu Fuß kämpfte. Sie übernahmen jedoch zunehmend alle Aufgaben der leichten Kavallerie. In der Schlacht wurde die Kavallerie meist verstärkt eingesetzt, um Durchbrüche zu erzielen, die Flanken des Gegners zu attackieren und oft genug eine Niederlage abzuwenden oder den Rückzug zu decken. Der große Krieg brachte besonders viele bedeutende Reiterführer hervor, von denen wohl die Generäle Pappenheim und Sporck die bekanntesten sind.

Die Artillerie war zu Beginn des Krieges nicht besonders mobil und ihre Angehörigen wurden mehr als Handwerker in einer eigenen Gilde denn als Soldaten angesehen. Die Feldartillerie wurde vor der Schlacht positioniert und ging im Falle einer Niederlage mit großer Sicherheit verloren. Ein Umdenken bewirkte hier erst Gustav Adolf durch den Einsatz von zahlenmäßig mehr, aber leichteren und beweglicheren Geschützen. Der Schwedenkönig hatte seine Siege nicht zuletzt seinem geschickten Artillerieeinsatz zu verdanken und in der Folge übernahmen die Verbündeten und Gegner der Schweden dieses Erfolgskonzept. Es entstanden nun militärisch organisierte Artilleriekorps, die ihren Sonderstatus verloren und ein integraler Bestandteil der Armeen wurden. Auch wurden bereits Geschütze mit mehreren Rohren, so genannte „Totenorgeln" eingesetzt, die indes keine große Bedeutung erlangten.

Während des Dreißigjährigen Krieges wurden viele Schlachten geschlagen, von denen etwa 30 militärgeschichtlich als bedeutend anzusehen sind. Letztlich kriegsentscheidend im Sinne einer raschen und eindeutigen Beendigung des militärischen Konflikts war aber keine davon. Die Armeen aller beteiligten Mächte wurden während dieser langen Zeit von einer Vielzahl von Heerführern kommandiert, unter denen jedoch nur wenige wirkliches militärisches Geschick bewiesen. Eine perfekte Kriegskunst setzt damals wie heute die Beherrschung des Kriegshandwerks voraus. Diese handwerklichen Fähigkeiten sind den Heerführern nicht angeboren, sondern müssen durch langjährige Erfahrungen erworben werden. Ein Großteil der Feldherren des Dreißigjährigen Krieges hat sich nicht von der Pike auf empor gedient. Diese Positionen wurden in der Regel von Angehörigen des hohen Adels besetzt, manche bekleideten höchste Positionen bereits in sehr jungen Jahren. Insofern verwundert es nicht, dass oftmals Heerführer aus Herrscherhäusern und dem Hochadel gegen erfahrene Feldherren wie beispielsweise Tilly schlimme Niederlagen erlitten. Nur ganz wenige bedeutende Generäle begannen ihre militärische Karriere mit der Bekleidung des untersten Ranges. Beispiele hierfür sind der bayerische Feldherr Melander oder der erfolgreiche Reiterführer Sporck.

Im Folgenden sollen die bedeutendsten Feldherren des Dreißigjährigen Krieges in wenigen Worten porträtiert werden.

Tilly

„Heiliger oder Kriegsverbrecher?“ So lautete der Titel einer Ausstellung der Stadtgalerie Altötting im Sommer 2007 über den katholischen Feldherrn Tilly, der die erste Hälfte dieses großen Konflikts entscheidend mitgeprägt hat. Die Antwort auf diese Frage fällt nicht eindeutig zu Gunsten einer Position aus. Mit Sicherheit lässt sich jedoch sagen, dass Tilly einer der größten Heerführer der europäischen Geschichte war.

Johann t'Serclaes Graf von Tilly wurde im Februar 1559 auf Schloss Tilly im westlich von Lüttich gelegenen Villers-la-Ville im Herzogtum Brabant geboren. Sein Vater war kaiserlicher Kriegsrat und hatte für seinen Sohn eine geistlichen Laufbahn vorgesehen. Aus diesem Grund wurde seine Erziehung in die Hände der Jesuiten gegeben, was entscheidende Auswirkungen auf sein ganzes weiteres Leben haben sollte. Obwohl Tilly stets von starken religiösen Gefühlen erfüllt war, entschloss er sich mit 17 Jahren dennoch dazu, eine militärische Laufbahn einzuschlagen Der junge Tilly trat zunächst in spanische Kriegsdienste, wo er unter Alexander von Parma, Don Juan de Austria und Alexander Farnese das Kriegshandwerk gründlich erlernte. Zunächst im Rang eines Offiziersdieners tätig, erreichte er nach sechs Jahren den untersten Offiziersrang. Von da an stieg er rasch in der militärischen Hierarchie empor und diente eine Zeit lang im Heer des Herzogs von Lothringen.

Ab 1598 trat der mittlerweile 39-jährige in kaiserliche Diensten Er kämpfte 1600 als Oberstleutnant in Ungarn gegen aufständische Adelige und gegen die Türken. 1601 wurde er Oberst eines Wallonenregiments. Da er sich bereits einen Namen als mutiger und erfahrener Offizier gemacht hatte, war er 1602 unter Herzog Philipp Emanuel von Lothringen mit dem Kommando von 3.000 Wallonen im Kampf gegen die Türken auf ungarischem Boden betraut. Beim Sturm auf die Festung Ofen wurde ihm außerordentliche Tapferkeit bescheinigt. Nach der Eroberung der Festung blieb der Feldherr bis 1606 in Ungarn. Im Jahre 1603 erfolgte seine Beförderung zum Generalwachtmeister und er diente unter dem späteren Kaiser Erzherzog Matthias. Nur ein Jahr später zum Oberfeldzeugmeister avanciert, besiegte Tilly im November 1604 die Türken unter Georg Basta bei Ostian. Als die Türken und Haiducken im Jahr 1605 in die Steiermark einfielen, zog ihnen Tilly entgegen und besiegte sie erneut. Als es im Jahr 1608 zwischen Katholiken und Protestanten in Donauwörth zu Auseinandersetzungen kam, schritt Tilly auch hier ein, indem er im Auftrag des Herzogs von Bayern die Bestrafung der mutmaßlich Schuldigen gewaltsam durchsetzte. Diese und andere ähnlich gelagerte Vorfälle ebneten der Protestantischen Union den

Weg. Bei der Bildung der Katholischen Liga im Jahr 1609 war der Feldherr ebenfalls zugegen und erhielt als Führer der Ligatruppen den Rang eines Generalleutnants. Als militärisch begabter und fanatischer Katholik schien er genau der richtige Mann für diesen Posten zu sein.

1610 übertrug ihm Herzog Maximilian I. von Bayern die Reorganisation des Artilleriewesens. Tilly engagierte sich auch hier sehr, da er die Bedeutung dieser Waffengattung erhöhen wollte. Überdies führte er die ersten Feldlazarette seiner Zeit ein, wodurch die Verwundeten direkt am Schlachtfeld versorgt werden konnten. Die medizinische Versorgung verletzter Soldaten blieb während des gesamten Dreißigjährigen Krieges aber dennoch katastrophal.

Beim Ausbruch des Dreißigjährigen Krieges wurde Tilly zum Feldherrn der Katholischen Liga ernannt, drang daraufhin mit seinen Truppen in Oberösterreich ein und erzwang die Unterwerfung der österreichischen Stände in Linz. Danach marschierte er in das Königreich Böhmen ein und errang seinen ersten großen Sieg in der Schlacht am Weißen Berg am 8. November 1620. Ein Jahr später folgten Tillys Kämpfe mit Mansfeld, den er zunächst in der Oberpfalz und in der Rheinpfalz vor sich her trieb. Doch Mansfeld erhielt Verstärkung durch protestantische Fürsten und Tilly konnte den Markgrafen erst am 6. Mai 1622 in der Schlacht bei Wimpfen besiegen. Nach weiteren Siegen über den Herzog von Braunschweig und der Eroberung großer Teile der Pfalz wurde Tilly vom Kaiser in den Grafenstand erhoben. In der Folge setzte er die Restitution von protestantischen Bistümern und Klöstern an die katholische Kirche mit beinahe fanatischem Eifer durch. Hieran schlossen sich viele äußerst brutale Eroberungen von Städten wie etwa Münden und Göttingen an. Nach seinem Sieg über die Dänen in der Schlacht bei Lutter am Barenberge am 27. August 1626 eroberte er mit Wallenstein Schleswig-Holstein und

Jütland und bewirkte den „Frieden von Lübeck". Tillys Kooperation mit Wallenstein verlief nicht ohne Konflikte und der nachgiebigere bayerische Feldherr litt einige Male unter der Rücksichtslosigkeit des Friedländers. Als Wallenstein vom Kaiser abgesetzt wurde, reagierte Tilly mit Gleichmut.

Tilly wurde 1630 neben seinem Amt als Feldherr der Katholischen Liga auch zum Generalleutnant der kaiserlichen Truppen ernannt und betrieb in dieser Funktion die Umsetzung des Restitutionsedikts in Norddeutschland. 1631 erfolgte die blutige Einnahme von Neubrandenburg, auf die die Belagerung von Magdeburg folgte. Am 20. Mai 1631 gelang es ihm, die Stadt einzunehmen. Das Vordringen der Schweden in Pommern vermochte er jedoch nicht zu verhindern. Die tyrannische Eroberung von Magdeburg ging als eines der grausamsten Kriegsverbrechen in die Geschichte ein und bildete einen traurigen Höhepunkt des Dreißigjährigen Krieges. Tillys Reaktion auf das von ihm verschuldete Massaker ist nicht eindeutig überliefert; sicherlich wusste er jedoch, dass dadurch sein Ruf für alle Zeiten befleckt war. Der barbarische Feldherr wurde daraufhin von den Schweden nach Süden verdrängt und verwüstete Sachsen. Am 17. September 1631 stand er schließlich einem Heer der verbündeten Schweden und Sachsen gegenüber. Er versuchte die Schlacht in der bewährten Taktik auszutragen, die jedoch gegen die Neuerungen in der schwedischen Armee und das Genie von Gustav Adolf nichts ausrichten konnte. Tilly wurde verwundet, verlor das Gefecht und große Teile seiner Armee. Mit Verstärkungen aus Halberstadt versuchte er daraufhin, das von Gustav Adolf bedrohte Bayern zu verteidigen. Nachdem er am 9. März 1632 in der Schlacht bei Bamberg eine schwedische Armee unter dem Grafen Horn besiegt hatte, wurde er am 15. April 1632 bei Rain am Lech schwer verwundet und starb nach verlorenem Kampf am 30. April 1632 an Wundstarrkrampf. Seine Leiche wurde zunächst in der Jesuitenkirche von Ingolstadt bestattet und 1652 nach Altötting überführt, wo man heute noch den gefensterten Sarg mit seinen Überresten betrachten kann. Allerdings ist nicht mehr viel von dem großen Feldherrn erhalten, denn Napoleon ließ den Sarg öffnen, so das der bis dahin erhaltene Körper vor den Augen des Korsen zu Staub zerfiel.

Erneut stellt sich die Frage, ob jener Feldherr von mittelgroßer Statur, dessen hageres Gesicht hervorstach durch scharf geschnittene Züge und große feurige Augen, über die sich buschige Brauen wölbten, ein Heiliger oder ein Kriegsverbrecher war? Einerseits gab sich Tilly stets bescheiden und hasste jede Form von Staffage und überflüssigen Ehrenbezeugungen. Auch war er dafür bekannt, dass er sich nie an der Kriegsbeute bereicherte und bei seinen Truppen stets auf strenge Disziplin bedacht war. All dies trifft in eklatanter Weise jedoch nicht auf die katastrophalen und menschenunwürdigen Ereignisse in Magdeburg zu, die als großer Makel an seiner Person haften blieben und ihm das Stigma eines Kriegsverbrechers eintrugen.

Für seinen Kurfürsten und für den Kaiser führte Tilly insgesamt 38 Schlachten, von denen er lediglich drei verlor. Gemeinsam mit Gustav Adolf und Wallenstein zahlt er ohne Zweifel zu den drei bedeutendsten Feldherren des Dreißigjährigen Krieges. Dennoch war er für einen sehr großen Teil der Verwüstungen in Deutschland verantwortlich, obgleich er immer davon überzeugt war, als „Schwert der Gegenreformation" das Richtige zu tun. Tilly wurde und wird vielleicht noch von katholischen Fanatikern als „Heiliger" verehrt. Er verbrachte wohl auch mehr Zeit in diversen Kirchen als auf dem Schlachtfeld. Seine Vorstellung eines strafenden und unerbittlichen Gottes versuchte er wie viele religiöse Fanatiker mit dem Schwert durchzusetzen. Dadurch verstärkten sich im „Teutschen Krieg" sicherlich die Grausamkeit und der Schrecken. Dadurch hat er sich seinen festen Platz in der großen Schar unheilvoller „Gotteskrieger" erworben.

König Gustav Adolf

Gustav II. Adolf wurde am 19. Dezember 1594 in Stockholm geboren und entstammte der schwedischen Herrscherdynastie der Wasa. Er sollte der wohl bedeutendste Herrscher in der schwedischen Geschichte werden und durch sein militärisches und politisches Handeln wesentlich dazu beitragen, dass Schweden eine hegemoniale Stellung im nördlichen Europa einnahm, die es bis zum unheilvollen Wirken des fanatischen „Soldatenkönigs" Karl XII., der große militärische Wagnisse einging und letztlich fast alles verlor aufrecht erhalten konnte.

Bereits sehr früh kam Gustav Adolf mit kriegerischen Auseinandersetzungen in Berührung, denn im Jahr 1509 begleitete der 14-Jährige seinen Vater König Karl IX. ins Feld. Schon mit 10 Jahren hatte er an den Sitzungen des königlichen Rates teilgenommen und im Alter von 12 Jahren den Empfang ausländischer Gäste geleitet. Zwei Jahre später hatte er dann die Stellung eines Provinzverwalters inne. Die schwedischen Volkskönige des Geschlechts der Wasa, deren Herrscherdynastie noch nicht sehr alt war, sahen vor, die Prinzen bereits in jungen Jahren praktisch in die Verwaltung und den Kriegsdienst einzubinden. Durch herausragende Taten sollten sie sich im Knabenalter den Respekt und die Treue des Volkes sichern. Gustav Adolf erwies sich hierbei als besonders begabt, war neben seiner leidenschaftlichen Hingabe an die Jagd, das Reiten und das Schießen auch kulturell interessiert und beschäftigte sich intensiv mit vergangenen und gegenwärtigen Wissensdiskursen aller

Disziplinen, was ihm später den Ruf eintrug, einer der gebildetsten Herrscher Europas zu sein.

Der junge Mann musste seine Fähigkeiten schon bald unter Beweis stellen, denn er folgte seinem früh verstorbenen Vater 17-jährig in einer Zeit auf den Thron, in der drei Kriege auf einmal wüteten. In der Auseinandersetzung mit den Dänen erzielte der junge Herrscher eine rasche Einigung, doch der bewaffnete Konflikt mit den Russen dehnte sich über drei Jahre aus, bevor es Gustav Adolf gelang, den Zaren zu einem für diesen sehr günstigen Friedensvertrag zu bewegen. Im Zuge der in diesem Krieg gemachten Eroberungen war Schweden nun nach Russland und Spanien territorial das drittgrößte Land Europas, im Gegensatz zu den beiden anderen Ländern mit weniger als 2 Millionen Menschen jedoch extrem gering bevölkert. Der Krieg gegen die Polen, die unter der Herrschaft von Gustav Adolfs katholischem Vetter standen, dauerte bis zum Jahr 1627 und endete nach dem Sieg des jungen Königs bei Dirschau mit einem Waffenstillstand und großen schwedischen Zugewinnen im Baltikum. Beinahe hätte der Schwedenkönig seinen Triumph nicht überlebt, da er bei Dirschau schwer verwundet worden war.

Schon bald hatte der großgewachsene, stattliche, jedoch leicht kurzsichtige blonde König andere Pläne. Der Vormarsch der Katholiken in Deutschland war ihm zutiefst zuwider und als er 1628 dem von Wallenstein belagerten Stralsund zu Hilfe kam, war er bereits in den Dreißigjährigen Krieg involviert – auch wenn er sich selbst erst zwei Jahre später auf den Kriegsschauplatz begab. Vor seinem Feldzug in Deutschland soll er vor dem Reichstag erklärt haben: „Zwei Ziele haben wir: Die Verteidigung Schwedens und die Besetzung Deutschlands." (Zitiert nach Internet www.koni.onlinehome.de/ausfuehrliche-biographien/gustav-a-frames.htm) Das klang äußerst anmaßend, doch Gustav Adolf stand die damals modernste und disziplinierteste Armee der Welt zur Verfügung. Rekrutiert durch ein Wehrpflichtsystem, das die Entwicklung in anderen Staaten um mindestens hundert Jahre vorwegnahm, hatte er gut ausgebildete Truppen zur Verfügung, die in Bezug auf Ausbildung, Ausrüstung und Disziplin den europäischen Landsknecht-Heeren weit überlegen waren. Besonderer Wert wurde in der Ausbildung auf den Drill und das schnelle Schießen gelegt. Die schwedische Armee war viel beweglicher auf dem Schlachtfeld, sie war besser gegliedert und verfügte über mehr und bessere Feuerwaffen als ihre Gegner. Gustav Adolf setzte sehr auf Modernisierung und intensive Ausbildung seiner Truppen. Disziplinlosigkeiten, wie sie beispielsweise in der Armee von Tilly an der Tagesordnung waren, duldete er nicht. Der König setzte im Kampf auf vermehrte Feuerwirkung seiner Infanterie und seiner beweglichen Artillerie, sowie auf schnelle Attacken seiner angriffslustigen Kavallerie, die er oft selbst anführte.

Gustav Adolfs Infanterie kämpfte nicht mehr in den bis dahin üblichen dichtgedrängten Massenaufstellungen und Karrees, sondern war mehr linear aufgestellt, was eine viel breitere Feuerfront und bessere Waffenwirkung garantierte. Dahinter lauerten starke Reserven, die im geeigneten Moment eingesetzt werden konnten. Der Schwedenkönig hatte alle großen Theoretiker der Kriegskunst gelesen und viele Gefechtsformationen in der Praxis auf ihre Tauglichkeit hin geprüft. Da er nicht genügend schwedische Rekruten hatte, musste er immer wieder auch auf Söldner anderer Nationen zurückgreifen, doch integrierte er diese so in seine Armee, dass sie stets unter der Kontrolle seiner schwedischen Kerntruppen standen. Darüber hinaus war das schwedische Kriegsrecht äußerst streng und legte größten Wert auf Disziplin und Rechtssicherheit. In der Anfangszeit ließen sich diese Prinzipen aufrecht erhalten, als jedoch Gustav Adolfs Armee durch Neuzugänge immer größer wurde, glich sie sich in ihrem Disziplin-, Plünderungs- und Desertionsverhalten ihren Gegnern zunehmend an. So lange der König lebte, blieb seine Armee aber dennoch ein schlagkräftiges Instrument, dem kaum beizukommen war.

Nachdem sich Gustav Adolf nach seiner Landung in Deutschland zunächst abwartend verhalten und auf Verbündete gewartet hatte – ein Verhalten, mit dem er wesentlich zum Untergang von Magdeburg beitrug –, ließ er sich dann, einmal in Bewegung gesetzt, von Tillys Streitkräften nicht mehr aufhalten. Die Schlacht bei Breitenfeld am 17. September 1631 gilt als erster großer militärischer Geniestreich des Schwedenkönigs innerhalb des Dreißigjährigen Krieges. Während dieses Gefechts drängte er die katholischen Truppen immer weiter nach Süden, besetzte Mainz und bereitete Tilly die schwere Niederlage bei Rain am Lech, die der alte Feldherr nicht mehr überleben sollte. Da nun Wallenstein wieder in Amt und Würden berufen wurde, standen sich die beiden Feldherren im September 1632 bei Nürnberg gegenüber. In der Schlacht an der Alten Veste am 3. September konnte Wallenstein dem als unbesiegbar geltenden Schweden Paroli bieten, wobei beide Feldherren ungewohnt vorsichtig miteinander umgingen.

Wie der von der Gicht und anderen Leiden seit Jahren schwer gezeichnete Wallenstein war auch Gustav Adolf zu dieser Zeit ein schwer kranker und in seiner Bewegungsfreiheit eingeschränkter Mann: Er hatte infolge seiner vielen Kämpfe mehrere Musketenkugeln in seinem Körper, die sich mit damaligen Mitteln nicht entfernen ließen. Zwei Finger an seiner rechten Hand waren gelähmt und er konnte wegen seiner heftigen Schmerzen keinen eisernen Panzer mehr tragen, was letztlich auch seinen späteren Tod begünstigte. In dieser Weise von den Kriegshandlungen gezeichnet, standen sich also zwei Ausnahmesoldaten in der Schlacht um die Zukunft des Heiligen Römischen Reiches gegenüber.

Als Konsequenz von Gustav Adolfs entschlossenem Vormarsch ereignete sich am 16. November 1632 bei Lützen eines der bedeutendsten Gefechte des Dreißigjährigen Krieges. Bei dem heftigen Ringen behaupteten die Schweden zwar das Schlachtfeld, verloren aber ihren König. Gustav Adolf wurde Opfer seines großen Mutes und vielleicht auch seiner Kurzsichtigkeit. Der einbalsamierte Leichnam des Königs wurde nach einem großen Leichenumzug nach Schweden verschifft. Die Hoffnungen der kaiserlichen Armee, die Kriegshandlungen seien mit dem Tod des schwedischen Königs eingestellt, erfüllten sich nicht, da Gustav Adolfs Kanzler Axel Oxenstierna im Namen von Gustav Adolfs Tochter den Krieg in Deutschland weiterführte.

Gustav Adolf hatte mit seiner aus Brandenburg stammenden Gattin nur eine Tochter, die 1626 geborene Christina, die später noch eine sehr interessante und auch fragwürdige Rolle spielen sollte. Durch seinen frühen Tod überließ der König sein Reich nun einem Kind von gerade einmal 6 Jahren – ein Umstand, der naturgemäß große Probleme mit sich brachte. Von ihrem Vater wie ein Junge erzogen, litt Christina nach dem Tod des Königs unter der psychisch kranken Mutter und stand trotz ihrer militärischen Erziehung den Gefechtshandlungen höchst ablehnend gegenüber. Stattdessen bekämpfte sie die durch den Krieg bedingte prekäre wirtschaftliche Lage ihres Landes und widmete ihre Zeit daneben schöngeistigen Dingen. Als die Königin jedoch begann, sich mit dem Katholizismus in positiver Weise auseinanderzusetzen, zog sie die Ablehnung der Bevölkerung auf sich. Letztlich war es wie ein Treppenwitz der Geschichte, dass die Tochter und Erbin des bedeutendsten Verfechters des Protestantismus am Ende zum katholischen Glauben konvertierte. Christina verzichtete 1654 auf ihren Thron und verließ Schweden für immer. Ihre Konversion wurde in Innsbruck mit einem großen Fest gefeiert – im Erbland der Habsburger, der Erzfeinde ihres Vaters.

Auch nach seinem Tod wuchs der Ruhm des Schwedenkönigs weiter. Er war der klassische Held, Retter und Vorkämpfer des deutschen Protestantismus. Durch seinen Gefechtstod wurde er überdies zu einer Märtyrerfigur stilisiert, in dessen Geist fähige schwedische Kommandeure die Macht des Kaisers immer mehr ins Wanken brachten.

Über einen großen Zeitraum hinweg stand Gustav Adolf in demselben Ansehen wie Alexander der Große oder Napoleon, die mit ihren Armeen nahezu Unglaubliches leisteten. Betrachtet man indes Gustav Adolfs kurze militärische Karriere auf dem deutschen Kriegsschauplatz kritisch, so relativiert sich diese Sichtweise. Bei Lichte betrachtet hat der schwedische König streng genommen lediglich zwei Schlachtensiege errungen, die tatsächlich das heute in diesem Zusammenhang nicht gerne gesehne Prädikat „großartig" verdienen und darüber hinaus gegen Wallenstein, der im Gegensatz zu dem greisen Tilly ein wirklich gleichwertiger Gegner war, keinen eigentlichen Sieg erringen können. Dahingestellt bleibt auch, ob Gustav Adolf nach dem knappen und verlustreichen Triumph bei Lützen dauerhaft gegen den bis dahin unübertroffenen Kriegsunternehmer Wallenstein hätte bestehen können, denn der schwedische König besaß schwerlich jenes Maß an Edelmut und staatsmännischer Klugheit, das letzterem nachgesagt wurde. Inwieweit er Ambitionen für die Kaiserwürde hegte, konnte nie wirklich geklärt werden, doch Gustav Adolf vergab ohne rechtliche Deckung deutsche Güter an Feldherren und protestantische Fürsten. Nicht zuletzt sollte in diesem Zusammenhang auch noch darauf hingewiesen werden, dass durch den schwedischen Kriegseintritt sowohl der Bevölkerungs- als auch der Landverlust in Deutschland stark zugenommen hatte.

Wallenstein

Neben Gustav Adolf war Wallenstein der wohl bedeutendste Feldherr des Dreißigjährigen Krieges. Sein Charakter und sein Schicksal haben nicht nur seine Zeitgenossen, sondern auch Menschen späterer Jahrhunderte beeindruckt und zu künstlerischen Auseinandersetzungen inspiriert.

Einer protestantischen böhmischen Adelsfamilie entstammend, trat der am 24. September 1583 in Hermanitz geborene Albrecht von Wallenstein in seiner Jugend eher als Raufbold in Erscheinung, erwarb sich aber doch ein gewisses Maß an Bildung. Seine Eltern waren bereits früh verstorben und der charakterschwache junge Mann ging 1604 als Page in die Dienste des Markgrafen von Burgau und trat – mutmaßlich nach einer wundersamen Errettung – zum katholischen Glauben über, was seiner späteren Karriere sehr förderlich war. 1605 kämpfte er bereits als Hauptmann in Ungarn gegen die Türken. Im Jahre 1607 trat Wallenstein als Kämmerer in die Dienste von Erzherzog Ferdinand, der später zum Kaiser Ferdinand II. gekrönt werden sollte. Zwei Jahre später heiratete der ehrgeizige Adelige eine der reichsten Frauen von Mähren und wurde damit zu einem der mächtigsten Magnaten des Landes. Wallenstein kümmerte sich vorbildlich und nach damals modernsten Prinzipien um seine Güter und vermehrte dadurch seinen Reichtum und sein Ansehen. Er hätte das Leben eines wohlhabenden Landedelmannes führen können, doch sein Ehrgeiz und der Ausbruch des Dreißigjährigen Krieges sollten dem in Wege stehen.

Bereits 1617 trat der inzwischen zum König von Böhmen gewählte Erzherzherzog Ferdinand an Wallenstein mit der Bitte heran, dieser möge ihn bei seinem Krieg im Friaul unterstützen. Wallenstein warb daraufhin aus eigenen Mitteln

Söldner an und kam Ferdinand zu Hilfe, wobei er selbst sehr tapfer und umsichtig kämpfte. Zum Dank erhöhte der König den Feldherrn in den Grafenstand und beförderte ihn zum Obristen.

Als Wallenstein vom Prager Fenstersturz erfuhr, soll er gesagt haben: „Böhmische Toren, sie können nicht einmal ihre Statthalter über die Klinge springen lassen." (zitiert nach Internet www.koni.onlinehome.de/ausfuehrliche-biographien/wallenstein) Nach dem Tod von Kaiser Matthias am 20. März 1619, wurde Wallenstein auf Geheiß seines Gönners Ferdinand zum Kommandanten eines mährischen Regiments ernannt. Er entschied sich nach dem Einmarsch der böhmischen Aufständischen unter dem Grafen Thurn für die Kaisertreue und brachte nach dem eigenhändigen Mord an einem seiner Offiziere die mährische Ständekasse in seine Gewalt. Dann marschierte er mit seinem Regiment eilends nach Wien, wobei ein großer Teil seiner Männer desertierte. Währenddessen wurde Wallensteins Besitz von den mährischen Ständen konfisziert. Doch er stand nun vollends in der Gunst des neuen Kaisers, der inzwischen als böhmischer König abgesetzt worden war.

Wallenstein nahm an den Kämpfen gegen die aufständischen Böhmen und ihren neuen König als General-Quartiermeister teil, versäumte aber die Schlacht am Weißen Berg. Er war aber dennoch einer der Hauptkriegsgewinner und wurde zum „Militär Gubernator des Königreichs Böhmen" ernannt. Er wirkte nun führend an der Verfolgung der Protestanten in Schlesien und Mähren mit. Von der Enteignung des protestantischen Adels und der Neuverteilung riesiger Besitzungen und Vermögenswerte profitierte Wallenstein als einer der Hauptbegünstigten. Auch trat er dem so genannten „Münzkonsortium" bei und verschaffte sich dadurch einen weiteren großen Gewinn. Inzwischen verwitwet, verbesserte Wallenstein seine gesellschaftliche Stellung ein weiteres

Mal durch die Heirat von Isabella Katharina von Harrach am 9. Juni 1623. Kurze Zeit später wurde er zum Fürsten ernannt und seine Herrschaft Friedland stieg einige Monate später in den Rang des Fürstentums und Erblehens. Im Juni 1625 ernannt der Kaiser seinen erfolgreichen Gefolgsmann sogar zum Herzog. Wallenstein hatte inzwischen Ferdinand II. sehr hohe Summen vorgestreckt, die dieser nur mit Titeln und Privilegien zurückzahlen konnte.

Daneben erklomm Wallenstein die militärische Karriereleiter in schnellen Schritten und erboste durch den militärischen Erfolg und den raschen standesgemäßen Aufstieg viele Fürsten und alte Adelige im Reich. Unter dem Leitsatz „Der Krieg ernährt den Krieg“ („bellum nutriat bellum“) sollte 1525 die Aufstellung eines 50.000 Mann starken Heeres samt Verpflegung und Quartier gewährleistet werden. Wallenstein wurde vom Kaiser zum Oberbefehlshaber ernannt. Bereits Ende des Jahres 1525 vergrößerte sich die Heereszahl auf 62.000 Söldner und ein Jahr später zählte seine Armee 110.000 Mann. Der Feldherr nahm bei der Wahl seiner Offiziere und Mannschaften keine Rücksicht auf die Konfession und beförderte seine Männer nur nach ihren Verdiensten. Der Erfolg gab ihm Recht und er verhalf seinem kaiserlichen Auftraggeber in wenigen Kriegszügen zu einer Macht über das Reich, die kein Kaiser seit dem Mittelalter je inne gehabt hatte. Bis Gustav Adolf auf den Plan trat, konnten es seine militärischen Gegner mit seinem Können als Feldherr und Heeresorganisator nicht aufnehmen.

Als Wallenstein nach dem Sieg über den Dänenkönig das Herzogtum Mecklenburg in seinen Besitz bekam und überdies mit dem fragwürdigen Titel „General des Ozeanischen und Baltischen Meeres“ bedacht wurde, regte sich viel Unmut bei den Fürsten des Reiches, die dem Emporkömmling seinen Erfolg neideten, vorerst jedoch von ihm eingeschüchtert wurden. Das auf den 6. März 1629 datierende Restitutionsedikt von Ferdinand II. trieb den kaiserlichen Machtmissbrauch auf die Spitze und läutete in letzter Konsequenz den Untergang von Wallenstein ein. Nun schritten die entrüsteten Fürsten zur Tat und nahmen anstelle des weniger angreifbaren Kaisers den böhmischen Aufsteiger als ihren Hauptfeind ins Visier. Beim Regensburger Reichstag von 1630 wurde Wallensteins Absetzung beschlossen, da Ferdinand II. bereit war, ihn zu opfern, sofern die Kurfürsten sich im Gegenzug bereit erklärten, dass sein Sohn ihm auf dem Thron folge. Jetzt erwies sich auch die Feindschaft des bayerischen Kurfürsten Maximilian, die Wallenstein oft provoziert hatte, als sehr unvorteilhaft. Der Kaiser entließ seinen Feldherren, obwohl er ihm die Reise nach Regensburg bezahlt hatte, nach heftigen Debatten im Juli 1630 aus seinen Diensten. Zudem wurde das bis zu diesem Zeitpunkt auf 130.000 Mann angewachsene kaiserliche Heer auf 40.000 Mann begrenzt. Wallenstein zog sich zornentbrannt auf seine böhmischen Güter zurück.

Doch Gustav Adolf stand bereits auf deutschem Boden und setzte zu seinem einmaligen Siegeszug an, während Wallenstein sich erneut um die Verwaltung seiner Besitzungen kümmerte. Nach Tillys verheerender Niederlage bei Breitenfeld und dem Einfall der Schweden in Süddeutschland war sogar der bayerische Kurfürst bereit, seine Vorbehalte gegenüber Wallenstein zurückzuziehen. und nach einigem Zögern übernahm der Friedländer mit neuen Vollmachten ausgestattet erneut den Oberbefehl. In kürzester Zeit baute Wallenstein seine Armee wieder auf und agierte taktisch äußerst vorsichtig gegenüber dem militärischen Genie des Schwedenkönigs. Das erste militärische Treffen der beiden Feldherren bei Nürnberg ging ohne Sieger aus, da beide sehr bedachtsam vorgingen. Nachdem ihm die Schweden jedoch nach Sachsen gefolgt waren, wurde Wallenstein unumstößlich zum Schlagabtausch mit Gustav Adolf gezwungen. Der schwere Fehler, den Schweden keinen Angriff mehr vor dem Winter zuzutrauen, hätte für Wallenstein beinahe fatale Konsequenzen gehabt. Doch er improvisierte geschickt und nahm den Kampf an.

Ein schwedischer Sieg schien unmittelbar bevorzustehen, doch das von Wallenstein ersehnte Eintreffen von Pappenheim und der unerwartete Tod von König Gustav Adolf gaben der Schlacht eine neue Wendung. Der gesundheitlich schwer angeschlagene Wallenstein war während der Schlacht stets hoch zu Ross präsent und stellte sich im Wissen um die Bedeutung der Schlacht zur Schau, indem er beständig herum ritt, Befehle brüllte und seine Schmerzen dabei ganz vergessen zu haben schien. Es fehlte nicht fiel, und er wäre wie sein Gegner im Sattel erschossen worden, denn ein schwedischer Soldat berichtete, dass „er etwa vier Schritt vom Wallensteiner gewesen, wären acht Schüsse nach ihm getan, hätte sich ganz über den Sattel gelegt gehabt; ob er nun was bekommen, weiß man nicht". Wirklich wurde Wallenstein durch eine Musketenkugel am Arm verwundet, die aber „wunderbarlich" nur eine, „schwarze und blaue Kerbe hinterließ." (Rieder 1983, S. 164). Wallenstein hatte also kaum etwas abbekommen und konnte das Schlachtfeld lebend verlassen.

Obwohl schließlich kein eindeutiger Sieger aus der Schlacht hervorging, wurde der Tod des gefürchteten Schwedenkönigs von den kaiserlichen Heeren als Triumph betrachtet. Wallensteins Gesundheit verschlechterte sich in der folgenden Zeit zusehends und seine Gegner am kaiserlichen Hof gewannen immer mehr Macht. Es gilt als gesichert, dass Wallensteins körperlicher und geistiger Verfall nicht allein durch die Gicht, sondern in weit größerem Maß durch die Syphilis verursacht wurde. Durch seine gesundheitliche Schwäche und eine Reihe von Fehlentscheidungen sank der Feldherr immer mehr im Ansehen. Seine brutale Rache an den vermeintlichen Feiglingen von Lützen und seine fortschreitende Absonderlichkeit verstörten nach und nach seine treuesten Offiziere. Er setzte jetzt auf Verhandlungen statt auf weitere Feldzüge und Gerüchte über angebliche Macht- und Verratspläne machten die Runde. Als sich der Feldherr einem kaiserlichen Befehl direkt widersetzte und seine Offiziere das „Pilsener Revers" unterschreiben ließ, sah sich Ferdinand II. zum Handeln gezwungen. Es kam zum geheimen Ächtungsdekret gegen Wallenstein und einige Gefolgsleute. Schnell waren willige Verschwörer gefunden und der Tod des gefürchteten Feldherrn war beschlossene Sache. Wallenstein versuchte seine ausweglose Lage durch einen erneuten Solidaritätsbeweis seiner Offiziere zu retten, musste aber am 22. Februar 1634 nach Eger fliehen. Hier wurde er dann Opfer des geplanten Mordkomplotts. Damit war die Ära der großen Feldherren vorbei, während der Dreißigjährige Krieg gerade einmal 15 Jahre dauerte.

Wallenstein zählt zu jenen Persönlichkeiten des Dreißigjährigen Kriegs, die Zeitgenossen und spätere Generationen am meisten beschäftigt hatten. Eine Vielzahl von bedeutenden und weniger bedeutenden Schriftstellern hat sich mit seiner Person und seinem Schicksal auseinander gesetzt. Einer der bedeutendsten war sicherlich Friedrich Schiller, der den folgenden Ausspruch über den Friedländer prägte:

> „Von der Parteien Gunst und Hass verwirrt /
> Schwankt sein Charakterbild in der Geschichte."
>
> (Friedrich Schiller: Prolog zu *Wallenstein*)

Zwei bedeutende historische Schriftsteller des 20. Jahrhunderts haben sich in Aufsehen erregenden Biographien der Person Wallenstein angenommen: Hellmut Diwald schuf mit seiner Biographie des Friedländers ein Standardwerk. Er sah Wallenstein nicht als finsteren Machtmenschen, sondern als einen Mann, der die Macht gebrauchte „mit dem begleitenden Bewusstsein ihrer Vorläufigkeit" (Diwald 1987, S. 14). Er sei nicht ehrgeiziger und auch nicht prunksüchtiger gewesen als viele andere seiner Zeitgenossen. Golo Mann sah dies anders, seine Biographie des großen Feldherrn zeichnet ein viel ambivalenteres Bild, erscheint aber heute als sehr subjektiv, da er stark wertet und seinen Sympathien und Antipathien gewissen Personen gegenüber sehr viel Raum gibt.

Pappenheim

Auch Gottfried Heinrich Graf zu Pappenheim zählt zu den bekannteren militärischen Führern des Dreißigjährigen Krieges. Der wegen seiner vielen Narben als „Schrammenhans" in die Geschichtsbücher eingegangene Feldherr wurde am 29. Mai 1594 auf der Fränkischen Alb geboren und entstammte einem alten Ministerialengeschlecht. Er studierte an verschiedenen Hochschulen unter anderem Philosophie und war einer der gebildetsten Militärs seiner Zeit. Nachdem er zum katholischen Glauben übergetreten war, wurde Pappenheim zum Reichshofrat ernannt, entschied sich jedoch Ende 1618 dazu, sich dem Kriegshandwerk zuzuwenden. Er kommentierte diese Entscheidung mit den Worten:

> „Damit bey disen schwirigen zeitten ich mein jugent nit in faulkeitt verzehre, sondern weittere ehr suchen möge, habe ich […] die feder nunmehr verlassen unt die wehr dagegen zue handt genohmen." (Stadler 1991, S. 64)

Als er bei einem Infanterieregiment abgelehnt wurde, stellte er eine Kompanie Kürassiere auf und war im Sommer 1620 an der Besetzung von Oberösterreich beteiligt. Anschließend nahm er im Rang eines Oberstleutnants an der Schlacht am Weißen Berg teil. Als er dabei mit seiner Kavallerie einen Durchbruch der feindlichen Infanterie verhinderte, soll er mehr als 20 schwere Wunden erlitten haben und er wurde unter seinem erschossenen Pferd eingeklemmt. Pappenheim überlebte dieses Ereignis jedoch und konnte nach monatelanger Genesungsphase an den Kämpfen gegen Mansfelds Truppen teilnehmen. Da ihm seine Verwundungen weiterhin Probleme bereiteten, ersuchte er mehrmals um Rücktritt, wurde aber stattdessen zum Oberst befördert und erhielt 1623 den Ritterschlag durch Kaiser Ferdinand II. Danach kämpfte Pappenheim in spanischen Diensten in Oberitalien und der Schweiz und wurde Oberkommandeur der Truppen im Veltlin.

Doch bereits 1626 war der unermüdliche Feldherr wieder in bayerischen Diensten und kämpfte in Oberösterreich gegen die aufständischen Bauern. Nach der siegreichen Schlacht gegen die Dänen bei Lutter leitete Pappenheim die Belagerung von Wolfenbüttel. Da der Winter nahte und er zu wenige Soldaten hatte, staute Pappenheim durch einen Damm das Flüsschen Oker auf und überflutete Wolfenbüttel. Die Stadt kapitulierte zu Weihnachten 1627 und Pappenheim wurde zum Reichsgrafen erhoben. 1631 erfolgte seine Ernennung zum Feldmarschall und er begann wenig später mit der Belagerung von Magdeburg, wurde hierin jedoch nach dem Eintreffen der Hauptarmee unter Tilly abgelöst. Pappenheim war zudem die treibende Kraft beim Angriff auf Magdeburg am Morgen des 20. Mai, wobei er sich wissentlich oder unwissentlich über einen Befehl hinwegsetzte. Letztlich trafen ihn und Tilly die Hauptschuld an der Zerstörung der Stadt und dem an ihren Bewohnern verübten Massaker.

Nach einem erfolglosen Feldzug in Thüringen marschierte Pappenheim mit Tilly in Sachsen ein und verwickelte die Schweden in Kämpfe, die in die Schlacht von Breitenfeld mündeten. Tilly begegnete dem Beginn der Schlacht mit

Vorbehalten, wurde nun aber durch Pappenheim erneut in einen Kampf hineingezogen. Nach der Niederlage sicherte Pappenheim aber immerhin mit seinen Kürassieren den Rückzug der Reste von Tillys Armee. Nach der erlittenen Niederlage trat Pappenheim dafür ein, weiterhin im Norden zu kämpfen und die Schweden hinterrücks anzugreifen. Letztlich konnte er sich mit diesem Plan durchsetzen und zog plündernd nach Westfalen. Von dort aus begab er sich entlang des Hellweges zu seinem Winterquartier auf Burg Sternberg und brachte auf dem Weg dorthin eine Stadt nach der anderen unter seine Kontrolle. Nur Dortmund leistete Widerstand und musste erobert werden, was die Stadt bitter büßen musste.

Als ihn die Regentin der spanischen Niederlande zum Entsatz der belagerten Stadt Maastricht aufforderte, rückte Pappenheim augenblicklich gegen die niederländischen Belagerungstruppen vor. Ein Sturmangriff der kaiserlichen Truppen scheiterte jedoch, da die eingeschlossenen Spanier zu keiner Unterstützung bereit waren. Pappenheim zog sich danach plündernd wieder zurück und überließ die Stadt ihrem Schicksal. Als ihn Wallenstein im November 1632 nach Halle schickte, um dort Winterquartiere zu beziehen, nahm Pappenheim einen Großteil der kaiserlichen Reiterei mit. Auf dem Marsch dorthin erreichte ihn Wallensteins Nachricht, dass sich eine Schlacht gegen die Schweden anbahne. Am 16. November traf Pappenheim mit seinen Reitern um 14 Uhr am Schlachtfeld bei Lützen ein und schaltete sich sogleich in das Gefecht ein. Seine Männer und die Pferde waren jedoch durch den Gewaltmarsch erschöpft und Pappenheim selbst wurde bald schwer verwundet. Sein Leibdiener brachte ihn nach Leipzig. Dort verstarb er am Morgen des folgenden Tages aufgrund des hohen Blutverlusts. Wallenstein ließ seinen ehemaligen Kameraden im Kloster Strahov in Prag begraben.

Im Heeresgeschichtlichen Museum in Wien befindet sich der letzte Brief von Wallenstein an Pappenheim, der mit dem Blut des Reitergenerals getränkt ist. Heute lebt Pappenheim in der Spruchweisheit „Ich kenne meine Pappenheimer!“ fort. Er galt als sehr impulsiv, furchtlos und draufgängerisch, aber auch als sehr zuverlässig. Seine Narben sollen auch dadurch hervorgerufen worden sein, dass er stets ohne Helmvisier kämpfte. Pappenheims rücksichtloser Umgang mit der Zivilbevölkerung und die Plünderungen seiner Truppen auch in nicht feindlichen Gebieten taten seiner späteren Glorifizierung keinen Abbruch.

Außer Konkurrenz: der „tolle Halberstädter“

Er ging als der „tolle Halberstädter“ in die Geschichte ein: der am 20. September 1599 geborene Christian von Braunschweig-Wolfenbüttel machte weniger als Feldherr, von sich reden, denn als ein in seinem Gebaren einer überzeichneten Romanfigur ähnlicher Charakter. Er war schon mit 17 Jahren als nachgeborener Sohn von Herzog Heinrich Julius zum Administrator des Bistums Halberstadt bestellt worden, kämpfte aber bereits 1620 unter Moritz von Oranien. „Die Lust zum Kriege“, die er bei sich selbst feststellte, bestimmte sein kurzes Leben. 1621 stellte er im Auftrag des „Winterkönigs“ Friedrich von der Pfalz ein 10.000 Mann starkes Heer auf, während er die Gattin seines Auftraggebers heftig umwarb. Dann zog er als „Gottes Freund, der Pfaffen Feind“ durch die Bistümer Paderborn und Münster und brachte den dort lebenden Menschen Tod und Verwüstung. Daraufhin drang er in die Pfalz ein, wo er weiter plünderte. Der „tolle Halberstädter“ entwickelte ein äußerst perfides Vorgehen, sein Kommen anzukündigen: Er schickte Drohbriefe in jene Orte, die er heimzusuchen gedachte, und kündete ihren

Bewohnern durch das an den vier Ecken angesengte und mit der Aufschrift „Feuer! Feuer! Blut! Blut!" versehene Schreiben die zu erwartenden Schrecken an. (Milger 1998, S. 123 ff)

Das Passieren des Mains bei Höchst kostete ihn einen beträchtlichen Teil seiner Truppen und nahezu seine ganze Ausrüstung und er stellte mit diesem Unternehmen einmal mehr seine militärische Inkompetenz unter Beweis. Diese hielt ihn indessen nicht davon ab, sich lautstark mit seinen vermeintlichen Erfolgen zu brüsten. Als er 1622 gemeinsam mit Mansfeld von den Generalstaaten angeworben wurde, konnte er trotz beträchtlicher Verluste einen gewissen Erfolg in der Schlacht von Fleurus verbuchen. Nach einer Verwundung musste er sich zudem den linken Unterarm amputieren lassen, was er publikumswirksam vor seinem gesamten Heer in Breda unter Fanfarenstößen durchführen ließ. Die Schlacht bei Stadtlohn im Jahr 1623 war ein weiteres militärisches Fiasko von Herzog Christian, denn er verlor die Hälfte seiner Armee. Nachdem er 1626 die Regierung von Braunschweig-Wolfenbüttel übernommen hatte, rüstete er erneut ein Heer auf, mit dem er zu dem dänischen König Christian IV. vorstoßen wollte. Soweit kam es jedoch nicht, denn der Halberstädter erkrankte schwer und starb und ersparte sich eine weitere militärische Katastrophe. Der Dänenkönig kommentierte diesen Umstand mit den Worten:

> „Die Krankheit und der Tod hatten ihren Ursprung in dem unordentlichen Leben, das Seine Fürstliche Gnaden jederzeit geführt."
>
> (Allgemeine Deutsche Biographie, 1878, Bd. 4, S. 683)

Wallenstein sah den für ihn gar nicht so tragischen Todesfall mit „ungebührlichem" Humor: „Viel Glück auf die Reise!" wünschte er dem wahrscheinlich an der Syphilis Verstorbenen. (Golo Mann 1971, S. 400)

Johan Banér – „der schwedische Löwe“

Dieser am 3. Juni 1596 geborene Spross einer alten schwedischen Adelsfamilie war ein enger Freund von König Gustav Adolf und zeichnete sich schon im Polnisch-Schwedischen Krieg aus. Banér wurde rasch befördert und war bereits 1623 Generalmajor. Nachdem er zwei Jahre als Kommandant von Riga eingesetzt war, erhielt er 1626 die Befehlsgewalt in Danzig. Er wirkte von hier aus auch als Kommissar für die schwedisch-polnischen Friedensverhandlungen, welche bis 1629 andauerten. Danach wurde Banér zum General der Infanterie und zum Gouverneur von Memel ernannt.

1630 landete Banér mit Gustav Adolf in Deutschland, handelte in stellvertretender Funktion den Bärwalder Vertrag mit Frankreich aus und befehligte in der Schlacht von Breitenfeld am 17. September 1631 die Reiterei am rechten Flügel. Hierbei leistete er einen wesentlichen Beitrag zum schwedischen Sieg, da es ihm gelang, einen gefährlichen Angriff von Pappenheim abzuwehren. Für dieses Verdienst erhielt er den Titel „der schwedische Löwe“. Danach bewährte er sich auch in den weiteren Feldzügen des Schwedenkönigs in Süddeutschland. Beim Kampf mit Wallenstein bei der „Alten Veste“ wurde Banér bei einem tollkühnen Angriff verwundet. Danach schickte ihn Gustav Adolf nach Westen, wo er den kaiserlichen General Aldringen bekämpfen sollte. Doch seine Kriegsverletzung bereitete ihm körperliche Beschwerden und er zog sich 1633 zurück.

Bereits ein Jahr später wurde er jedoch zum Feldmarschall von Schweden und dem niedersächsischen Kreis ernannt und warb 16.000 Söldner an, mit denen er in Böhmen zum kursächsischen Heer stieß und bis Prag vorrückte. Durch die Niederlage des schwedischen Hauptheeres bei Nördlingen wurde er aber wieder zum Rückzug gezwungen. Da die Schweden durch den Vertrag von Prag Sachsen und Brandenburg als Bündnispartner verloren, zog Banér mit seinen Truppen nach Mecklenburg. Am 11. November 1635 siegte er bei Dömitz und am 17. Dezember 1635 bei Kyritz. Er konnte sich nun mit den schwedischen Truppen von Wrangel und Torstensson vereinen. Ein knappes Jahr später, am 4. Oktober 1636, erfolgte sein Sieg bei Wittstock und Banér konnte einen großen Teil von Sachsen und Brandenburg besetzen und Erfurt einnehmen. Als er bei Torgau von den kaiserlichen Truppen eingeschlossen wurde, gelang es ihm, über die Oder nach Pommern zu entkommen und er wurde 1638 zum ersten schwedischen Generalgouverneur von Pommern ernannt. Nachdem er Verstärkung erhalten hatte, konnte Banér die kaiserliche Armee zurückdrängen und 1639 erneut in Sachsen einmarschieren, wo er in der Schlacht von Chemnitz siegte. Nachdem er Pirna erobert hatte, verheerte er Böhmen und schlug am 19. Mai 1939 ein kaiserliches Heer bei Brandeis. Daraufhin setzte er seine Route nach Thüringen fort, scheiterte aber bei einem Angriff auf das befestigte Lager von Piccolomini bei Saalfeld. Banérs weiterer Weg führte nach Hessen und an die Weser, wo er schwedischen Verbündeten beistehen sollte.

Im Jahre 1641 unternahm er einen kühnen Feldzug nach Regensburg, wo er den Kaiser und die Reichsstände während des Reichstags im Bündnis mit französischen Truppen überfallen wollte. Doch das Unternehmen scheiterte am unerwarteten Schmelzen des Eises auf der Donau und Banér musste einen schwierigen und durch die winterlichen Bedingungen verlustreichen Rückzug durchführen, der ihn durch Böhmen und Sachsen führte. Dabei erkrankte der mutige Heerführer, erreichte Halberstadt todkrank und verstarb dort am 20. Mai 1641. Auf Banérs Wunsch hin wurde Lennart Torstensson sein Nachfolger. Banér war ohne

Zweifel einer der fähigsten Heerführer des Dreißigjährigen Krieges. Sogar der Kaiser soll ihm angeboten haben, in seine Dienste zu treten, was der Schwede selbstverständlich ablehnte.

Lennart Torstensson

Torstensson unterschied sich in mancher Hinsicht von seinem Vorgänger Banér und galt vielen als ein Heerführer, dessen militärisches Talent am ehesten an Gustav Adolfs strategische Fähigkeiten heranreichte. Torstensson legte großen Wert auf Disziplin, was zu seiner Zeit recht ungewöhnlich war, und bestrafte Plünderer sehr streng, weswegen er bei den Soldaten nicht sonderlich beliebt war. Dennoch konnte er mit der schwedischen Armee große militärische Erfolge erzielen.

Die Kindheit und Jugend von Torstensson ließ keine Anzeichen seiner später so erfolgreichen militärischen Laufbahn erkennen. Als Sohn eines Adeligen, der sich gegen den König empört hatte, war er sogar einige Zeit ein Gefangener am Hof des schwedischen Königs Karl IX. Doch der junge König Gustav II. Adolf wurde auf ihn aufmerksam und erkannte sein militärisches Talent. Torstensson entwickelte eine Neigung für die Artillerie, die dem Schwedenkönig sehr am Herzen lag. Diese wurde durch die Entwicklung neuer Materialien fortwährend modernisiert und bewährte sich verbunden mit einer neuen Kriegstaktik in den zahlreichen Schlachten. Im Sommer 1632 ernannte Gustav Adolf Torstensson für seine Verdienste um den Aufbau einer effektiven Feldartillerie zu dessen General.

Bei seinem wagemutigen Artilleriegefecht gegen Wallenstein bei den Kämpfen um die „Alte Veste" bei Nürnberg wurde Torstensson gefangen genommen. Er erlitt in seiner

Gefangenschaft in den ungesunden Kasematten der Festung Ingolstadt schwere gesundheitliche Schäden, die ihm für den Rest seines Lebens stark zusetzten. Als er im Mai 1633 durch einen anderen Feldherrn ersetzt wurde, litt er unter einer schweren rheumatischen Erkrankung. Torstensson verließ Deutschland mit dem Leichnam von König Gustav Adolf, kehrte jedoch bald wieder zurück und bewährte sich erneut als Artilleriekommandant. Seine gesundheitliche Verfassung war allerdings derart schlecht, dass er seine Truppen von einer Bahre aus kommandieren musste. Im April 1641 ersuchte er von seiner Krankheit schwer gezeichnet um seinen Rücktritt.

Der Tod von Banér durchkreuzte jedoch Torstenssons Rücktritt aus dem Amt, denn der sterbende Feldherr hatte ihn als seinen Nachfolger empfohlen. Bereits ein knappes Jahr nach seinem Abschied war Torstensson wieder am Kriegsschauplatz und organisierte die desolate Armee neu. Um seine Truppen zu beschwichtigen, rückte der Feldherr nun jedoch von seiner bisherigen Politik des Plünderungsverbotes ab und erlaubte groß angelegte Raubzüge in Mähren. Auch brachte er den Kaiser in starke Bedrängnis, indem er seine Erblande überfiel und verheerte. Torstenssons Sieg gegen den kaiserlichen General Hatzfeld bei Jankau war neben den militärischen Katastrophen unter dem unfähigen Heerführer Gallas ein schwerer Schlag für Ferdinand III. Die Schweden konnten allerdings Wien nicht erobern und Torstenssons gesundheitliche Situation verschlechterte sich so sehr, dass er erneut um seinen Rücktritt aus militärischen Diensten ersuchen musste.

Der erfolgreiche Feldherr wurde schließlich von seiner Krankheit besiegt und verließ im Herbst 1646 für immer den deutschen Kriegsschauplatz. In seiner Heimat wurde Torstensson hoch geehrt und in den Grafenstand erhoben. Er trat im Mai 1648 das Amt eines Generalgouverneurs einiger schwedischer Provinzen an. Nachdem sich seine Krankheit weiter verschlechtert hatte, verstarb Torstensson am 7. April 1651. Er galt auch späteren Generationen als bedeutendes militärisches Vorbild und war lange Zeit eine Symbolfigur schwedischer Unbesiegbarkeit. Heute betrachtet man Torstenssons Rolle im Dreißigjährigen Krieg aus einer differenzierteren Warte.

Turenne

Über Henri de La Tozur d'Auvergne, vicomte de Turenne, sagte Napoleon einst:

> „Von allen Generalen, die mir vorangingen und die mir vielleicht folgen werden, ist Turenne der allergrößte."
>
> (Pusch 1978, S. 164)

Dieser sehr methodisch und umsichtig vorgehende General war ein ausgezeichneter Taktiker, der sich im Gegensatz zu vielen anderen Feldherren des Dreißigjährigen Krieges vorbildlich um die Verpflegung seiner Truppen kümmerte. Höchsten hugenottischen Adelskreisen entstammend, wurde der junge Turenne als zweitgeborener Sohn für eine militärische Karriere vorgesehen. Er diente zunächst im niederländischen Heer und wechselte 1630 in französische Dienste, wo er in Lothringen kämpfte und 1634 unter La Valette an einer Rheinüberquerung teilnahm. Er eroberte 1638 die Festung Mainz zurück und belagerte Breisach. Nachdem er zum Generalleutnant ernannt worden war, kämpfte Turenne in Italien und nahm 1640 Turin ein.

Im Jahr 1643 wurde Turenne zum Marschall von Frankreich ernannt und erhielt den Oberbefehl über die französischen Truppen in Deutschland. Nach der Organisation der Armee im Elsass ging er im Mai 1644 über den Rhein, nahm daraufhin gemeinsam mit Condé Freiburg ein und verdrängte die kaiserlichen Truppen aus dem gesamten Rheingebiet. In der Schlacht bei Mergentheim erlitt Turenne am 5. Mai 1645 eine Niederlage gegen den Bayern Mercy und war gezwungen, sich rasch über den Rhein zurückzuziehen. Erneut ging er ein Bündnis mit Condé ein und es kam am 3. August 1645 zur Schlacht bei Alerheim, aus der beide siegreich hervorgingen. Anschließend eroberte der Feldheer Trier. Die Realisierung des Friedens von Münster und Osnabrück wurde später auf Turenne zurückgeführt, der 1648 Bayern bis zum Inn besetzte.

Später kämpfte der Feldherr während der Fronde in Frankreich und schlug auch seinen ehemaligen Waffengefährten Condé vor Paris. Hierauf führte er erfolgreich Krieg gegen Spanien und ermöglichte den Pyrenäenfrieden von 1659. Er erhielt daraufhin den höchsten militärischen Titel des „maréchal général des camps et armées du roi", danach befehligte er im Krieg gegen Holland die Armee am Niederrhein, musste sich aber schließlich Montecuccoli geschlagen geben. Im Jahre 1674 überschritt Turenne den Rhein, eroberte die Pfalz und verwüstete sie. Ein Jahr später traf er nach einer erneuten Rheinüberschreitung bei Sasbach ein weiteres Mal auf Montecuccoli. Turenne fiel am 27. Juli 1675 während eines Aufklärungsritts noch ehe es zur Schlacht kam.

Wichtig für das Ende des Dreißigjährigen Krieges war Turennes militärisches Talent, mit dem er die Bayern und die kaiserlichen Truppen in schwere Bedrängnis brachte. Das kaiserlich-katholische Lager verfügte am Ende des großen Krieges nicht mehr über die personellen und finanziellen Mittel, Heerführern wie Turenne erfolgreich Widerstand zu leisten.

Bernhard von Sachsen-Weimar

Bernhard von Sachsen-Weimar war ein weiterer berühmter Feldherr des Dreißigjährigen Krieges. Am 16. August 1604 in Weimar geboren, war er der elfte und jüngste Sohn des Herzogs Johann III. von Sachsen-Weimar. Er verlor sehr früh seine beiden Eltern und wurde von seinem Hofmeister erzogen, besuchte die Universität Jena und wechselte schließlich an den Hof seines Verwandten Herzog Johann Casimir von Coburg. Nach dem Ausbruch des böhmischen Krieges diente Bernhard unter Ernst von Mansfeld und danach unter dem Markgrafen von Baden-Durlach. Nachdem er unter Christian von Braunschweig weitere militärische Niederlagen erlebt hatte, trat Bernhard 1625 als Oberst in die Armee des Dänenkönigs Christian IV. ein. Auch hier war er mit militärischen Misserfolgen konfrontiert, was ihn dazu veranlasste, sich um den Dienst in der kaiserlichen Armee zu bewerben.

Die militärische Karriere von Sachsen-Weimar entwickelte sich in jenem Augenblick zum Positiven, als Gustav Adolf in Deutschland erschien. Er schloss sich dem schwedischen König an und erzielte seinen ersten Erfolg bei Werben am 28. Juli 1631. Der König ernannte ihn daraufhin zum Obersten Befehlshaber seines Leibregiments und Bernhard begleitete das schwedische Heer auf seinem Siegeszug durch Franken, bei dem Vorstoß an den Rhein und dem Angriff auf Bayern. Bernhard zeichnete sich auch im Kampf gegen Wallenstein bei Nürnberg aus. In der Schlacht bei Lützen befehligte Bernhard von Weimar den linken Flügel und übernahm nach dem Tod des schwedischen Königs den Oberbefehl. Er war somit der eigentliche Sieger von Lützen und vertrieb danach die kaiserlichen Truppen aus Sachsen. Nachdem ihm zu Beginn des Jahres 1633 der schwedische Kanzler Oxenstierna den Oberbefehl in Franken erteilt hatte, schlug er zunächst den kaiserlichen General Johann von Werth und konnte dann erfolgreich eine Meuterei seiner Truppen vereiteln. Er wurde schließlich mit dem Herzogtum Franken belehnt, obgleich der schwedische Kanzler nur widerwillig zustimmte. Am 14. November 1633 eroberte Bernhard von Weimar Regensburg und stand in der Oberpfalz längere Zeit Wallenstein gegenüber, ohne allerdings die Gefechtshandlungen für sich zu entscheiden. Nach Wallensteins Ermordung versuchte er erfolglos, dessen Truppen an sich zu binden. Gemeinsam mit dem schwedischen General Horn gewann er am 22. Juli 1634 die Schlacht und die Belagerung von Landshut. Hieran schloss sich die für die Schweden katastrophale Niederlage bei Nördlingen an, die Bernhard mitverschuldete. Die schwedische Armee büßte ihren Ruf, unbezwingbar zu sein, ein und Bernhard von Weimar verlor sein Herzogtum.

Von 1635 an vermochte er sich nur mühsam gegen seine Gegner zur Wehr zu setzen und wurde über den Rhein zurückgedrängt. Da er von den Schweden wenig Unterstützung erhielt, ging Bernhard ein Bündnis mit Frankreich ein und bekam im Vertrag von Saint-Germain-en-Laye bedeutende französische Subsidien und das Elsass als Vergütung zugesagt. Schon bald war er mit den Franzosen jedoch in einen Streit um die Subsidien verwickelt und war 1636 gezwungen, in Paris seinen Rechtsanspruch geltend zu machen. In der Folge eroberte Bernhard einige Orte in Lothringen, wurde in seinen militärischen Aktivitäten allerdings immerzu durch das Misstrauen der Schweden und den Einfluss von Richelieu behindert. In einem Feldzug in Hochburgund nahm er einige bedeutende Plätze ein und besiegte den Herzog von Lothringen. Ein Übergang über den Rhein scheiterte zunächst, doch im anschließenden Feldzug von 1638 erzielte Bernhard große Erfolge. Er bemächtigte sich der Städte Säckingen und Laufenburg und belagerte Rheinfelden. Nachdem er von den kaiserlichen Truppen unter Johann von Werth zurückgedrängt worden war, entschied er die Schlacht bei Rheinfelden am 3. März 1638 für sich und nahm den Heerführer gefangen. Im Anschluss belagerte er das militärisch bedeutende Breisach und trug gegen ein kaiserliches Entsatzheer in der Schlacht bei Wittenweier am 30. Juli 1638 den Sieg davon. Nach Bernhards erfolgreicher Schlacht bei Thann gegen die Lothringer und gegen das kaiserliche Heer musste Breisach am 17. Dezember 1638 kapitulieren.

Da Bernhard die Stadt Breisach als sein Eigentum deklarierte, kam es erneut zu Meinungsverschiedenheiten mit Richelieu. Dieser verfolgte die Absicht, in Breisach eine eigene Dynastie als Drittmacht zu etablieren. Anfang April 1639 kehrte Bernhard nach einem winterlichen Aufenthalt in Hochburgund in die Stadt zurück und bereitete einen erneuten Feldzug gegen die Truppen des Kaisers vor. Dieser konnte jedoch nicht zur Ausführung gelangen, da Bernhard am 18. Juli 1639 in Neuburg am Rhein unter nicht genau bekannten Umständen verstarb, wobei sein plötzlicher Tod zu der Vermutung Anlass gab, er sei auf Richelieus Befehl hin vergiftet worden. Da Bernhards Testament äußerst kurz ausgefallen war und keine detaillierten Angaben zur Erbverteilung seines Besitzes machte, stritten sich alle am Krieg beteiligten Mächte um seine Hinterlassenschaft. Die Truppen des bedeutenden Feldherrn traten größtenteils in schwedische Dienste, während seine sterblichen Überreste nach einer vorläufigen Beisetzung in Breisach nach Weimar gebracht wurden. Dem Erbe von Bernhard von Weimar wurde im Zuge des Westfälischen Friedens keine Bedeutung beigemessen und der Feldherr hinterließ am Ende kaum mehr als sein militärisches Ansehen, das den Nachruhm großer Heerführer wie Gustav Adolf oder Wallenstein jedoch nicht überstrahlen konnte.

Im Gegensatz zu anderen militärischen Konflikten in der Geschichte fielen während des Dreißigjährigen Krieges weitaus mehr Heerführer und Generäle bei Kampfhandlungen. Zudem stellten sich viele Heerführer dieses Krieges in hohem Maße zur Schau, was in späteren Konflikten bald nicht mehr die Regel war.

Dass das einfache Volk von dem unverdienten und grausamen Tod während des Dreißigjährigen Krieges noch weit mehr betroffen war, als die Mächtigen, verdeutlicht der folgende Textauszug, in dem der Chronist Gottfried Adreä das Grauen in der Rheinpfalz folgendermaßen beschreibt:

> „In der unteren Pfalz waren kaum 200 Bauern mehr übrig, da die übrigen teils an Hunger und Pest gestorben, teils von den Kaiserlichen erwürgt oder von den Soldaten weggeschleppt worden waren, wobei die Kroaten die Hauptrolle spielten. Der Hunger zwang auch die Leute zu den unnatürlichsten Nahrungsmitteln. Die Hungernden erschlugen einander selbst, verzehrten sie, durchwühlten Gottesäcker, erstiegen Galgen und Rad und nahmen die Toten zur Speise hinweg. Haufen Bettler lauerten auf die Vorübergehenden und töteten sie, wie denn bei Worms eine solche Bande von ihrem Feuer verjagt und in ihren Töpfen die schaurigen Überbleibsel von Händen und Füßen gefunden wurden.“ (Zitiert nach Milger 1998, S. 313)

Die Erinnerung an einen heute unfassbaren Krieg

„Sonst war der blanke Degen
Der Feder überlegen,
Nun wendet sich das Blatt,
Der Degen steckt im Leder,
Man sucht hervor die Feder,
Dieweil man Frieden hat."

(von einem unbekannten Dichter aus Cleve)

Von den über eine Million umfassenden Soldaten, die auf dem Reichsgebiet im Dreißigjährigen Krieg gekämpft hatten, starben mehr als die Hälfte an Seuchen, Hunger und im Kampf. Unter den zumeist entwurzelten Überlebenden gab es auch eine große Anzahl von Invaliden. Das Gesicht der Jahre nach dem Friedensschluss war geprägt von unzähligen Krüppeln, Lahmen und Blinden, die am Rande der Gesellschaft ein menschenunwürdiges Dasein fristeten. In Lumpen gehüllt bevölkerten sie die öffentlichen Plätze, bettelten vor Klosterpforten und versuchten verzweifelt, ihr erbärmliches Leben zu verlängern. Das Mitgefühl vieler Bürger hielt sich in Grenzen, da diese Elenden sie ständig an die Schrecken des Krieges erinnerten.

Der Dreißigjährige Krieg galt lange Zeit als ein deutscher Krieg. Er war jedoch nicht zuletzt auch Teil einer militärischen Auseinandersetzung, die ganz Europa betraf. Seine Auswirkungen waren somit auch nicht nur für die Zukunft des Heiligen Römischen Reiches Deutscher Nation entscheidend, sondern beeinflussten in hohem Maß die weitere historische Entwicklung von ganz Europa. Auch die europäische Kriegführung und das europäische Kriegswesen wurden von diesen Gefechtshandlungen stark beeinflusst und auf eine neue Ebene gestellt. Zudem fiel in die Zeit des Dreißigjährigen Krieges die Geburtsstunde der stehenden Heere.

Ferdinand III. und seine Berater erkannten, dass man in zukünftigen Kriegen nicht ausschließlich auf rasch angeworbene Söldnerheere setzen sollte. Aus diesem Grund wurden nach Kriegsende die zehn besten Regimenter zu Pferde und die neun besten zu Fuß im Dienst behalten, wozu noch einige weitere Einheiten kamen. Mit diesen 40.000 Mann war der Grundstein für ein stehendes Heer gelegt, aus dem letztlich die österreichische kaiserliche Armee hervorgehen sollte. Andere Fürsten folgten diesem Beispiel und die stehenden Heere der späteren Kabinettskriege nahmen nun ihren eigentlichen Anfang. In den folgenden Jahrzehnten sollten Heerführer, die ihr Handwerk in den Jahren des Dreißigjährigen Krieges gelernt hatten, die Schlachtfelder von Europa beherrschen.

Man hat den Dreißigjährigen Krieg als das Ergebnis aller innerhalb dieses Zeitraums herrschenden Krisen bezeichnet. Nach Kriegsende relativierten sich viele seiner Auslöser und es zeichneten sich andere Spannungen ab. Bis heute ist man sich uneinig darüber, welcher Natur diese dreißigjährige militärische Auseinandersetzung war: ging es um die vermeintlich richtige Religion, um Macht, war es ein deutscher Krieg oder doch eine gesamteuropäische Auseinandersetzung? Eine Fülle an Studien versuchte Antworten auf diese Fragen zu finden, die jedoch abhängig von der Epoche und dem ideologischen Umfeld der Autoren sehr unterschiedlich ausfielen. Überzeugend erscheint hierbei die Einschätzung des Historikers Hellmut Diwald:

> „Der Große Krieg, der 1618 begann, hatte nach seiner ersten Phase kaum noch etwas mit den Religionskämpften des vorherigen Jahrhunderts zu tun. Sein Ablauf war dadurch charakterisiert, dass die theologischen Probleme Zug um Zug in den Hintergrund gedrängt wurden und er sich immer unverhüllter als politischer Machtkampf zu erkennen gab." (Hellmut Diwald: „Geschichte der Deutschen")

C. V. Wedgwood schrieb:

> „In einer Hinsicht bestand kein Unterschied zwischen den Konfessionen, […], eine jede wurde vom Fürsten dazu benutzt, seiner Herrschergewalt Nachdruck zu verleihen. Für die Habsburger ging dies noch an, denn sie ließen sich in allen Angelegenheiten unbeirrbar vom Absolutismus leiten, aber bei den Fürsten, die nach Freiheit riefen, war es ein schreiender Widerspruch, denn sie verlangten vom Kaiser, was sie ihren eigenen Untertanen verweigerten."
> (Wedgwood 1990, S. 40)

Kein kriegerisches Geschehen bis zum Ersten und Zweiten Weltkrieg hat Mitteleuropa so geprägt wie der Dreißigjährige Krieg, da die meisten Veränderungen während der Napoleonischen Kriege, die niemals die Grausamkeit und den Schrecken der Jahre zwischen 1618 und 1648 erreichten, durch den Wiener Kongress wieder rückgängig gemacht wurden. Das Geschehen des Dreißigjährigen Krieges hat viele Spuren in der Kunst und im Alltagsleben hinterlassen, von Kinderreimen und einfachen Gedichten bis hin zur hohen Dichtkunst. Der Schriftsteller Hans Jakob Christoffel von Grimmelshausen (1622–1676) beschrieb in unnachahmlicher Weise die Schrecken und Wirren des Krieges, die er selbst erlebt hatte, und schrieb damit den ersten bedeutenden deutschen Roman. Grimmelshausens Roman

Der abentheuerliche Simplicissimus Teutsch erschien 1669, als die Erinnerung an das Geschehen noch sehr lebendig war.

Der im hessischen Gelnhausen geborene Sohn eines protestantischen Bäckers geriet im Alter von 13 Jahren in die Hölle des Krieges, als seine Heimatstadt überfallen und verwüstet wurde. Grimmelshausen wurde wahrscheinlich von plündernden Soldaten eingezogen und schloss sich der kaiserlichen Armee an. In seiner körperlichen und geistigen Entwicklung noch ein Kind kämpfte er für eine Sache, die ihn innerlich nicht betraf, zog kreuz und quer durch Deutschland von Kriegsschauplatz zu Kriegsschauplatz und trat über kurz oder lang der katholischen Religion bei. Im Alter von 21 Jahren arbeitete er als Schreiber in einer Regimentskanzlei und wurde später Regimentssekretär in Wasserburg am Inn. Als der Krieg zu Ende war, zählte Grimmelshausen erst knapp 27 Jahre und ließ sich in der Nähe von Offenburg nieder, wo er die Güter seines früheren Regimentskommandanten verwaltete. Er heiratete und wurde Vater von zehn Kindern. 1662 wurde Grimmelshausen Verwalter eines Schlosses und Gastwirt. Zu dieser Zeit schrieb er bereits an seinem Erstlingswerk, das 1666 veröffentlicht wurde. Als Grimmelshausen ein Jahr später in den Dienst des Bischofs von Straßburg trat, arbeitete er bereits an seinem großen Erfolg, der unter dem Titel *Der abentheuerliche Simplicissimus Teutsch* erschien und auf Anhieb ein Beststeller wurde. Das Buch beschreibt in der Tradition des Schelmenromans die kaleidoskopartig auf das menschliche Empfinden einwirkenden Schrecken und Wirren des Dreißigjährigen Krieges und fußt auf den Erlebnissen des Autors. In einer chaotisch-zerstörten Welt entwickelt sich der Held des Romans erst vom Bauernjungen zum Hofnarren, dann zum furchtlosen Söldner und schließlich zum geläuterten Einsiedler. Drastische Beschreibungen der Kriegseindrücke und -ereignisse, die in einem tiefgründigen Humor vorgetragen werden, sind charakteristisch für den Beschreibungsgestus des Textes, der zugleich eine satirische Anklage gegen den Wahnsinn des Krieges darstellt. Grimmelshausen ließ dem Roman einige Fortsetzungen folgen, von denen eine Berthold Brecht als Vorlage für sein Stück *Mutter Courage und ihre Kinder* diente. Der Kriegsveteran Grimmelshausen schrieb bis an sein Lebensende unermüdlich weiter und auch andere Zeitgenossen von ihm hielten ihre Erinnerungen entweder aus der Perspektive des Kriegsteilnehmers oder des Betroffenen fest, wie beispielsweise der Söldner Peter Hagenbach, dessen Werk erst vor kurzem wieder entdeckt wurde.

Friedrich Schiller hat 1792 als Historiker seine auch heute noch weitgehend packende „Geschichte des Dreißigjährigen Krieges" verfasst, auf die er sieben Jahre später sein Drama „Wallenstein" folgen ließ. Eine der letzten großen künstlerischen Auseinandersetzungen mit dem Dreißigjährigen Krieg ist Bertold Brechts *Mutter Courage und ihre Kinder*, mit dem der Autor jedoch einen zeitlosen Anspruch verfolgt, indem er die durch Krieg und Gewalt ausgelöste Verrohung und Zerstörung der menschlichen Natur aufzeigen wollte. Der Dreißigjährige Krieg wurde für viele Autoren mehr und mehr zu einer Metapher für den Kriegsschrecken als solchen.

Auch in der kollektiven Erinnerung – besonders der Deutschen – besteht der Dreißigjährige Krieg als einer der traumatischsten Kriege überhaupt fort. Obgleich der Zweite Weltkrieg noch ganz andere Dimensionen des Schreckens zu Tage förderte, so ist es unter anderem die unvorstellbar lange, nahezu ein gesamtes Menschenleben umfassende Dauer, die den Dreißigjährigen Krieg so einmalig macht. Die Gräuel des Mordens, Plünderns, Folterns und Hungerns, die zahlreichen Seuchen und Krankheiten waren keine einmaligen Erscheinungen, sondern kehrten immer wieder. Bis zum Massenmord an den Juden galt der Dreißigjährige Krieg des 17. Jahrhunderts auch als die größte Katastrophe der deutschen Geschichte. Bei der Beschreibung von besonders schrecklichen Kriegsereignissen wird der Dreißigjährige Krieg noch heute als Vergleich herangezogen. Hinsichtlich der Verluste im Verhältnis zur Gesamtbevölkerung kommt diesem Krieg kein militärischer Konflikt in der Geschichte Europas nahe.

Der dramatische Schwund der städtischen Bevölkerung lässt sich an den folgenden Zahlen ablesen: München hatte 1620 22.000 Einwohner, 1650 jedoch lediglich 17.000. Augsburgs Bevölkerung minimierte sich im selben Zeitraum von 48.000 auf 21.000 Einwohner. Die Stadt Marburg verlor ebenso wie Neubrandenburg und Colmar die Hälfte ihrer Einwohner, während andere Orte noch weitreichendere Einbußen erlebten. In Wolfenbüttel lebten nach Kriegsende nur noch ein Achtel der ursprünglichen Bevölkerungszahl, in Magdeburg ein Zehntel und in Hagenau ein Fünftel. Bei den Städten Chemnitz und Pirna entsprach die Einwohnerzahl derjenigen eines kleineren Dorfes. Da in vielen Orten zusätzlich ein großer Teil der Gebäude zerstört war, ging der Wiederaufbau nur sehr langsam voran.

Die großen Verluste unter den Bürgern führten zu einem verspäteten Wachstum vieler Städte, die in den folgenden Jahrhunderten vielfach weit hinter der europäischen Entwicklung zurückblieben. Dies brachte es mit sich, dass das städtische Bürgertum in Deutschland nicht das Selbstbewusstsein und die Bedeutung entwickeln konnte, die für Westeuropa charakteristisch wurden. Die deutsche Gesellschaft blieb deshalb auch viel stärker dem Adel und der Obrigkeit unterworfen und machte bestimmte Entwicklungen verspätet und nur zögerlich mit. Dieses Defizit wirkte bis ins 20. Jahrhundert hinein und erklärt vielleicht manche Ereignisse der späteren deutschen Geschichte.

Der Soziologe Norbert Elias sah im Dreißigjährigen Krieg eine Katastrophe, die unauslöschliche Spuren im Charakter der Deutschen hinterließ. Vor ihm hatte bereits 1868 Wolfgang Menzel diagnostiziert, dass das „grässliche Elend" jener Zeit die Deutschen „zahm" gemacht habe. Wenn sie nur wenigstens nicht an Kriegsnöten litten, sondern in Frieden wieder ruhig arbeiten könnten, dann wären sie mit jedem Herrn zufrieden, mochte er deutsch sein oder nicht (Menzel 1868, S. 156). Der Gehorsam gegenüber der Obrigkeit, der bereits am Ende des 18. Jahrhunderts als der innerste Wesenskern der Deutschen identifiziert wird, gilt manchen Autoren noch heute als die gravierendste soziale und psychologische Folge des Dreißigjährigen Krieges. Deshalb, so mutmaßt man, seien die Deutschen stets bereit gewesen, sich einer autoritären Herrschaft zu unterwerfen, wenn diese einen gewissen Schutz versprach. Diese Angst vor Gewalt, Krieg und Anarchie könnte auch dazu beigetragen haben, dass ein Großteil der Revolutionen in der deutschen Geschichte deshalb erfolglos waren, weil das Volk darin eine Gefährdung der sozialen Ordnung sah. Es muss natürlich dem Leser überlassen werden, ob er in den traumatisierenden Ereignissen des Dreißigjährigen Krieges eine Grundlage für den „Deutschen Sonderweg" erkennt, Faktum ist jedoch, dass den meisten anderen europäischen Nationen Ereignisse ähnlicher Dimension bis zum Zweiten Weltkrieg erspart blieben.

Die Erinnerung an den Dreißigjährigen Krieg erlebt in letzter Zeit eine Renaissance.. Unlängst beschäftigte sich auch die Archäologie mit den Schlachtfeldern des „Teutschen Krieges". So wurden bei Ausgrabungen auf dem ehemaligen Schlachtfeld von Lützen 10.000 Relikte geborgen, die interessante Aufschlüsse über bisher wenig bekannte Details des damaligen Geschehens geben. Bei Stralsund fanden Archäologen Überreste von Söldnern Wallensteins, die bei den Kämpfen um die Stadt im Jahre 1628 ums Leben kamen. Die Männer waren in den Gräben vor der Stadt gestorben und man fand ihre Skelette inmitten ihrer Waffen, so, wie die Soldaten einst gefallen waren. „Eine Schlachtszene wie eingefrorenes Leben“ (Tiroler Tageszeitung, Onlineausgabe vom Di, 13.07.2010) offenbarte sich den Archäologen: 12.000 junge Männern die während der erfolglosen Belagerung ums Leben kamen. Gestorben waren die meisten sicher weniger für eine religiöse Überzeugung, als für das Bestreben nach Beute und Sold. Vielleicht sahen sie im Söldnerberuf aber auch die einzige Möglichkeit, das eigene Schicksal in die Hand zu nehmen und nicht am elterlichen Bauernhof zu verhungern oder Opfer von Plünderern zu werden. Wie so oft hatte der „kleine Mann“ in diesem apokalyptischen Konflikt eigentlich nur die Wahl, Opfer oder Täter zu werden.

Kriege werden meist nicht aus der Sicht der „kleinen Leute“ erzählt. Dabei böte sich gerade der „Teutsche Krieg“ dazu an, ihn aus dieser Warte zu erzählen. Dies war indes nicht das Anliegen dieser Arbeit. Was das „kollektive Gedächtnis“ betrifft, so möchte ich hier zum Abschluss das Ergebnis einer 1962 unter der hessischen ländlichen Bevölkerung durchgeführten Befragung anführen: Die Menschen wurden nach der größten Katastrophe der deutschen Geschichte gefragt, wobei ihnen sieben Ereignisse vorgelegt wurden, die sie nach ihrem Schweregrad in eine Reihenfolge zu bringen hatten. Das Ergebnis war: 1. Der Dreißigjährige Krieg und die zweite große Pest, 2. Die deutsche Niederlage im Zweiten Weltkrieg, 3. Das Dritte Reich, 4. Der Schwarze Tod, 5. Die deutsche Niederlage im Ersten Weltkrieg, 6. Die Kriege Napoleons, 7. Der Siebenjährige Krieg (siehe Krusenstjern/Medick 1999, S. 34). Wahrscheinlich würde man auch heute, 50 Jahre später, ein ähnliches Ergebnis erhalten.

Zeittafel

10. Juli 1609:	Gründung der katholischen Liga in München
29. Juni 1617:	Krönung von Ferdinand II. zum böhmischen König
23. Mai 1618:	Prager Fenstersturz
9. November 1618:	Gefecht bei Lomnitz – Sieg böhmischer Truppen über das kaiserliche Heer
20. März 1619:	Kaiser Matthias stirbt in Wien
30. April 1619:	Wallenstein rebelliert gegen die mährischen Stände
5. Juni 1619:	„Sturmpetition" der protestantischen Stände von Niederösterreich
10. Juni 1619:	Schlacht bei Záblat – Sieg der kaiserlichen Truppen über die Böhmen
26. August 1619:	Kurfürst Friedrich V. von der Pfalz wird zum König von Böhmen gewählt
9. September 1619:	Ferdinand II. wird in Frankfurt am Main zum Kaiser gekrönt
26. November 1619:	Belagerung von Wien durch Heinrich Matthias von Thurn
6. Juni 1620:	Ferdinand II. beauftragt Herzog Maximilian I. von Bayern mit der Reichsexekution in Böhmen
8. November 1620:	Sieg der kaiserlichen und bayerischen Truppen in der Schlacht am Weißen Berg bei Prag
22. Januar 1621:	Verhängung der Reichsacht über Friedrich von der Pfalz
21. Juni 1621:	Hinrichtung der aufständischen böhmischen Adeligen in Prag
6. Januar 1622:	Im Frieden von Nikolsburg verzichtet Gábor Bethlen auf die ungarische Krone
27. April 1622:	Mansfeld besiegt Tilly bei Mingolsheim
6. Mai 1622:	Tilly besiegt den Markgrafen von Baden-Durlach bei Wimpfen
20. Juni 1622:	Erneuter Sieg von Tilly gegen Christian von Halberstadt bei Höchst

6. August 1623:	Niederlage von Christian von Halberstadt gegen Tilly bei Stadtlohn
5. Juni 1625:	Eroberung der niederländischen Stadt Breda durch die Spanier
25. April 1626:	Wallenstein besiegt die Protestanten unter Ernst von Mansfeld
27. August 1626:	In der Schlacht bei Lutter besiegt Tilly die Protestanten und Dänen
23. Mai 1628:	Wallenstein beginnt die erfolglose Belagerung von Stralsund
2. September 1628:	Sieg von Wallenstein gegen die Dänen bei Wolgast
6. März 1629:	Kaiser Ferdinand II. erlässt das Restitutionsedikt
22. März 1629:	Friede von Lübeck zwischen dem Kaiser und den Dänen
6. Juli 1630:	Landung der Schweden unter Gustav II. Adolf bei Peenemünde
12. August 1630:	Kaiser Ferdinand II. beschließt die Entlassung von Wallenstein
20. Mai 1631:	Eroberung und Zerstörung von Magdeburg durch Tillys Armee
17. September 1631:	Gustav Adolf besiegt Tilly bei Breitenfeld
15. Dezember 1631:	Wallenstein wird erneut kaiserlicher Oberbefehlshaber
9. März 1632:	Tilly besiegt eine schwedische Armee bei Bamberg
15. April 1632:	Niederlage und tödliche Verwundung von Tilly bei Rain am Lech
17. Mai 1632:	Die Schweden ziehen in München ein
3. September 1632:	Die Schlacht an der Alten Veste bei Fürth endet ohne Sieger
16. November 1632:	König Gustav Adolf fällt in der Schlacht bei Lützen gegen Wallenstein
14. November 1633:	Schwedische Truppen erobern Regensburg
15. Dezember 1633:	Wallenstein ignoriert den Befehl des Kaisers zum Führen eines Winterfeldzuges
24. Januar 1634:	Geheimes Absetzungspatent des Kaisers gegen Wallenstein
25. Februar 1634:	Albrecht von Wallenstein wird in Eger ermordet
6. September 1634:	Sieg der kaiserlichen Truppen über die Schweden bei Nördlingen

19. Mai 1635:	Kriegserklärung Frankreichs an Spanien
30. Mai 1635:	Im Frieden von Prag wird der Krieg zwischen den Reichsständen und dem Kaiser beendet
18. September 1635:	Kriegserklärung von Frankreich an den Kaiser
4. Oktober 1636:	In der Schlacht bei Wittstock besiegen die Schweden die Sachsen und Brandenburger
15. Februar 1637:	Tod von Kaiser Ferdinand II. - Regierungsantritt von Ferdinand III.
22. Oktober 1637:	Sieg von Johann von Werth über die Schweden bei Breisach
28. Februar und 3. März 1638:	Im ersten und zweiten Treffen von Rheinfelden schlagen die Protestanten nach anfänglicher Niederlage die kaiserliche Armee
31. Oktober 1639:	Die Niederländer besiegen die spanische Flotte vor Dünkirchen
1. Dezember 1640:	Kurfürst Georg Wilhelm von Brandenburg stirbt
21. Dezember 1641:	Festlegung von Münster und Osnabrück als Kongressorte
2. November 1642:	Niederlage der kaiserlichen Truppen gegen die Schweden bei der zweiten Schlacht von Breitenfeld
4. Dezember 1642:	Kardinal Richelieu stirbt
14. Mai 1643:	Tod von König Ludwig XIII.
19. Mai 1643:	Sieg der Franzosen über die Spanier bei Rocroi in den Ardennen
3. – 6. August 1644:	Eine sehr blutige Schlacht zwischen Bayern und Franzosen bei Freiburg im Breisgau verhindert weiteres französisches Vordringen
4. Dezember 1644:	Eröffnung des Friedenskongresses von Münster
Januar 1645:	Vordringen der Schweden in die Österreichischen Erblande bis vor Wien
3. Oktober 1645:	Erzherzog Leopold Wilhelm besiegt die Franzosen unter Turenne bei Philippsburg
14. Mai 1647:	Waffenstillstand von Ulm zwischen den Franzosen und den Bayern
28. Februar 1648:	Christian IV. von Dänemark stirbt
17. Mai 1648:	Die Franzosen und die Schweden besiegen die kaiserliche Armee bei Zusmarshausen
24. Oktober 1648:	Westfälischer Frieden in Münster und Osnabrück

Literatur

Anger, Gilbert: *Illustrierte Geschichte der k. k. Armee*. 3 Bände Wien 1887.
Arndt, Johannes: *Der Dreißigjährige Krieg*. Stuttgart 2009.
Barudino, Günter: *Gustav Adolf – der Große*. Frankfurt am Main 1982.
Barudio, Günter: Der Teutsche Krieg 1618 – 1648. Frankfurt am Main 1985.
Baumann, Reinhard: *Landsknechte*. München 1994.
Bedürftig, Friedemann: *Der Dreißigjährige Krieg*. Darmstadt 2006.
Black, Jeremy (Hg.): *70 große Schlachten der Weltgeschichte*. Leipzig 2005.
Brzezinski, R. u. R. Hook: *Die Armee Gustav Adolfs*. Königswinter 2006.
Bröckling, Ulrich und Michael Sikora (Hg.): *Armeen und ihre Deserteure*. Göttingen 1998.
Broucek, Peter: *Der Schwedenfeldzug nach Niederösterreich 1645/46*. Wien 1967.
Bucher, Eberhard (Hg.): *Das Neueste von gestern*. 5 Bände München 1913.
Bücheler, Heinrich: *Von Pappenheim zu Piccolomini. Sechs Gestalten aus Wallensteins Lager*. Sigmaringen 1994.
Burkhardt, Johannes: *Der Dreißigjährige Krieg*. Frankfurt am Main 1992.
Delbrück, Hans: *Geschichte der Kriegskunst*. 4 Bände, Berlin 1920.
Deschner, Karlheinz: *Kriminalgeschichte des Christentums*. Bd. 9, Reinbeck bei Hamburg 2008.
Dickmann, Fritz: *Der Westfälische Friede*. Münster 1998.
Diwald, Hellmut: *Wallenstein. Eine Biographie*. München 1969.
Diwald, Hellmut: *Friedrich Schiller Wallenstein*. Frankfurt am Main 1972.
Durant, Will und Ariel: *Europa im Dreißigjährigen Krieg*. München 1978.
Englund, Peter: *Die Verwüstung Deutschlands*. Stuttgart 1998.
Evans, A. A. u. David Gibbons: *Militärgeschichte vom Altertum bis heute*. München 2009.
Findeisen, Jörg-Peter: *Der Dreißigjährige Krieg. Eine Epoche in Lebensbildern*. Graz 1998.
Franzl, Johann: *Ferdinand II. Kaiser im Zwiespalt der Zeit*. Graz 1978.
Geo-Epoche, Magazin für Geschichte. Nr. 29, Hamburg 2008.
Grimmelshausen, Hans Jacob Christoffel von: *Der abenteuerliche Simplicissimus Deutsch*. Frankfurt am Main 2009.
Gundolf, Hubert: *Um Österreich! Schlachten unter Habsburgs Krone*. Graz 1995.

Hartmann, Horst: *Wallenstein, Geschichte und Dichtung*. Berlin 1987.
Hartmann, Peter Claus (Hg.): *Der Dreißigjährige Krieg. Facetten einer folgenreichen Epoche*. Regensburg 2010.
Hengerer, Mark: *Kaiser Ferdinand III. (1608 – 1657). Vom Krieg zum Frieden*. Wien 2008.
Hochleitner, Albert: *Verraten und verkauft. Die Geschichte der europäischen Söldner*. Stuttgart 1967.
Höbelt, Lothar: *Ferdinand III. 1608 – 1657. Friedenskaiser wider Willen*. Graz 2008.
Höfer, Ernst: *Das Ende des Dreißigjährigen Krieges. Strategie und Kriegsbild*. Köln 1997.
Huch, Ricarda: *Der große Krieg in Deutschland*. Leipzig 1931.
Huf, Hans-Christian (Hg.): *Mit Gottes Segen in die Hölle. Der Dreißigjährige Krieg*. München 2003.
Jessen, Hans: *Der Dreißigjährige Krieg in Augenzeugenberichten*. München 1972.
Junkelmann, Marcus: *Gustav Adolf (1594 – 1632): Schwedens Aufstieg zur Großmacht*. Regensburg 1993.
Kaiser, Michael: *Politik und Kriegsführung. Maximilian von Bayern, Tilly und die Katholische Liga im Dreißigjährigen Krieg*. Münster 1999.
Kampmann, Christoph: *Europa und das Reich im Dreißigjährigen Krieg*. München 1998.
Knappich, Wilhelm: *Die Habsburger-Chronik*. Salzburg 1969.Krusenstjern, Benigna von u. Hans Medick (Hg.): *Zwischen Alltag und Katastrophe. Der Dreißigjährige Krieg aus der Nähe*. Göttingen 1999.
Lahnstein, Peter: *Das Leben im Barock. Zeugnisse und Berichte 1640 – 1740*. Stuttgart 1974.
Lahrkamp, Helmut: *Dreißigjähriger Krieg – Westfälischer Friede*. Münster 1997.
Langer, Herbert: Hortus Bellicus. *Der Dreißigjährige Krieg* Wien 1978.
Liebe, Georg: *Soldat und Waffenhandwerk*. Leipzig 1899.
Lorenz, Gottfried (Hg.): *Quellen zur Vorgeschichte und zu den Anfängen des Dreißigjährigen Krieges*. Darmstadt 1991.
Mann, Golo: *Wallenstein*. Frankfurt am Main 1971.
Markov, Walter / Heinz Helmert: *Schlachten der Weltgeschichte*. Gütersloh 1983.
Mayer-Gürr, Stefan: *„Die Hoffnung zum Frieden wird täglich besser." Der Westfälische Friedenskongress in den Medien seiner Zeit*. Dissertation, Bonn 2007.
Melegari, Vezio: *Sturm auf die Bastionen. Große Belagerungen*. Wien 1970.
Menzel, Wolfgang: *Unsere Grenzen*. Stuttgart 1868.

Milger, Peter: *Der Dreißigjährige Krieg. Gegen Land und Leute.* München 1998.

Monro, Robert: *Kriegserlebnisse eines schottischen Söldnerführers in Deutschland 1626 – 1633.* Neustadt a. d. Aisch 1995.

Parker, Geoffrey: *Der Dreißigjährige Krieg.* Frankfurt am Main 1991.

Polisensky, Josef: *Der Krieg und die Gesellschaft in Europa 1618 bis 1648.* Wien 1971.

Preil, Arndt: *Österreichs Schlachtfelder.* Band I., Graz 1990.

Puhle, Matthias: *„...gantz verheeret!" Magdeburg und der Dreißigjährige Krieg.* Halle 1998.

Pusch, Matthias: *Der Dreißigjährige Krieg 1618 – 1648.* München 1978.

Repgen, Konrad u. Franz Bosbach (Hg.): *Dreißigjähriger Krieg und Westfälischer Friede.* Paderborn 1998.

Rill, Bernd: *Tilly. Feldherr für Kaiser und Reich.* München 1984.

Rudolf, Hans Ulrich: *Der Dreißigjährige Krieg. Perspektiven und Strukturen.* Darmstadt 1977.

Schiller, Friedrich: *Geschichte des Dreißigjährigen Krieges.* Stuttgart 1838.

Schippler, Berndt u. a.: *Das Schwarzbuch der Habsburger.* Wien 2003.

Schmidt, Georg: *Der Dreißigjährige Krieg.* München 2003.

Schormann, Gerhard: *Der Dreißigjährige Krieg.* Göttingen 2004.

Schrammel, Karl Wolfgang: *Die Wende im dreißigjährigen Krieg.* Diplomarbeit, Wien 2000.

Schulze-Wegener, Guntram: *Illustrierte deutsche Kriegsgeschichte.* Graz 2010.

Stadler, Barbara: *Pappenheim und die Zeit des Dreißigjährigen Krieges.* Winterthur 1991.

Steinberg, Sigfried H.: *Der dreißigjährige Krieg und der Kampf um die Vorherrschaft in Europa 1600 – 1660.* Göttingen 1967.

Sturmberger, Hans: *Aufstand in Böhmen. Der Beginn des 30jährigen Krieges.* München 1959.

Teuffenbach zu Tiefenbach und Masswegg, Albin: *Neues illustriertes vaterländisches Ehrenbuch.* 2 Bände, Wien 1892.

Wegner, Bernd (Hg.): *Wie Kriege entstehen.* Paderborn 2000.

Wett, Wolfram (Hg.): *Der Krieg des kleinen Mannes.* München 1992.

Winter, G.: *Geschichte des Dreißigjährigen Krieges.* Berlin 1893.

Wedgwood, Cicely Veronica: *Der Dreißigjährige Krieg.* München 1990.

Wolf, Peter (Hg.): *Der Winterkönig. Friedrich von der Pfalz. Bayern und Europa im Zeitalter des Dreißigjährigen Krieges.* Stuttgart 2003.